在日パキスタン人児童の
多言語使用

コードスイッチングとスタイルシフトの研究

山下里香 著

ひつじ書房

まえがき

　私が教える授業の1つに「文化人類学」がある。その授業で、私は次の文を紹介している。

　「私たち日本人は日本で日本語を話して生活している。」

　この文の真偽を聞くと、10人程度のその小さいクラスでは、「正しい」「問題ない」という反応が返ってくる。しかし、この文は、常に「正しい」とは言えない。

　私の教えるこの授業では、自分を「日本人」と思い、「私たち日本人」に抵抗がない人が多い。また、毎日日本語を使っており、授業も日本語で行われている。しかし、同じ国内で日本語を使っていても、この文を目にした人の中には、自分を「韓国人」、「アイヌ人のハーフ」、「ウチナンチュ」、「日系ブラジル人」、「ムスリム」などであると思っている人もいるかもしれない。また、「日本人」と、そうしたカテゴリーの両方であると考えるかもしれないし、いずれでもないと考えるかもしれない。そうした人たちは、この文の中に自分が含まれていないことをどのような気持ちで見るだろうか。こうした文を見る機会が繰り返されれば、この文におかしいところがないと考える人たちとの心理的距離はなかなか縮まらないだろう。

　「日本語を話して」の部分にも問題がある。自身を「日本人」と思う人でも、日本手話を第一言語とするろう者をはじめとして、日本語を話さない家族と暮らしている人や、仕事やその他の生活領域の上で日本語以外を使う場合も少なくない。ことばを社会的に分析すると、日々当たり前と思われる記述が、いかにマイノリティの存在をないことにしているか、発見することができる。

日本国内で日本語以外を使用する人の数は、上昇している。グローバル化に伴い、駅やお店で多言語の表示も多くみられるようになった。観光やビジネスにおける短期滞在なら、簡単な表現でも十分かもしれない。長期で滞在ないし日本に永住する人々にとって、生活の諸手続きや公立学校、メディア等において、日本語が使えることは、生活の質を大きく左右する。子供たちに至っては、就学、ひいては将来の就業の機会に直結する。そのため、日本語の習得が遅れている子供たちには、なんとかして日本語を身に着けさせなければならないと、学校教育で多少の対応がなされていることも多い。

　一方で、近年の学術界では、多文化尊重の声のもと、家庭で使用される日本語以外の言語も尊重しようという考え方も広まってきた。子供の両親ないしどちらかの親、または祖父母が使用する言語を、子供に身に着けさせることが、家族の絆を深め、社会文化的伝統を継承し、子供のアイデンティティに肯定的な影響をもたらすという考え方である。しかし、当事者の話を聞いてみれば、なかなかこれも難しいことである。日本語も流暢に話せる保護者は、学校やテレビでは使わない、なかなか子供たちが耳にしない言語を、根気強く子供に使っていかなければならない。日本では外国人が日本語を話せると評価が高いことが多く、子供に対する威厳を保つために、むしろ日本語を使うこともあるかもしれない。一方で、日本語をあまり話せない親は、子供がその言語を習得するのには好都合かもしれない。しかし、日本語を話す人たちとの交流に躊躇するという面で、生活の質に関してはあまり肯定的効果をもたらしていない。「○○人としてのアイデンティティを」や「○○語を身につける」ということは、社会の少数派としては大変な苦労である。こうしたことのすべてが、本研究を通して接触した在日パキスタン人の諸世帯にも見られた。

　本研究の動機には、大きく２つあった。１つは、言語と文化・社会の統合された生態や、実際に人々がことばを用いてどのようなことを行うかという記述をしたいという筆者の関心である。言語学を学ぼうと考えていたときは、少数言語の記述をすることで、そうした文化と社会と言語の有機的に絡み合っているさまを対象に研究ができると考えていた。しかし、そうした固

有の民族語の世界も、一言語で完結しているわけではない。世界では二言語以上を話す人々が、一言語のみで生活している人よりも圧倒的に多い。また、二言語使用の研究は、北米では 50 年以上、日本では 30 年以上前から行なわれてきた。どうしても一言語のものさしに圧倒されがちな日本語による言語学の研究界では、多言語使用研究はやっかいなものと見なされがちであり、研究が少ない。本書は、実際の多言語使用のデータを提示し、細かい分析を行うことが、このことにより複眼的に人間の言語使用の実態に対する知識や理解が深まると考えている。

　もう 1 つは、筆者自身が幼少時から、外国を行き来したり、日本語をあまり話せない人たちとの接触が多かったりと、複数の言語のはざまで生きてきたということがある。筆者の祖父は第二次世界大戦中に民間人として中国に渡り、終戦後も中国で暮らし、中国人の女性と結婚した。筆者の父もそこで生まれ、1960 年代に入り一家全員で日本に「中国帰国者」として来るまでは、家庭内では中国語で会話をしていたという。筆者自身も、家庭の都合で、アメリカやイギリスで何年か過ごしたため、同年代の多くの「日本人」学生と比べて英語が得意だった上、日本のマジョリティとは異なった学校生活を送った。自分にとっては当たり前にあったことが、当たり前ではないことを会話の上で意識して、人々と話さなくてはならなかった。そんな中で、日本で日本語以外も話す人たちのおかれている状況や悩みというのは、多少の違いがあったとしても、とても共感できるものであった。

　本書を手に取った、外国にルーツを持つ子どもたちが身近にいる方々には、「○○語と日本語」という見方を超えた、子供たちの言語使用の多様さに触れていただければ幸いである。外国にルーツを持つ方々には、いろいろと複雑な感情を引き起こすかもしれない。一方で、そうした感情が、現在の社会政治的状況で、個人として、またはコミュニティとしてどのようにことばと関わりたいのか、考えるきっかけになると筆者は期待している。また、どんな読者にも、本書を通じて、私たち人間の言語使用の複雑さと面白さを楽しんでいただければ幸いである。

　本書は、関東首都圏にある G モスクでの子供向けの教室内における在日

パキスタン人児童の会話の分析を行っている。モスクとは、イスラーム教徒が集団礼拝を行なう場所であるが、他にも、イスラームの勉強や、イスラーム教徒・非イスラーム教徒の交流の場としての役割もある。国内では、全都道府県とまではいかないが、1930 年代からあるモスクから、今まさに開堂されようとしているモスクまで、数十のモスクが分布している。ムスリム（イスラーム教徒）の中には、言語的な起源があまりはっきりせず、西洋語からの借用語である「モスク」ではなく、アラビア語や諸イスラーム地域の言語に合わせて「マスジド」と呼ぶ人々もいるが、本書では、調査参加者全員が日本語を使用する際に用いていた「モスク」という名称で言及することにした（筆者が調査をしたモスクは G モスクと表記している）。教師も児童もみなムスリム（イスラーム教徒）・ムスリマ（イスラーム教徒の女性）である中、非ムスリムの筆者を信頼していただき、調査を行なうことが可能となった。

　本研究は、筆者の私費で始めたが、後に日本学術振興会特別研究員 DC1 採択課題「在日南アジア系ムスリムコミュニティの日本語・ウルドゥー語の言語接触」（2010 年 4 月–2013 年 3 月）を通して大きく発展させることができた。日本学術振興会の支援なくして、国際的学術交流は不可能であったし、日本でこのような研究を続けることを躊躇した可能性もあったかもしれない。筆者は、留学する金銭的余裕はなかったが、特別研究員制度のおかげで、海外での関連分野の研究者や学生と交流することができ、研究の進展に大きく役立てることができた。また、本書の刊行には、日本学術振興会から平成 27 年度科学研究費助成事業研究成果促進費（学術図書）の助成を受けた（採択課題番号 15HP5058）。このような様々な助成なくして、本研究が書籍として日の目を見ることはなかった。

　本研究課題の決定および研究内容の発展に関して、幸運にも多くの方々のサポートがあった。この場を借りて、本研究の進行をサポートしてくださった次の皆様に感謝したい。

　指導教授の林徹先生には、研究のけの字もよく分かってない時期に多言語使用研究という世界へ招待いただいたことに始まり、悲観的になりがちな筆

まえがき vii

者を励ましていただいただけでなく、投稿論文の誤字や数値の誤りの指摘から審査まで、研究費獲得のための推薦状まで、大変にお世話になった。Gモスクに入るきっかけをつくっていただいたと同時に、在日パキスタン人およびムスリムの世界へいざなってくれた、工藤正子先生にも感謝したい。その後、東京移民言語フォーラムの生越直樹先生や、上智大学の木村護郎クリストフ先生には、大きくインスピレーションを得たほか、博士論文の副査として様々なコメントをいただいた。出版にあたって、ウルドゥー語のチェックをしていただいた田中太一さんにも感謝申し上げたい。このように、様々な方々のご教示を得て本書の刊行を見ることとなったが、本書に間違いなどや誤解があったとしたら、全て筆者の責任である。

　ロンドン大学の訪問研究員としての生活には、バークベック・カレッジのLi Wei教授や、キングス・カレッジのBen Rampton教授に大変にお世話になった。また、両カレッジの学生との交友関係のおかげで、孤立しがちな研究と研究生活にも人間の絆が生まれ、研究への意欲もますます沸いた。

　そして、誰よりも、本研究の参加者となったGモスクの関係者、教師および児童ら、研究にご快諾いただいた保護者のみなさまに感謝したい。個人情報が特定されないようにするためここで団体名・モスク名・個人名を挙げられないことが大変心苦しい。非ムスリムの筆者を温かく受け入れてくださったことに深く感謝申し上げる。Gモスクおよびその他の国内のモスクで知り合ったムスリム・ムスリマのみなさんや、パキスタン出身の方々の温かい友情やホスピタリティも、研究内外で大きな心の糧となった。日々日本のメディアでも伝えられる、中東の一部を中心とする不安定な国際情勢が、国内のムスリムおよび非ムスリム共に悲しみを与えている中で、そうしたつながりが、今日も続き、発展していっていることを、大変貴重に思う。

　本書は、以下の三部で構成されている。第Ⅰ部「研究の背景と在日パキスタン人児童の言語的背景」では、本研究の理論的背景や、第Ⅱ部および第Ⅲ部で豊富に現れる、本研究の質的データを解釈するのに必要な民族誌的情報を述べる。その上で、児童らのコードスイッチングの頻度のある目安として、質問表現の量的分析の結果を示す。第Ⅱ部「コードスイッチングの語用

論的な機能」では、教師を交えた会話において中心的に見られた、コードスイッチングの様々な語用論的な機能を見る。それらは、主に会話の発話相手の管理や、社会的な役割関係を調整するために用いられ、言語選択を通して児童らは他児童または教師との間の境界線を作っていることを示す。第Ⅲ部「指標性を用いた多言語使用」では、日本語、英語、ウルドゥー語に限らず、接触変種を含めた様々なコード、そして日本語内の複数のスタイルに含まれる指標性を利用し、児童らが会話の中で交感的にコードとスタイルの切り替えを行っていることを示す。そうした使用は、教室という場にありながらことばのジャンルを越境し、先述の社会関係における境界線や、児童間の人間関係などの交渉に用いられていることを示した上で、本書全体をまとめる。

2015 年 12 月

山下里香

目　次

まえがき　　iii

本書で使用するデータについて　　xiv

I　研究の背景と在日パキスタン人児童の言語的背景

第1章　問題のありか─────────────3

1.1　研究の背景─日本に暮らすニューカマー児童のことば ……………………3

1.2　先行研究─欧米と日本におけるコードスイッチングとスタイルシフト研究 ……………8

  1.2.1　コードスイッチングの定義 ……………………………………………8

  1.2.2　本格的なコードスイッチング研究までの流れ ……………………11

  1.2.3　コードスイッチングの意味と機能─Gumperz の概念 …………12

  1.2.4　コードスイッチングの合理性─モデル化とミクロ化 …………17

  1.2.5　コードスイッチングのミクロ・マクロをつなぐ …………………23

  1.2.6　スタイルシフトに関して ……………………………………………32

1.3　論点と課題─日本における移民児童の多言語使用 ……………………37

1.4　本研究の射程 ……………………………………………………………39

  1.4.1　本研究の目的 …………………………………………………………40

  1.4.2　本研究の意義 …………………………………………………………42

  1.4.3　本書の構成 ……………………………………………………………43

第2章　フィールドの背景および調査の概要─────────47

2.1　在日パキスタン人とそのコミュニティの背景・生活 …………………47

  2.1.1　故国パキスタンの言語的背景 ………………………………………47

2.1.2　在日パキスタン人の人口動態、コミュニティ、アイデンティティ ……48

2.1.3　在日パキスタン人と言語 ……………………………………50

2.1.4　Gモスクのコミュニティ ……………………………………53

2.1.5　Gモスク教室 ……………………………………………………54

2.2　モスク教室における調査の概要 ……………………………………55

2.2.1　録音データの収集 ……………………………………………58

2.2.2　会話データの表記 ……………………………………………61

2.3　データの会話参加者と会話のやりとりに関して ……………………65

2.3.1　会話参加者 ……………………………………………………66

2.3.2　モスク教室における会話の背景 ……………………………76

第3章　言語選択の量的分析—どの言語をどれだけ使うのか————83

3.1　方法と使用データ ……………………………………………………83

3.1.1　方法 ……………………………………………………………84

3.1.2　使用データ ……………………………………………………85

3.2　年別の比較（縦断的視点）……………………………………………86

3.2.1　各言語の割合 …………………………………………………86

3.2.2　データ別・話者間の比較 ……………………………………88

3.3　授業日別の比較（横断的視点）………………………………………92

3.3.1　授業日による三人の言語使用 ………………………………93

3.3.2　他児童の影響 …………………………………………………97

3.3.3　イムラーン（第二次調査）の言語選択 ……………………97

3.4　3章のまとめ …………………………………………………………99

II　コードスイッチングの語用論的な機能

第4章　運用能力はコードスイッチングに影響を与えるのか————105

4.1　運用能力の考慮と考えられるコードスイッチング …………………106

4.2　教師の反応を待たないウルドゥー語へのコードスイッチング ………109

目次　xi

4.3　単語を挿入するコードスイッチング……………………………114

4.4　教師から語彙の意味を尋ねるやりとり…………………………120

　　4.4.1　日本語の語彙を聞いた例………………………………121

　　4.4.2　互いの言語で聞き合った例……………………………124

　　4.4.3　理解し合わない状況が作られた例……………………125

4.5　4章のまとめ………………………………………………………132

第5章　ウルドゥー語・日本語の切り替え―教師と児童の境界をつくる──135

5.1　成人の呼称…………………………………………………………136

　　5.1.1　成人に対する呼称の概観………………………………136

　　5.1.2　*anTii* の使用……………………………………………137

　　5.1.3　「○○先」の使用…………………………………………145

5.2　発話相手と会話の管理……………………………………………150

　　5.2.1　「発話相手の限定」に関する問題………………………150

　　5.2.2　発話相手の限定／選択…………………………………151

　　5.2.3　発話相手、話題、語彙のシフト………………………156

5.3　5章のまとめ………………………………………………………160

第6章　ウルドゥー語・日本語・「ですます体」の切り替え―スタンスの構築
──163

6.1　ウルドゥー語の使用………………………………………………165

　　6.1.1　ウルドゥー語によるアラインメントの構築…………165

　　6.1.2　ウルドゥー語によるディスアラインメントの構築…169

6.2　教師とのやりとりから自分の主張へ……………………………175

6.3　「ですます体」の使用………………………………………………182

　　6.3.1　権利と義務の交渉………………………………………182

　　6.3.2　他の児童への否定的な評価……………………………187

6.4　6章のまとめ………………………………………………………189

III 指標性を用いた多言語使用

第7章 ウルドゥー語での引用—児童が投射する大人の「声」————195

7.1 コードスイッチングと引用表現 ……………………………………196

7.2 談話を盛り上げる引用表現 …………………………………………198

7.3 情報の真正性 …………………………………………………………202

7.4 フィクショナルな引用表現 …………………………………………213

7.5 データ全体の引用表現から見る傾向 ………………………………218

7.6 7章のまとめ …………………………………………………………223

第8章 南アジア風の日本語の使用—教師・児童の境界を越える————227

8.1 Crossing について ……………………………………………………227

8.2 第一次調査時における接触日本語変種の使用—音声的な特徴 ……231

　8.2.1 教師に対する主張 ………………………………………………231

　8.2.2 教師に対する主張ではないもの ………………………………235

8.3 第二次・第三次調査時における接触日本語変種の使用

　　—定型的な表現とそのバリエーション ……………………………237

　8.3.1 教師に対する主張 ………………………………………………237

　8.3.2 定型的な表現とその使用のバリエーション

　　　—「ちゃんときってよ」をめぐって ……………………………240

8.4 8章のまとめ …………………………………………………………250

第9章 縦横無尽のスタイル使用—先生から芸能人まで————253

9.1 児童に向けられる様々な「大人の声」………………………………253

9.2 児童同士の会話に見られる crossing …………………………………264

9.3 ジャンルを超えた言語使用—狭い空間が広い空間になるとき ……271

9.4 9章のまとめ …………………………………………………………279

第10章　結論 ————————————————————285

10.1　各章の要約とテーマの相関 ………………………………285

10.2　言語別に見た児童の言語使用 ……………………………287

10.2.1　ウルドゥー語 …………………………………………288

10.2.2　接触日本語変種 ………………………………………290

10.2.3　英語 ………………………………………………………291

10.2.4　「ですます体」 ………………………………………291

10.2.5　その他のスタイル ……………………………………292

10.3　移民バイリンガル児童の言語使用の総括 ………………292

10.4　本研究のインパクト、展望と課題 ………………………294

エピローグ　　301

参考文献　　305

転写規則　　313

切片のリスト　　317

索引　　323

本書で使用するデータについて

　調査地、および会話のデータに参加・言及されている人物はすべて筆者がつけた仮名である。調査時期は 2000 年代に 3 回にわたって行ったが、明示されていないのは会話参加者の個人情報へのアクセスを避けるためである。第一次調査と第二次・第三次調査は、1 年半ほどの間が空いている。第二次・第三次調査は同年に行われている。

会話の参加者およびデータで言及される人物

会話の参加者

アリー先生	G モスクのクルアーン(コーラン)の教師でありイマーム、ミャンマー出身ロヒンギャー人、30 代男性。
ビルキス先生	G モスクの英語の教師、インド・バンガロール出身マラーヤーラム語母語話者、30 代女性。
ジャミラ	バイリンガル児童、両親ともパキスタン(カラーチー出身)人、パキスタン出生、5 歳のとき来日。第一次調査時 11 歳(小 6)。
カリム	バイリンガル児童、両親ともパキスタン(カラーチー出身)人、パキスタン出生、4 歳のとき来日。第一次調査時 10 歳(小 5)。
ライラ	バイリンガル児童、両親ともパキスタン(カラーチー出身)人、パキスタン出生、3 歳のとき来日。第一次調査時 9 歳(小 3)。
イムラーン	バイリンガル児童、両親ともパキスタン(カラーチー出身)人、パキスタン出生、幼少期に来日したが、小学校入学をきっかけにパキスタンに渡航し学校へ通ったが、家族の都合等で 1 ～ 2 年ほどで日本に戻ってきた。カリムと同学年。
ナディア	非バイリンガル児童、父親がパキスタン人、第一次調査時

	8-9歳(小3)。幼稚園児の弟もGモスクのジュニアクラスに通う。
オマル	非バイリンガル児童、父親がパキスタン人、第一次調査時8-9歳(小2)。日によってGモスクのジュニアクラスにいたり、シニアクラスにいたりする。
フセイン	非バイリンガル児童、スーダン出身。第一次調査時6-7歳(小1)。来日時期不明だが、流暢に日本語を話す。弟もGモスクのジュニアクラスに通う。

データ内で言及される人物

シャキールおじさん(*Sakiil ankl*)	パキスタン人男性、モスク教師(20代後半ないし30代前半、第二次調査時は来日数か月で、大学院研究生)。
田中	Gモスク外の日本人児童、おそらくジャミラらの知る人物。
サムラ	パキスタン人児童、ライラよりも2歳下。第一次調査時はいなかったが、第二次調査時はGモスクのジュニアクラスに通っていた。
ミナ	パキスタン人児童、サムラの妹で、第二次調査時5歳くらい。
シャーヒード	パキスタン人の幼児、アイシャさんの息子。
アイシャおばさん(*aiSa anTii*)	パキスタン人女性、パンジャーブ地方出身。
カディージャおばさん(*k'adiijaa anTii*)	パキスタン人女性(推定50〜60代)、ハジラさんの母。
ハジラおばさん(*hajraa anTii*)	パキスタン人女性(20代半ば)、カディージャさんの娘で、モスクの女性フロアでウルドゥー語と少々の英語を交えた講話を行なうこともある。
マリヤム	パキスタン人児童、ジャミラらの妹。

I
研究の背景と在日パキスタン人児童の
言語的背景

第1章
問題のありか

　本章では、本書の課題を提示する。まず 1.1 節では、日本に暮らすニューカマーの外国籍児童と言語に関する背景を確認する。その上で、1.2 節では、欧州および北米における社会的なバイリンガリズムやコードスイッチングに関する言語学からの研究史と、その中で用いられた方法論や概念を概観する。1.3 節では、日本ないし日本語に関連したコードスイッチングの研究を概観する。1.2 節および 1.3 節を踏まえた上で、1.4 節では本研究の問いや意義、本書の構成を述べる。

1.1　研究の背景—日本に暮らすニューカマー児童のことば

日本語を話すニューカマー児童の増加

　日本に国外からの移住者が暮らしてきたのは、決して新しいことではない。しかし、移住者の出身地や社会的背景が様々になり、その存在が「移民」として特に可視化されてきたのは、グローバル化といわれる世界的なヒト・モノ・カネ・情報の移動が激しくなった現代である。学術界では、戦前・戦中から 80 年代までに来日した人たちは「オールドカマー」、それ以降の移住者は「ニューカマー」と一般的に呼ぶ。移民コミュニティの形成や文化は、様々な方面から関心を集めてきた。

　ニューカマーの大きな特徴の 1 つとしては、すでにオールドカマーの多い朝鮮半島および中国・台湾の出身者をのぞき、人口が圧倒的に少ないことがある。しかし、ニューカマーはコミュニティを少しずつ築き上げ、それまでに従事してきた工場等での労働だけでなく、サービス業や、宗教や、文化

や、社会活動にも存在感を見せるようになった。例えば、タガログ語でミサを行なう教会は1つや2つではない。また、2011年の震災では、複数の外国人ムスリム団体がボランティア活動に従事する姿が報道された。

　日本に長く暮らし、日本の学校で教育を受けて来たニューカマーの子ども達の数も、大変多い。2012年5月の時点で、71,545人の外国籍児童が日本の公立学校（小学校、中学校、高等学校、養護学校）に在籍していた。外国籍の児童は、日本語の補習の対象になると一般的に思われがちである。しかし、先の71,545人のうち、日本語の指導を必要としなかったのは、44,532人で、62.2%に及ぶ（文部科学省 2013）。また、この数字は、私立学校に在籍する児童や、父母のいずれかが外国籍である、外国にルーツを持つ日本国籍児童を含まない。そのため、実際にはより多くの子どもたちが、日常的に日本語以外の言語に接触しているとみることができる。こうした外国籍や外国にルーツをもつ日本国籍の児童が、日々外国出身の保護者や成人とのコミュニケーションを重ねていることは、想像に難くない。

世代間のコミュニケーションと民族アイデンティティへの関心

　日本語を話すこうした外国にルーツをもつ子どもたちに、「家では何語を話しているの？」と尋ねれば、「〇〇語」と答える子どももいれば、「日本語」と答える子ども、「両方」という子どももいるだろう。しかし、全てを一方の言語のみで済ませているという家庭は少ないのではないだろうか。こうした子供たちは、実際にどのような言語生活を送っているのだろうか。子どもたちの学校外での言語使用は、彼らが接触している言語・文化や社会的価値観とも関連があると考えられているため、言語学者以外にも関心を持たれている。

　のちに「移動する子どもたち」という概念を提唱し、海外帰国子女や外国籍児童への日本語教育の研究に携わることになる川上郁雄は、2001年に出版された在日ベトナム人の生活世界に関する文化人類学的なモノグラフにおいて、以下のように記述した。

第1章　問題のありか　5

　一般にベトナム系移民住民の言語生活は、ベトナム語と日本語の二重言
語生活になっている。親同士はベトナム語で、子供同士は日本語で日常
会話をし、そして、親は子供にベトナム語で話しかけ、子供は日本語で
答えるといった傾向がますます強くなってきている。
［中略］
子供のほうが日本語を上手に話せるようになり、かつ親の話すベトナム
語が子供にとって理解しにくくなると、子供は親の言うことに耳を傾け
なくなったり、親の発言力が弱まり、子供は親を尊敬しなくなったりす
る。特に、家長としての父親の地位や発言力の低下をまねくことにな
る。　　　　　　　　　　　　　　　　　　　　　（川上 2001: 172-173）

　　川上は、移民する過程や日本に適応する過程による「親子の言語生活の質
的な変化」を、ベトナム系移民の家族関係が不安定になる一因として挙げた
（川上 2001: 172）。上記では、親のことばが子どもに通じないことが、子ど
もの親に対する尊敬を失わせ、父親ないし家長の地位が低下すると述べてい
る。
　　また、カナダを中心として継承語としての日本語教育の研究を行い、現在
日本における継承語教育研究の中心的人物である中島（2003）は、継承語教
育の意義に関して、次のように主張している。

　継承語教育は、対象言語が親のことばであるがゆえに、外国語のように
距離をおいた見方ができない。楽しかったこと、悲しかったこと、様々
な思いが裏づけされたことばである。また親のことばであるから、子ど
もができるのは当たり前、忘れると親も子も傷付くという性質を持って
いる。そのため継承語が生活上の機能を失っても、継承語を伝承すべき
であるという責任感だけは何世代も続くと言われる。そしてそれを怠る
と、一生悔いが残るという（Kouritzin, 1999）。特に親が現地語に堪能で
はない場合は、親子のコミュニケーションとして必要不可欠なことばで
ある。つまり、子どもの情緒安定、アイデンティティの形成（Oketani,

1997)に深く関わる言語教育であるから、その教育的意義は非常に大きいのである（Cummins, 1983; Cummins, 1984; Hammers & Blanc, 1989; Cummins & Denasi, 1990; Landry and Allard, 1991; Denesi et al., 1993）

(中島 2003: 4 節)

継承語教育の意義を述べる中島のこの主張には多くの点が言及されている。まず、継承語が、家庭の中で使われるがゆえに、情緒的な経験や体験と結びつくと述べている。次に、継承語が「親のことば」であるため、子どもも話せることが当然である「性質」を持つと主張している。これは、「性質」というよりは、社会的に共有された見方ないしイデオロギーだと考えられる。そして継承語を忘れると「親も子も傷つく」と述べている。この点は、先の川上の記述の、親の権威の失墜とも結びついていると考えられる。その次に述べられる継承語の継承責任とその心理的な影響は、「一生悔いが残る」という形で、重要な問題としてとらえられている。

川上や中島の研究が、言語的少数者の教育政策やエンパワメントへの関心を高め、こうした問題に関する啓蒙活動における大きな原動力になったことは、評価すべきである。草の根レベルでの外国籍児童に対する学習支援や母語教育支援の増加が、そのインパクトを物語っている。今日、外国人児童に接する言語教育者は、これまでで最も、文化的・言語的少数者の文化や言語を尊重しようとしていることは、想像に難くない。外国にルーツをもつ人たちの言語やアイデンティティの保持伸長の価値が広く認められるようになった一方で、グローバル化が益々進んだ現在、外国にルーツをもつ児童のアイデンティティや移民の経緯、社会文化的背景は、大変な広がりを見せている。しかし、外国にルーツをもつ児童のアイデンティティないし表象が、継承語という概念をもって、継承語教育を推進しようとする他者によって語られ構築させられているようにも見られる点には、多少注意を向ける必要があると考える。

「家で何語を話しているの？」という一見素朴な問いは、しばしば外国にルーツをもつ人を困惑させることもある。なぜならば、生活地域の日本語で

全て話すべきだと考える人もいれば、継承語教育の推進者のように、両親の出身地域の言語で話すべきだと考える人もいる。日本語で話していないとわかったら、「日本語運用能力向上のため」や「学校と家庭とで言語を一致させたほうがよい」といった理由で、日本語の使用を勧められるかもしれない。筆者のフィールドワークでも、一番年少の児童に対する家庭での使用言語を聞くと、「保育園に通っているので日本語もきちんと話せます」という答えが返ってきたり、あまり答えたくなさそうなそぶりが見られたりすることもあった。一方、両親の出身地域の言語で話していないというのも、「○○語で話せないの？」と言われ、まるで民族アイデンティティを自身で否定しているように感じられるかもしれない。筆者は、上記の児童に対して、母語による書き言葉の運用能力を聞いたところ、うつむき加減に「書き言葉は自信がない」と言われた。また、両言語を交ぜて話すということも、「セミリンガル」に対する危惧がある中、大きな声で言えない人もいるかもしれない。

　多文化多言語社会が叫ばれ、理念として当たり前となりつつ現代だからこそ、外国人の両親の出身地域の言語で話すことが評価されるようになったが、必ずしもこうした考え方は、通時的に見ても共時的に見ても、日本では当然ではない。例えば、十数年から二十年前の日本では、家庭と学校とで別々の言語を使用することが子どもの知的・情緒的・言語的発達に悪い影響と考えられていたことが多かったし、現在でも、そういった考えをもつ現場の専門職の人たちもいる。歴史的にも世界的にも多くの言語シフトが起こっており、継承語が継承されないというケースも少なくない。また、少数言語である継承語を継承したいという人がいる一方で、特に継承したくないという人もいるだろう。

　日本の言語的少数者児童に対する教育の文脈で、それぞれのコミュニティの実態や世代間関係に対する深い洞察もなく、継承語の消失と傷ついたアイデンティティ、さらには親子関係までもを結びつけるのには、慎重にならなければならない。なぜならば、このような考え方は、古典的な文化人類学の「言語集団」＝「民族・文化集団」という見方を前提としており、今日のよ

うなヒト、モノ、情報の移動が激しい時代において、再考を迫られているからである。継承語の「地位」がまちまちで、その背景は中島のいう「文化集団」、すなわち民族言語集団の違いから生じているということは、中島自身も認めている。個人個人が重要視するアイデンティティは、「ベトナム人」や「中国人」など、必ずしも民族と国家が一対一に対応することを前提としたアイデンティティではなく、重層的、流動的、そして可変的であることが主張されてきている(ホール、1998, 2000)。

　二世における言語と文化の喪失が、先述の川上(2001)のように危惧されている中、このような世代間のコミュニケーションのあり方と、民族ないし言語グループの「固有」の規範や価値に対する本質主義的な見方は、実際の言語使用を見ることで検討をすべき段階に来ている。日本語が流暢な外国にルーツをもつ児童らは、移民コミュニティの内部で、どのような文化的価値観や社会観を基にして、継承語や日本語の使用を選択しているのだろうか。それらが会話の中で切り替わるときは、どのような意味や機能を担っているのだろうか。児童の実際の言語使用は、川上の記述のように日本語のみであるかもしれないし、日本語のみではないこともあるだろう。もし、2つの言語が使用されているのであれば、それはどのように使用されているのだろうか。

1.2　先行研究
　—欧米と日本におけるコードスイッチングとスタイルシフト研究

　本書で扱うコードスイッチング(以下 CS)は、最もよく見られる多言語使用現象の1つである。コードスイッチングは、会話の最中に二言語を切り替えることと考えられている現象である。

1.2.1　コードスイッチングの定義
　本節では、何をもってコードスイッチングと呼ぶのかについてを概観する。

コードスイッチングは、2つの言語体系の並列(juxtaposition of two different linguistic systems)(Gumperz 1982)、多言語話者がある会話のまとまりの中で2つ以上の言語を使用すること(Heller 1988: 1)と定義されてきた。また、多くの場合、同一の話者が言語を切り替えることを指す。CS のこの定義に関して、研究者の間では特に異論は見られない。

CS には、文間コードスイッチング(inter-sentential codeswitching)と文中コードスイッチング(intra-sentential codeswitching)という、形式による区別がかつて存在した。後者は、文法や音韻体系等の接触が顕著であるため、これらの区別は、言語体系そのものを研究する場合には重要な関心事である。しかし、語用論ないし社会言語学的研究においては、こうした区別はあまりされなくなってきている。なぜならば、談話における発話においては一文の境界がはっきりしないことも多く、ある切り替えが文間 CS か文中 CS かを判定するのが難しいことが多くある。また、一語文や、照応など、言語によってその頻度が異なることもあり、同列に比較対照させて分析することが難しいことが挙げられる。

CS で切り替えられている「コード」とは、上述の定義を一瞥すると、言語体系ないし「言語」と同義のように見えるが、必ずしもそうではない。たとえば、後に詳細に言及する、Blom & Gumperz(1972)による古典的研究では、2つ以上の「地域変種」[1] の CS を扱っている。さらに Gumperz(1982)は、コードというものは、既存・既知の知識において同一体系と見なされるものではなく、言語共同体で共有される解釈の枠組みの中で異なる体系とされているものであることを説明している。具体的には、彼の語用論的な理論(次節 1.2.2 節にて詳細に述べる)に従い、話者・聞き手のコードを区別する特徴の共起関係の予測可能性に依存するものだとしている。具体的には、(1)デリーのヒンディー語とデリーのパンジャービー語という、言語体系や言語形式が非常に似通っており、語彙が共通することも多い例、そして(2) *teacher* といったヒンディー語に定着した英語語彙の例の場合、それぞれどのようにコードを定義するかに関して例を挙げている(Gumperz 1982: 85–86)。(1)のような場合、ある文がヒンディー語コードからパンジャービー

語コードに文中 CS したのか、それとも文全体がパンジャービー語のコードであったのかは、その文中の個々の要素が、話者の共起関係の知識としてどちらのコードに含まれるかで判断するとしている。

　ある文が英語からヒンディー語に文中 CS したのか、それとも文全体がヒンディー語のコードであったのかという問題が生じる(2)に関しても、話者の共起関係の知識をもとに判断する。具体的には、次のように説明している。ヒンディー語の文の中の *teacher* には、ヒンディー語にも代替語になりそうなもの(*adyapak*)があり、またすでに英語から定着した master という語もあったという。しかし、インドの大学における学生というコンテクストのヒンディー語会話で圧倒的に使われるのは *teacher* であり、*master* や *adyapak* は使われない。よって、*teacher* もヒンディー語のコードに入るのだという。このように、Gumperz でさえ、私たちが言語と呼ぶ言語体系そのものに対象をしぼったわけではなく、あくまで話者があるコードに含まれると思われるものと、別なコードに含まれると思われるものを切り替えたものが、CS と見なされるのである。

　その後の多言語使用研究の隆盛により、crossing [2](Rampton 1995)など(8.1 節において詳細に述べる)様々な多言語現象が論じられ、近年では CS が、方言やレジスターだけでなく、敬語などに代表されるスピーチレベル、同一言語内のスタイルの切り替えまでも指すという考え方が当然視されてきている(Woolard 2004: 74)。

　英語、ウルドゥー語、日本語は、社会的に名前のついた「言語」であり、そうした区別は、児童らにも意識され認知されている。本書では、Gumperz(1982)や Woolard(2004)にならい、英語、ウルドゥー語、日本語(インフォーマルな関東首都圏の標準的な話しことば)、「ですます体」を、切り替えられる「コード」として扱う。それは、Gumperz のいう文脈における共起関係の予測という点で、上のコードどれもが、児童にとっては異なる発話相手や発話の場面と結びつけられてそれぞれの差異をもっていることが、筆者の観察および録音データからわかったからである。「ですます体」は、日本語を使用する社会で主要な語用論的ルールに組み込まれている日本

語の形式の１つであるが、どのようなときに使用するかという語用論は、日本での社会化を通して学習されるものである。「ですます体」は、極端に口語的な表現とは共起しない。例えば、「てめえがだめなんです」という文は、文法的には正しくても、実際にはめったに聞かれることがなく、発話するのにもどこかおかしいと感じる日本語話者が圧倒的だと考えられる。

　一方、コードのように想起関係があるとはいえないが、何らかの言語的特徴をもって、それまでの発話に使われている言語とは異なるものを使用していると考えられる際のその特徴を、ここではスタイルと呼ぶことにする。具体的には、接触日本語変種(詳しくは第８章)や、教師らしい話し方(第９章)や、スポーツの実況中継のような話し方(第９章)などが挙げられる。

1.2.2　本格的なコードスイッチング研究までの流れ

　社会言語学における CS の研究は、この数十年欧米を中心に多くなされ、「もう一巡した(Woolard 2004: 90)」とまで言われる。CS が、会話において何らかの意味や機能をもちうるという考えにおいて、研究者の意見は一致している。一方で、その意味がどのような枠組みで分析および解釈可能なのかに関して、いくつかのアプローチが試みられてきた。

　そもそも、複数の言語を切り替えるコミュニケーションは、20 世紀前半の言語学では研究の対象に含められていなかった。Bloomfield(1933: 56)は、バイリンガリズムを「母語話者並みに二言語が話せること」と定義した。この見方は、母語話者のように二言語を話せない場合は、研究対象に当たらないということになる。言語変異研究の父ともいえる Weinreich(1959: 73)は「理想的なバイリンガル話者」は会話の状況(speech situation)によって言語を切り替えるのであり、文中や、会話の状況が変化していないときには切り替えていないと述べた。ここでいう「会話の状況」とは、ダイグロッシア(Ferguson 1959)や、宗教や家庭や仕事など言語の使い分けがなされている様々な社会的な領域(ドメイン)(Fishman 1965)といった概念を元にした「状況」である。特定の民族集団の言語がどのように次世代に継承されるかをテーマとする、社会的なバイリンガリズムと言語接触の研究により、そ

れぞれの言語の社会的な役割分担—言語使用または言語選択と、話者の集団や、状況や、設定、話のトピック、言語行動の種類、役割関係といった属性の関係が注目されるようになった。これらの属性を変数またはキーワードとして、それぞれの話者集団の言語維持や言語シフトが論じられるようになった。その後、同じ領域（ドメイン）内で 2 つ以上の言語が使用される CS も注目されるようになった。

　本格的な CS 研究のはじまりは、言語形式、特に統語に着目した、変異理論的な研究によるものであった。CS が、何の規則も理由もなく行われているのではないこと、二言語の運用能力の欠如によるものではないことが示されたのである。その契機となったのは、米国における英語とスペイン語のバイリンガル話者の自然談話やその容認性判断を用いた研究である（Pfaff 1979, Poplack 1980）。これらの研究、またその後の研究の多くにおいて、文中 CS の言語形式に二言語の文法に沿う形のものが広く見られることが主張された。同時に、運用能力や社会的アイデンティティに関して、むしろ二言語の運用能力が高いバイリンガル話者こそが自由に文中 CS を行い、それぞれの言語が使用されるコミュニティへの帰属意識を表明していると結論づけられた（Poplack 1980）。

　CS の文法的な制約の研究は、その後も、アフリカの諸民族の言語使用を研究していた Myers-Scotton(1997) が MLF(Matrix Language Frame) モデルを提起するなど、少数の研究者によって引き継がれた。しかし、制約に関しての研究は、近年ではさほど盛んではなくなっている。多くの反例が現れた上に、無意識にコードスイッチングをしている話者の容認性判断が、話者によって異なるのではないかという不安もあることが、その理由であると考えられる。特に、話者が意識せず行なう metaphorical switching(1.2.3 節参照) のような例があることから、コンテクストを十分制御しない容認性判断は、必ずしも信頼できないという批判もある。

1.2.3　コードスイッチングの意味と機能— Gumperz の概念

　本節では、CS 研究を大きく推し進めた Gumperz による概念を解説す

る。まず、situational CS と metaphorical CS と、その 2 つの概念に深く関連する we-code/they-code を挙げる。その次に、Gumperz のいう談話機能（discourse strategies）という概念の理論的背景となるコンテクスト化の手がかりという概念を説明する。最後に、本書でも中心的に使用される、Gumperz の挙げた CS の談話機能を紹介する。

Situational CS と metaphorical CS, we-code と they-code

Blom と Gumperz は、ノルウェーの漁村における地域変種（Ranamål）と標準変種（Bokmål）との CS を研究し、そのタイプを situational と metaphorical に分けた。この研究は、漁村での生活の観察と、会話の収録、収録された会話に対する話者らの反応を元にしている。Ranamål は地域での生活で最も用いられる変種として家庭や友人関係を通して獲得され、地域アイデンティティを指標するものとなるのに対し、Bokmål はメディア、宗教、学校教育を通じて獲得する変種である。この 2 つの変種の違いは微細であり、かなり統制された環境でなければ見られない違いもあるのだが、話者らはこの 2 変種を明確に使い分けていると考えている。

Situational CS と定義されるのは、「その状況において、会話参加者の権利と義務（rights and obligations）[3] の定義が大きく変化する」CS である（Blom & Gumperz 1972: 424）。例えば、学校の教師が、一方的な講義の際に Bokmål を使い、生徒から議論やコメントを受け入れるときに Ranamål を使う場合や、Blom と Gumperz が会話参加者に近づいて行ったときに、それまで使っていた Ranamål から Bokmål に彼らが言語を切り替えた場合が、situational CS の例として挙げられている。会話参加者にとって、CS が発話の解釈のための手がかりとなっており、聞き手は CS から、その参加者のその場の会話内における権利と義務が変わったことを理解する。この学校の教師の例ならば、Bokmål の使用が、「教師として学生に一方的に知識を与え、学生の介入を許さないという権利と義務」、Ranamål の使用が、学生の議論を活性化させる権利と義務と解釈できる。

Metaphorical CS（ibid: 425）は、社会的な「状況」の変化にではなく、発話

の内容に関係し、権利と義務の変化を伴わないものである。この場合は、話者らに必ずしも言語の切り替えが意識されていないことも意味する。また、通常期待されていないところで一方の変種が使われることにより、その変種と結びついている場面の雰囲気（the flavor of this original setting, 1972: 425）が会話に持ち込まれることも指摘している。Blom と Gumperz が挙げた例では、役所で働く人たちが、Ranamål と Bokmål の間を行ったり来たりしていることが観察され、それは、Bokmål がより公的な内容の発話に使われているためであると説明されている。また、こうした CS が無意識になされていることを、録音を会話参加者に聞いて確認してもらうというかたちでも彼らは確認している。日頃 Ranamål を使用する親しい仲間内で政府に関して議論をしてもらったところ、Ranamål ではなく、Bokmål が使用された。その会話の録音を、会話参加者らおよびコミュニティの他の話者らに聞いてもらったところ、彼らはそれはそのコミュニティ内での通常の話しかたではない、本来ならばもっと Ranamål が使用されているべきだと主張したという。そして、再度同じ状況で録音すれば、Ranamål が観察されるだろうと会話参加者らに言われたが、二回目の録音でも、やはり一回目と同様の傾向が見られたと述べている。

　この 2 つのタイプの CS を挙げた上で、Blom と Gumperz は、Ranamål が地元と結びついている変種、そして Bokmål が教会での講話や公的な内容と結びついている変種であるとした。Ranamål の使用は、内輪としての話という社会的な意味を付与し（1972: 425）、どの場面でどの変種を使うかは一定の共通した認識があり、状況的にも象徴的にも、それぞれの変種がある領域と関わっていることを指摘したのである。Gumperz（1982）は、この例および他の多言語使用コミュニティの研究でわかったことをまとめ、we-code/they-code（Gumperz 1982: 66）という概念を提唱した。'we-code' は話者が属する少数集団の言語であり、'they-code' は社会的な多数派の言語である。前者は、集団内のインフォーマルな活動で、後者は、よりフォーマルで緊張を強いられる、あまり親しくない関係（ibid）で用いられると指摘している。ノルウェーの漁村の場合は、Ranamål が we-code, Bokmål が they-code である

第 1 章　問題のありか　15

といえる。

コンテクスト化の手がかり (contextualization cues)

コンテクスト化の手がかり (contextualization cues) とは、話し手と聞き手によって、何が起こっているのか、意味はどのようにして理解されるべきか、そしてどのようにそれぞれの文が前の文および後ろの文につながるのかといった解釈に使用される、言語表現の表層レベルでの特徴を指す、語用論的な概念である (Gumperz 1982: 131)[4]。このような見方によれば、CS も、どのような言語的要素がどのように文中に現れるかに意味があるのではなく、切り替えそのものに意味がある、コンテクスト化の手がかりのひとつだということになる。

コンテクスト化の手がかりには、語彙や統語構造などの、従来の言語学が対象としてきた言語形式そのものに限らず、プロソディやイントネーションなどのパラ言語的と言われてきた特徴、成句、会話の始まりや終わりに現れる相互行為的な言語使用[5]も含まれると主張した[6]。Gumperz は、イントネーションがコンテクスト化の手がかりであることの例として、南アジア系の英語における文末イントネーションとイギリス英語における文末イントネーションによって生じる誤解を挙げた。コンテクスト化の手がかりを中心とした語用論的な考え方、次に挙げる、談話機能としての conversational codeswitching (または discourse contextualization switching, Bailey 1999) の基となっている。なお、先に挙げた Blom and Gumperz (1972) の研究も含め、会話に見られる言語形式およびメタ言語的特徴、パラ言語的特徴を含めた変異に関して、話者ないし話者と同じ言語共同体に属する者の解釈をも参考にするという Gumperz の方法論は、相互行為社会言語学 (interactional sociolinguistics) と呼ばれるようになる。

会話における CS の談話機能 (Conversational Codeswitching)

地域や言語が全く異なる 3 つのバイリンガル言語共同体のデータの例を挙げながら、Gumperz (1982: 79-84) は以下のコードスイッチングの 6 つの

談話機能を挙げた。これらは、コンテクスト化の手がかりの解釈を同じように行なう、同じ言語共同体のバイリンガル話者同士で行われる CS である。

引用　Quotations
発話相手の限定　Addressee specification
間投詞　Interjections
繰り返し　Reiteration
情報の付加　Message qualification
個人化／客体化　Personalization versus objectification

　以上の談話機能は、形式の上でわかりやすいものから、情報構造に至るまで、異なったレベルで定義および分類されている。〈間投詞〉や〈引用〉、〈繰り返し〉といったものは形式および内容から、〈発話相手の限定〉は相互行為から、〈情報の付加〉及び〈個人化／客体化〉は内容から定義されているように見受けられる。

　〈引用〉とは、引用形式のあるなしに関わらず、また特に引用元の発話の言語がどちらであるか関係なく、引用と引用でない部分が異なる言語で行なわれることを指す。〈発話相手の限定〉も、発話相手の切り替えとして行なわれることを指す。〈繰り返し〉は、全く同じことを繰り返すというよりは、2 回目は情報が多くなったり少なくなったりしているのが常であるが、必ずしも 2 回目がより明快に述べられているわけではなく、「単に誇張したり強調したりする」(1982: 78)ために使われていることもあるという。〈情報の付加〉については、'qualifying constructions such as sentence and verb complements or predicates following a copula(1982: 79)' と述べられている。一見文法的に見えるが、どちらかの言語で述べられた部分を「主たるメッセージ」、もう一方の言語で述べられた部分を付加的な情報とする、情報構造の話である。例えば、「お茶が飲みたい。麦茶がほしい。」と言った場合、二文目は一文目の内容をより厳密化した、付加的な情報である。また、〈個人化／客体化〉については、「純粋に記述的に特定することは難しい」(1982:

80）と述べ、行動に関する言及と実際の言語行動の違いや、情報が自身の考えであるか知識となっているものか、といった側面を挙げている。こうした談話機能はさらに、言語の切り替えのみならず、様々な形式的・マルチモーダル的な要素も同時に起こっていることが指摘されている。例えば、〈発話相手の限定〉ならば、時に身体の向きの変更を伴ったり、〈間投詞〉にはフィラーも含まれたりすることが述べられている。

　これらの機能の同定および分類は、先に見た situational switching や metaphorical switching と異なり、社会的な言語の使い分けというよりは、話者同士の相互行為の中での談話の調整を行うミクロな視点からのものである。CS をこのように位置づけることで、話者集団内で共有されている象徴的な意味のみならず、発話者と聞き手がどのように言語的特徴を使用し、理解するかに関するメカニズムの解明に寄与した。つまり、場面や参加者やトピックの変化以外の CS を説明しようとしたのである。

1.2.4　コードスイッチングの合理性―モデル化とミクロ化

　Gumperz による CS の社会言語学および語用論の研究は、当時発展しつつあった北米のエスノメソドロジーの考え方とも接触し、社会学および言語学／言語人類学の双方の分野に影響を及ぼした。より精緻な会話や談話を基盤とした CS 研究が盛んになり、言語形式にとどまらず、プロソディや、非言語コミュニケーションなど、会話の参加者間の相互行為との関係を探るような発展に向かった。

　本節では、コンテクストを重視した Gumperz の概念に対しての反応と、その後の理論的発展として、footing, markedness model、そして会話分析（conversation analysis）の CS への導入を紹介する。

Footing のシフトと CS

　Gumperz が CS が談話機能を担っていることを示した頃、社会学者の Goffman は footing という概念を提起した。Footing は、コードを越えた発話の細かな特徴の変化を、自己と他者の関係性の変化に結びつけたため、そ

の後の CS の関連研究でも、footing という概念が用いられるようになった。footing とは、発話者の投射された自己と発話者自身の関係を指す。そして、その footing のシフトは、Gumperz の「コードスイッチングのようなもの」であるが、いわゆる言語の切り替え以外によって生じるシフトと述べている (Goffman 1981)。Footing は、発話ごとでなくても、発話内でもシフトすることがあり、究極的には、「私が今思うには、あそこでその本を私がなくしたと気づいたときに、私が警察に行って私の本について聞いてくればよかったんだ」という文の中にも、発話者の投射された自己と発話をしている発話者自身の関係は何度も切り替わるというのである。つまり、一番初めの私は「今思う私」という発話時点の「私」と大変近い一方、「その本をなくした私」と「気づいたときの私」と「警察に行く私」「聞いてくればよい私」は異なるものという考え方である。Goffman による footing の具体的な定義は、以下の通りである。

1. Participant's alignment, or set, or stance, or posture, or projected self is somehow at issue.

2. The projection can be held across a strip of behavior that is less long than a grammatical sentence, or longer, so sentence grammar won't help us all that much, although it seems clear that a cognitive unit of some kind is involved, minimally, perhaps, a"phonemic clause."Prosodic, not syntactic, segments are implied.

3. A continuum must be considered, from gross changes in stance to the most subtle shifts in tone that can be perceived.

4. For speakers, code switching is usually involved, and if not this then at least the sound markers that linguists study: pitch, volume, rhythm, stress, tonal quality.

5. The bracketing of a"higher level"phase or episode of interaction is commonly involved, the new footing having a liminal role, serving as a buffer between two more substantially sustained episodes.

(Goffman 1981: 128)

上にあるように、footing とは、会話の参加者の alignment, set, stance、姿勢、投射された自己が問題となっている。上記の説明ののち、Goffman は、footing のシフトとは、発話がどう生成されどう受け入れられるかを管理することをこうした言語的・身体的メッセージを通して示す[7]、私たちが自身およびその場にいる他者に対してとる alignment の変化を指す (Goffman 1981: 128)[8] としている。しかし、alignment や set, stance, posture といったものが、具体的に何を示すのかは、Goffman の文章には明示されていないが、後の北米の研究者も、それぞれ少しずつ異なるニュアンスを与えながら使い続けている (Jaffe 2009)。本書では、後の 6 章で alignment と stance をより明確に定義しようと試みた Du Bois (2007) の定義を使用する。

Footing のシフトは、話者の CS ないしは、ピッチ、声の大きさ、リズム (ないし速さ)、イントネーション、発声における変化が伴うとしている。文間 CS や文中 CS のような文や文節単位の言語の切り替えと異なるのは、複数の文のまとまりというレベルから、音素という語彙の中のものまで、様々な言語的な特徴のレベルでの変化を包含することである。この点が、特に Goffman の画期的である点である。彼は、CS という言語間の切り替えのみならず、単語やプロソディや視線やその他の身体的なありかたと同時に、発話者の自己との関係、および他者との関係が切り替わっていることを指摘したのである。また、シフトは白か黒かという二者択一ではなく、連続体のようで、微細なものから、大きなものまで存在すると述べている。

Goffman が footing のシフトの例としてあげるのは、ニクソン大統領の記者会見での、大統領ととある女性記者とのやりとりである。それは、まじめな質問の応答であった場面で、ニクソン大統領が「ちょっとくるっと回ってみて」といい、記者がくるっと回ったところ、「ズボンではなくてスカートがいいね」と言い、記者らが大統領とともに笑ったことである。「ちょっとくるっと回ってみなさい」というところが、footing の変化を表している。その発話までは、記者会見という、記者が質問し、大統領がそれに答えるという制度化された場面であった。一方で、「くるっと回ってみて」という発話は、大統領が記者に要望をするという、通常とは異なる行為がなされた場

面である。つまり、大統領と記者という関係のフレームから、容姿に対して
コメントや指示をする男性（上司）と、容姿に対してコメントや指示を受け入
れる女性というフレームに双方ともシフトしたのである。もちろん、ここで
はシフトは大統領のみが引き起こしたわけではなく、相互行為として女性記
者もそのシフトに応じたことを Goffman は指摘している。その「くるっと
回ってみて」という発話は、社会において一般的に女性が容姿に関して他者
からの承認や容認を得るという行為フレームであることが認識されたこと
は、女性記者も自発的にその通りにくるっと回ったことからわかると分析し
た。

　社会言語学者が言語共同体で共有される意味や解釈の構造に注目したのに
対し、Goffman の考えにおいては、個人間の演劇的な自己表現というもの
が中心的であった。また、抽象的な概念が多く、その多くは実際のデータの
中に見られるものであったが、そうした数々の概念だけが多く存在し、相互
行為の内部で起こっているミクロな現象に埋没しているという批判もあっ
た。つまり、全ての発話の行為を個人のパフォーマンスと見なすという見方
によっては、話者の属性やグループと言語使用を結びつけた関係を論じ得な
かったし、Goffman もそれに注意を払うことはなかった。一方で、footing
に限らず、Goffman によって提示されたコミュニケーションにおける現象
を指した概念の多くは、人間の会話において多く見られる現象であり有用で
あるため、会話の分析を行う多くの研究で言及されるようになっている。

　Footing に見られる Goffman の考え方がその後の CS の社会言語学の発展
に用いられるようになった理由には、大きく 3 点ある。1 点目は、プロソ
ディや音素のレベルのシフトまでを分析の射程に入れることで、明確に異言
語の間を切り替えている場合以外の発話をも分析できるようになったことで
ある。2 点目は、切り替えを、特定の言語共同体で共有される意味や解釈と
いう視点での分析にとどめることなく、個人が会話の相手に対して自分と相
手をどのように社会的に位置づけ、どのような行為を行なっているかという
点を分析可能であるとすることで、異文化間のコミュニケーションや、個人
のその場の発話における意図をボトムアップに記述しやすくなった点であ

る。3点目は、そうしたミクロな言語的特徴の切り替えが、行為や発話者、発話相手、その他の会話参加者との関係と結びつけられて分析されることは、その個人間を越えた社会の秩序というマクロのレベルでのその切り替えの意味との結びつきが論じることができた点である。

Markedness model

　CS の制約に関して精力的な研究を行った Myers-Scotton は、文中 CS のみならず、Gumperz の研究したような文間 CS を、話者の合理的な動機や、権利と義務(rights and obligations、または RO sets)の交渉を行なうためのストラテジーという普遍的な説明をしようとした。彼女の主眼は、文中 CS と文間 CS 両方を扱いながら、統語から語用論まで一貫して取り扱える言語理論を作ろうという点にあった。そのため、統語から語用論までの一貫した理論を作らなかった Gumperz の批判をしながら理論化を進めた。例えば、語用論的な点に関しては、コンテクスト化の手がかりという無限にありえる意味や機能を使った説明や、we-code や they-code といった観察からの説明は、話者による行為の選択に関する明快な理論に基づいていないという意味で記述的であるため、言語使用のメカニズムとしての説明としては不十分であると考えた。また、Gumperz が、we-code と they-code の概念を持ち出しながらも、これらは象徴的なものであり、必ずしも現実的に一方の使用を予測できるわけではないと述べた(Gumperz 1982: 66)ことに関しても、批判をした。

　具体的には、Myers-Scotton は、動機や RO sets、無標・有標といった普遍的な概念で CS が説明できるとし、言語選択を説明できる普遍的原理として markedness model および Rational Choice を主張した(Myers-Scotton 1995)。彼女は、CS が話者にとって最も合理的な選択として起こるのだと強く主張した。その場の話者間の関係において、権利と義務に関して最もふさわしい行為として言語が選択されるという考え方である。最も前提とされやすい言語の選択や CS のかたちを「無標」または「無標の CS」とし、そうでないものを「有標」とした。特に「有標」の CS には、話者が権利と義

務を交渉しようとする方略を見出せると主張した。日頃から CS が期待されるような権利と義務の関係においては、CS が予測できる。たとえば、アフリカのビルのガードマンの、ビルへの来訪者に対しては、英語が基本であるが、来訪者とガードマンとが同じ民族であることが判明すると、同じ民族同士としての権利と義務の関係が生じ、民族語に CS するということである。一方で、こうした二者の民族的出自が同じだとわかる場面で英語を使い続けることは、有標の CS となる。たとえば、ガードマンと来訪者とがフォーマルな関係を保ちたかったり、ガードマンが来訪者のフェイスを尊重することによって何らかの利益を得ようとしていたり、といった解釈が可能であると解釈するのである。このように、CS を通して社会的な交渉を行っているというのが彼女の主張である。彼女の考え方に賛同する研究者も少なくはなかった。例えば、在英中華系コミュニティの CS を研究し、次に挙げる CS 会話分析を行なった Li(2005) は一貫して、Myers-Scotton の markedness model は、彼の主張する RC(Rational Choice)model と合致していると述べている。

会話分析

　会話分析とは、1960 年代後半より米国で発達した、社会学の研究領域のひとつである。会話分析は、Harold Garfinkel の創始したエスノメソドロジーと、Goffman が提起した会話の中の規則性に刺激を受けて、Harvey Sacks, Emanuel Schegloff, Gail Jefferson によって生みだされた。最も古典的な論文である Sacks, Schegloff & Jefferson(1974) では、「会話の連鎖的な組織」[9] として、順序交替の組織の分析可能性について論じている。会話分析では、会話で起こっていることを、推論、発話意図、言語行動といった語用論のレベルではなく、会話の参加者がある種の秩序に従って相互に行なっている行為ととらえる。そしてその分析単位としてターン(それぞれの会話参加者がとる順番)を提案した。「ターン」という単位は会話参加者同士の順序交替という相互行為的な秩序を前提としているため、いわゆる「発話」とは、似ているようで異なる。実際に発話はなくても、ターンが終了しそうな

ところや、ターンの途中の割り込み等も、重要な情報として考察の対象になる。発話者の行為はターンを伴った組織として現れる。

　会話分析の応用は、CS 研究に大きなインパクトを与えた。それまで、移民コミュニティの言語を通した相互行為は、Hymes(1974)のことばの民族誌(ethnography of communication)や、Blom & Gumperz(1972)に見られたような、文化人類学的な記述に頼っていた。会話分析の研究が、会話における話者同士の秩序を扱っており、全ての会話は社会的に何らかの秩序や組織が介在しているということを、CS の混じる会話の中でも証明することは、言語が無秩序に切り替えられているのではなく、話者にとっての合理性が存在することを示す。CS の会話分析を用いた代表的な研究は、Auer(1984)やMilroy & Li(1995)である。例えば Milroy & Li(1995)では、在英中華系コミュニティの二言語を使用した会話で、CS が優先構造(preference organization)および修復(repair)の機能を果たしていることが示された。

　その後、米国の言語人類学でも、会話分析的な視点を含んだ研究がされるようになった。

　会話分析の利点は、ポーズや吐息、笑いや発話の重複等まで含まれ、書き起こし単位が比較的精密で明確なことである。会話分析は、データに見られる音声的な特徴も緻密に書き起こし、プロソディやイントネーションなど、発話に内在する微細ではあるが語用論的な違いを考慮して、相互行為を分析しようとする。実際の会話の分析において、イントネーションや助詞の使い方、語彙の選び方なども、考慮されて分析を行なうので、言語学的な観点から会話の分析をしているようにみえる。これまで言語学で十分に扱われなかったそうした微細なニュアンスの違いを考慮できるという点が、会話分析の緻密な書き起こしが広まった理由であろう。

1.2.5　コードスイッチングのミクロ・マクロをつなぐ

　本節では、これまで挙げた CS 研究における古典的な理論や概念に対する批判と、それに応えるかたちで現在の段階まで CS 研究が発展する流れを追う。

まず多言語使用研究者らが直面した問題として、CS の会話分析研究の問題、普遍性の問題、we-code/they-code の問題を挙げる。こうした問題は、ミクロ（言語選択、会話）とマクロ（社会的要因、動機）をどうつなぐかに関するものである。会話分析研究は、そのミクロ性と、マクロ的な要因（言語外の社会文化的要因）を分析の際に考慮しなかったことが問題とされた。markedness model に対しては、循環論に陥っているという指摘と、西洋文化を普遍的とする視点にとらわれているという批判がなされた。we-code/they-code は、自明かのようにとらえられがちな言語と民族集団の結びつきに疑問が投げかけられた。

その次に、そうした問題を乗り越えようと発達した linguistic ethnography の紹介を行う。最後に、ミクロとマクロをつなぐキーワードとして、linguistic ethnography および米国の言語人類学の多言語使用研究でも用いられるようになった、バフチンの「声」の概念について解説する。

CS の会話分析研究に関する問題

会話分析の方法論が広まる一方で、多言語使用研究は理論的な課題に直面した。その理由の 1 つは、会話分析が言語学的な会話の研究から本質的に視点と目的を異にしていたことが挙げられる。表面的には、非常にストイックに音声的な特徴を書き起こしており、言語的特徴に注意を払っている会話分析だが、その研究の目的は、会話の参加者がどのような会話の手続きを行なうことで、協働して社会秩序を作り上げているかを明らかにすることであり、言語形式そのものがもたらす影響や効果の解明ではない。会話分析においては、参加者が行なう手続きそのものの形式に焦点があたり、個人の特性や、文化、アイデンティティなどは考慮にいれないのが大前提である。言語研究を会話分析から行なおうとすると、目の前のデータにおける相互行為の秩序のみを分析対象とし、マクロとの関係を見失う可能性が高い。表現を変えれば、会話分析の理論そのものに文化が内在している（Woolard 2004）と言える。そもそも会話分析は、社会学の観点から相互行為のメカニズムを研究するものであり、言語の研究そのものには利用すべきでないという会話分析

の研究者による忠告も見られる（西阪 2010）。

「会話分析に内在する文化」のほかに、会話分析が言語研究において広まらなかった第2の理由として、文化の違いが挙げられている。これまでの会話分析がは主に欧米の言語、特に英語の会話による分析に偏っていた。そのため、欧米以外の言語を対象にする場合、これまで蓄積されたコミュニケーションの分析による知見が必ずしも当てはまらない上に、そうした知見によって蓄積された視点からではむしろ現実をゆがめる結果になりえるという指摘もある（Stroud 1992, 1998; Woolard 2004）。たとえば Stroud（1992）は、彼が分析を行なおうとしたパプア・ニューギニアの CS は、それまでの研究で扱われた「意味」、「意図」といった概念をそのまま利用しては分析できなかった理由を、文化的なコミュニケーションのあり方や社会構造の違いによるものであるとしている。

会話分析的手法に則って CS の研究をした Li（2002, 2005）も、多言語使用研究の中には、会話分析の詳細な転写規則だけを真似ながら、実際は会話分析的な手法に則って分析がなされていないものもあるという批判をした（Li 2002, 2005）。会話分析では動機ではなく、相互行為のロジックを見るものであり、そうした誤解が、それまでの言語研究が前提としてきたことと、会話分析研究の目的の齟齬を如実に表している。

その後、会話分析的手法は、社会言語学者や言語人類学者が関心をもつ、マクロとミクロの関係を見失ってしまった点の批判も起こった。具体的には、全ての行為が（個人の属性や社会的状況ではなく）個人に帰結されてしまう可能性がある（Woolard 2004）、発話者間の相互行為の間主観性（具体的には、ターンの構造や複数のターンからなる組織）に注目するため、発話者の社会心理的な意図が分析されない（Li 2002）、創造的パフォーマンスのような表現を十分に考慮に入れられない（Rampton 1998）、といった問題が挙げられている。

「普遍性」の相対性― markendess model への批判

Markedness model は、人間は常に合理的戦略的に言語行動を行うという

前提を出発している。しかし、その前提に疑問が投げかけられた。その合理的戦略的という考え方や実践が、西洋文化からの視点であり、普遍的ではないという批判である。例えば、Markedness model は、その合理的戦略的な言語行動を、権利や義務の交渉をモデル化した RO sets(Rights and obligations sets)という概念によって説明している。これに関し、Woolard (2004)は、先述したパプア・ニューギニアの研究(Stroud 1992)を援用し、動機がありそれに対して合理的、戦略的に会話をする話者という考え方自体が西洋文化特有の話者観である可能性に無自覚であると批判している。

Myers-Scotton に批判されていた Gumperz の側に立つ言語人類学者に共有されている視点としては、Myers-Scotton の markedness model の「普遍的な説明」が、「普遍的」でないばかりではなく、「説明」になりえていないという批判がある。たとえば、Myers-Scotton の無標・有標という概念がそもそも循環論であることが指摘されている(Woolard 2004)。

We-code/they-code の問題

'We-code' と 'they-code' は、Gumperz の定義によれば、それぞれ、マイノリティの言語とマジョリティの言語である。Gumperz(1982)は、こうした定義をしながらも、we-code と they-code は必ずしもそれぞれの変種の使用を予測しないことを述べている。このことは、後の多くの少数者集団の研究でも明らかになった。Yoon(1996)は、ポライトネスの観点から、在米コリアン一世が、より自分から遠い相手と韓国語を多く使い、身内に対しては英語をよく使用していることを明らかにした。たとえば、Sebba and Wooton (1998)は、ロンドンのジャマイカ系移民の家庭内での会話が、家庭外で話されるようなジャマイカ系英語ではなく、ロンドンで汎民族的に見られるロンドン英語であったことを示した。Rampton(1995)は、公立学校において多様な民族的背景をもつ中学生が、ジャマイカ・クレオール、パンジャーブ語、南アジア系の英語変種、そしてカリブ系の英語変種を使用しており、それらには metaphoric な意味だけではなく、会話の行為としての意味があることを主張した(詳細は第 8 章)。つまり、これらの例を見ても、話者の民

族語と、話者が親しい間で使う言語が、必ずしも we-code というわけではなかったのである。

　We-code と they-code が直接的に境界線のはっきりした固定的な民族グループを指標するわけではないという批判が、いくつかあがった(例えば Errington 1998)。Woolard(2004) は、Gumperz は決して固定的な民族グループを意識していたのではなく、we-code/they-code を可変的で多層的で現場的かつ社会的な立ち位置を示すための概念として用いたと解釈している。この解釈は、Gumperz の述べた CS の談話機能のひとつである〈個人化／客体化〉などの例と関連していると考える。

　また、方法論的にも、多くの研究者が、アプリオリに設定される 'we-code' と 'they-code' に疑問を呈した。例えば Li は、we-code と they-code は、言語選択の相互行為的な過程において産出されるものであると述べている(Li 1994: 16)。それぞれの棲み分けは、会話の中でそれぞれの言語がどのように使用され(構築され)ているかによって、ボトムアップ的に定義すべきだと主張した。

ヨーロッパでの研究と linguistic ethnography

　以上の問題から、北米および、ヨーロッパにおいて、それぞれ、会話分析そのものというよりは、コンテクストを含んだ談話分析を主流とする研究が多くなった。ヨーロッパにおける CS 研究において特筆すべきは、先述のように、それまでの研究で前提となっていた「民族＝言語共同体」および we-code/they-code の概念を覆す研究があったことである(Sebba & Wooton 1998; Rampton 1995)。Rampton を初めとした西欧の研究者は、会話分析ですくいきれなかった言語と社会の関係性を組み込んだ分析を包括できる、会話のミクロな分析を行おうとした。

　CS の会話分析的な研究は、どちらかといえば欧州で盛んであったが、先に述べたように、相互行為としての CS およびその秩序ではなく、言語使用がどのように社会的な意味をもつかにより重点を置くべきと考える研究者が多かった(c. f. Auer ed. 1998)。また、旧宗主国として大量の移民を 1950 年

代以降に受け入れたヨーロッパ諸国における人種や言語の問題、EU として多文化化・多言語化を目指す中で人々の言語／民族アイデンティティとステレオタイプの関係とそれにまつわるイデオロギーに関心が集まった。ヨーロッパの社会言語学者や言語教育に携わる研究者は、Bernstein のかかげた、社会階層とコードと教育の問題にも関心があり、移民に対する教育とその理念についても、社会階層の問題と結びつける傾向があった。

　国外ではなく、国内の住民らが直面しているこうした多言語使用の状況を、話者が属するコミュニティの民族誌的フィールドワークを通してボトムアップに分析し、また国内の社会政治的状況におけるイデオロギーとの関連をも分析することによって、多言語使用をより応用的かつ社会学的に研究しようとしたのが、linguistic ethnography(以下、LE)である。例えば、Martin et al.(2006)は、英国中部のインド・グジャラート系の補習教室の研究を行い、教師と児童らがどのように継承文化や継承語の教育場面に参加していたかといった分析がなされた。また、LE という名前が生まれる以前の研究—例えば Rampton(1995)や Sebba & Wooton(1998)—も、LE の研究の流れの一部と見なされるようになった。

　LE は、「コミュニケーションの民族誌」(Hymes 1974)に加えて、Gumperz の相互行為社会言語学的な分析や、会話分析の手法などを取り入れ、教育学・応用言語学・社会言語学の関心の追求を主眼においている。LE がはじまった英国では、学校および移民コミュニティ教室の自然談話に見られる多言語・多スタイル使用の研究をボトムアップに分析し、多言語使用の概念を塗り替えた(例えば Rampton 1995, 2006; Martin et al 2006; Blackledge and Creese 2011 など)。LE による補習教室の研究は、言語およびメタ言語の使用に見られる社会制度や権力に批判のまなざしを向けながら、マジョリティ言語および民族語とアイデンティティとの複雑な関係性を探る点が特徴的である。

　英国で生まれた LE は、デンマークに暮らすトルコ系児童の文法や談話の言語接触を研究していたコペンハーゲン大学の Køge Project のグループ (Jorgensen 1998 など)や、アフリカにおける多言語使用からグローバル化と

多言語使用を論じていたヘント大学の Blommaert 等を中心として、現在も欧州で進行中である。データの解釈は、参与観察をすることによって、当事者の解釈枠組みを理解した上で進めるという、文化人類学的な方法論に従っている。一方で、LE はテーマに対するアプローチや、データをどのように解釈するかに関して多様である。どちらかといえば、多くの理論や方法論の折衷形が、LE ともいえるため、研究によってデータの記述や、中心としている理論に違いがある。その点で、LE は画一化された方法論ではないが、多様化した現在の多言語使用研究の模索的状況を示すといえる。

「声」と指標性— Voicing とバフチンの言語使用の考え方

　先の「CS の会話分析的研究における問題」の中で、会話分析は個人のパフォーマンスと多言語使用を十分に論じきれないという批判があったことを指摘した。私たちが耳にする発話の多くは、パフォーマンス的でも、そうでなくても、すべて過去に耳にした発話と何らかのかたちで結びついている。過去に耳にした発話があるからこそ、現在耳にする発話を、ある文脈において使用されるある形式でどのような意味をもつか、ということを理解でき、またその発話の過去の用例から、この瞬間ではどのように使われているかを解釈することができるのである。こうしたことを示す概念として、文学の分析や哲学・思想で用いられていたものが輸入されることになった。それが、バフチンの言語に対する見方と、「声」の概念である。

　バフチンは 1920 年代から 30 年代にかけてロシアで活躍した文学研究者・思想家である。欧米で広く読まれ影響を与えたのは死後の 1980 年代である。バフチンが画期的だったのは、彼の小説などのテクストの分析が、様々な言語のスタイルのもたらす多義性や混質性、対話性を認めていたからである。このことは、従来の線的なコミュニケーションのとらえ方ではすくいきれなかった、さまざまな現象を認識し説明するのに有用であるため、特にスタイルや CS に関心のある言語人類学者に取り入れられることとなった。

　「声」の概念が有効なのには、いくつかの理由がある。1 つは、コンテク

ストと言語形式の一致が前提にあること。2つ目は、対話的であること。3つ目は、コンテクストから切り離された言語体系の知識から発話が生まれるのではなく、それ以前に話者が経験したコンテクストが織り込まれているという発話者としての認識の存在を前提としていること、4つ目は、その「声」が発話者独自のものではないという点から、他の発話者との関係を前提とする対話主義であること、である。このような考え方は、Gumperz や Myers-Scotton が前提としたような、CS の予測可能性は定義できないが、CS を通じた発話者のコミュニケーションのあり方の創造性を分析対象に組み込むことができる。

　バフチンは、言語を、対話、そしてコンテクストから切り離せないものと考えている。それぞれの発話が、以前、そしてさらに前に発話されたニュアンスから完全には独立していないというのである。個々人のひとつひとつの発話の一語一語にさえも、その発話に現れる語彙項目などを初めて習得したり聞いたりしたときのニュアンスが含まれると考えている。一方で、その新たな発話は、元の発話との関連はもちながらも、新たなコンテクストや意味合いを含んだものとなると考える。つまり、元の発話者の「声」と、新たな発話者の「声」が、その発話の中に共存することになる。これを、ポリフォニーという。たとえば、「おもてなし」という語を聞いて、この語の意味を知る話者は、どのような場面でどのように使われるかを述べることができる。たとえば、それは、幼少時などに、初めて「おもてなし」という語を耳にし、習得した体験と結びついていると考える。そこにすでに、自分のものではない「声」が存在する。一方で、一度体験によって習得された文脈が、それ以降の体験によって新たな文脈に置き換えられることもある。例えば、2013 年、「おもてなし」という語が、ある人の東京オリンピック招致の演説に使われた。そこでは、日本には「おもてなし」の文化があり、外国からの観戦客を温かく迎える予定であるという意味が込められていた。この「おもてなし」という語は、一モーラずつジェスチャーを伴いながら発音するという独特の調子で発話され、その様子がメディア等を通して広まり、話題となった。その後、「お・も・て・な・し」という表記は、街やメディア等各

所で見られるようになった。街やメディアで急増した「おもてなし」や「お・も・て・な・し」ということばを見ると、多くの人は2020年東京オリンピックに向けて、日本が外国人を歓待しようとしており、サービスを向上させようとしているという文脈を喚起する。また、オリンピックの開催地と決まった世のムードと同調しているという印象を与える。このように、「声」が新たな意味をもって発せられることを、再声化(revoicing)という。

「声」には、さらに様々なことが起こる。先の「おもてなし」が「お・も・て・な・し」という新たな「声」を生んだだけではなく、この意味をさらに含んだ新たな「声」も生まれるのである。たとえば、「お・も・て・な・し」が発話され、東京オリンピックの開催が決まったことに対して、開催に反対するデモには、「お・こ・と・わ・り」というスローガンが使われた。これは、「声」の転覆と言われる。ここでは、「お・も・て・な・し」という表現に少し手を加えることによって、「お・も・て・な・し」を声高らかに主張する人々の立場、つまり東京オリンピックの招致を歓迎し、国の予算を投じることに賛成する風潮に対して、対立し、挑戦的な態度をとっているのである。「お」で始まり、5文字のひらがな、そして招致演説で行われたように一モーラずつわけていることを「・」で示している。言語表記上「お・も・て・な・し」とそっくりなのにもかかわらず、意見の対立を示す「おことわり」という語が使用されているのである。

社会の中では、それぞれの個人はそれぞれの立場から、それぞれの「声」を発する。様々な「声」が入り交じることは、ヘテログロッシア(heteroglossia)という概念で表される。特にバフチンは、ドストエフスキーの文学作品において、様々な登場人物がそれぞれの人物らしくそれぞれの視点から話しており、必ずしもある人物とある人物が弁証法的に対話したり、作者の意見を常に代弁しているわけではないことを指摘した。Ivanov(1999)は、heteroglossia を 'the simultaneous use of different kinds of speech or other signs, the tension between them, and their conflicting relationship within one text' とまとめている。バフチンのこの見方からすれば、モノリンガル社会も、バイリンガル社会も、個々の社会的な差異がことばに現れるため、ヘテ

ログロッシア的である。

　本研究にも関係する、バフチンのいくつかの概念をここで挙げる。バフチンによる文学研究の主要な主張は、登場人物それぞれが異なる「声」を持っていること（ヘテログロッシア）と、そしてひとつひとつの発話にもそうした「声」があること（ポリフォニー）が、小説を詩などから異なるジャンルたらしめる基本的な形式だというものである。

　一方で、「声」には、理論的な課題も存在する。バフチンの思想では「声」とは究極には個人の意図（intention）であり、言語形式といった、個人の外部に表れる形から推し量れるものではない。そのため、どのような意図とどのような言語形式がどのように結びついていたかを実証することが大変に難しい。ある言語形式の語用論的な意味は、多くの「声」との関係性にあるのであり、言語体系という文脈から切り離されたものの中に存在しない。その点に関して、解釈上の問題を残したままであり、そうした点はエスノグラフィーやその他の手法で発話者の意味世界を理解することにより、克服しなければならない。

　バフチンの言語観には多くのコードスイッチング研究者および言語人類学者が共鳴している。例えば Hill & Hill(1986)は、CS が必ずしもモノリンガル的な体系を前提としているのではなく、それぞれ意図があることを、バフチンの声の概念と重ねて示している。言語研究に関してバフチンが、文ではなく発話を単位とすべきと考えたこと、そして発話をコンテクストから切り離すことが不可能なものであると考えたことも、CS 研究においてバフチンが援用される大きな理由の１つになっている。

1.2.6　スタイルシフトに関して

　「スタイル」は社会言語学における術語である。しかし、その定義は一筋縄にはいかない。なぜならば、「スタイル」の定義は、社会言語学の変異のとらえ方に大きく関わっており、社会言語学の理論やアプローチ、対象や言語の違いによって、「スタイル」が指し示すものが異なるからである。現時点では、欧米と日本とでも、使われ方に多少の差異がある。その差異を明確

にするために、まずはラボフに始まる「スタイル」と言語変種の社会言語学的な研究のこれまでの流れとそれぞれの「スタイル」の定義を示す。それから、日本における研究を概観し、欧米における「スタイル」研究との違いを浮き彫りにする。

欧米の研究におけるスタイルの定義と研究の変遷

　最も古典的な「スタイル」は、Labov の変異理論研究(Labov 1972)からきている。当時の社会言語学では、言語のさまざまなヴァリエーションを、変種(variety)と呼んでいた。変種は、特定の言語共同体によって使われる言語の体系をさす。しかし、同じ変種内でも、ヴァリエーションがある。また、同じ話者であっても、場合によって言語形式にばらつきが見られる。

　Labov は、そうしたばらつきが、話者が自分の発話に注意が向いているときと向いていないときとで、起こることを発見した。例えば、発話に注意を向ければ向けるほど話者の発音は、調査都市の標準変種だったり、中上流階級のものに近くなったりした。一方で、注意が向いていなければそれだけ話者の出身コミュニティ元来のものないし母変種に近くなった。この個人内のヴァリエーションのことを Labov はスタイルと呼んだ。注意が向けられていない「カジュアル(casual)」スタイルと、注意が向けられている「フォーマル(formal)」スタイルである。話者の注意のレベルは、語彙リストの読み上げ、文の読み上げ、調査者とのインタビュー会話、親しい者同士でのカジュアルな会話、危険に遭った経験談を語るといった場面の順に、低くなると考えられた。話者の注意が最も高まる語彙リストではフォーマルスタイル、危険に遭った経験談では注意が最も低くなり、カジュアルスタイルとなるとされた。また、カジュアルかフォーマルかはゼロか一かというわけではなく、ゆるやかな連続体をなしているとされた。

　しかし、このようなモデルは、言語使用と選択に関するパターンの一部でしかない。実際には、様々なかたちで個人内の変異は観察可能である。政治に関して議論している際、Bokmål を話している意識がなく、自分たちが Bokmål で話していたことを信じられない村の話者たちの例で Blom &

Gumperz(1972)が示唆したように、自分の発話に注意が向けられていない
ときに自分の母方言以外を話すこともありうる。特定の変種と、特定の領域
が結びついていたのである。また、スピーチアコモデーション理論の研究
(Giles, Coupland, and Coupland 1991)のように、聞き手に対する好意的な態
度を示すために、聞き手のことばに近い形式を選択したり、逆に聞き手に対
する否定的な態度を示すために聞き手のことばとは異なる形式を選択したり
ということがあることも指摘された。

　一方で、近年、英語圏の研究における「スタイル」は、地域やジェン
ダー、人種や民族といった話者の社会的属性に関する「アイデンティティ」
や、会話内の事柄や社会関係における指向性を指標する言語変異として扱わ
れてきている(Coupland 2007)。この見方に大きく寄与したのは、言語人類
学や社会学における考え方である。社会言語学からは、変異理論社会言語学
者のEckert(2012)が、Labovの都市における社会階層と言語変種の一致に
代表されるパラダイムを変異理論社会言語学の第一波、LabovのMartha's
Vineyard島など、長期的に少数の話者に着目しながらエスノグラフィーを
駆使した言語変異の研究を第二波、言語のみならず、言語以外の実践も合わ
せて特定の言語形式の持つ意味合いを研究した、Eckert自身が行った女子
高校生の友人グループの研究の類を第三波と呼んでいる。特に第三波では、
言語形式の指標性は既存に存在しているのではなく、社会関係における実践
において生まれるとされている。また、その言語形式の使用を通して、話者
の自己の位置づけ(アイデンティティの構築)や他の成員との社会関係が構築
されていると考えられている。

日本語におけるスタイルシフト

　日本で「スタイルシフト」が使用されるのは、スピーチレベルシフトと呼
ばれる「丁寧体」ないし「ですます体」と「普通体」「である体」の切り替
えに関してであることが多い。つまり、「スタイル」という術語が英語起源
であるにも関わらず、英語圏と同じように使われていない。このことは、日
本における社会言語学的研究における「ヴァリエーション(変異)」観を浮き

彫りにする。ここでは、日本における社会言語学的スタイルの研究を概観し、その問題点と発展の可能性に言及する。

　日本では、伝統的な方言学である言語地理学の分野で、多様な地域変種ないし方言の研究が多く行なわれてきた。こうした地域変種は、消滅ないし衰退の危機にある、または大きな変化の渦中にあるものとしてとらえられてきた。そのため、研究の主要目的の1つは、最も純粋な方言形を抽出し、記述することが中心であり、切り替え現象の研究は従来あまりされてこなかった。その後、Trudgill や Labov などの変異理論言語学の影響を受け、標準語と地域変種の選択やシフトに関する社会言語学的研究も始められた。

　地域のほかに、日本語には様々なジャンルや社会的属性と結びついている言語相が存在する。より伝統的なものから挙げれば、「女性語」や「若者言葉」がある。これらは、実際に女性や若者が使用しているいくつかの変異を挙げているとされているが、いくつかにおいては、必ずしも女性や若者のみに使用が限定されず、ステレオタイプ的な見方も反映されている。こうしたものは、「位相差」と呼ばれている。

　近年では、より創造的な「スタイル」の研究もなされている。ステレオタイプ的な言語形式と社会的属性の関係を如実に表しているもののひとつが、「役割語」(金水 2003)である。役割語とは、フィクション等の中で、ある言語形式が、特定の人物や職業と結びついており、その言語形式の使用をもって作品中にその登場人物の職業や役割を表現しているものである。また、話者の母方言とは異なる地域変種のステレオタイプ的な使用である「方言コスプレ」(田中 2011)という現象も発見された。方言コスプレでは、話者は方言がもつステレオタイプ的な意味を語用論的に用いる。また、「コスプレ」と呼ばれるのには、Eckert(2012)などに代表される第三波の変異理論社会言語学のように、話者が会話内で何らかのアイデンティティ(田中のことばを借りれば「キャラ」)を構築していると考えられるためである。理論的な枠組みや裏付けは異なるとはいえ、日本語でも、わずかではあるが、かつてよりは話者の主体的なアイデンティティの構築が着目されてきているといえる。

　ここまでは、社会的属性による変異としてのスタイルを挙げてきたが、ス

ピーチレベルと呼ばれる、同じ地域変種ないし標準語内での変異も存在する。最も代表的なものとして、「ですます体」という形式がある。

「ですます体」は、東京ないし関東首都圏を中心とした日本語の変種である標準語ないし共通語の形式として、政府や教育の場面、都市部において、よく使用される。「ですます体」は、尊敬や謙譲を表す動詞を中心とした待遇表現の一部として使われるだけでなく、場の改まり度や発話相手との関係性、場における地位の序列、時にはジャンルにも関係して表れる。「ですます体」は、「話し言葉」および「書きことば」といった文体の違いで言及されることもある。しかし、どちらか一方のみで使われているのではなく、両方で使われている。

これまで挙げてきた、地域変種地域方言や地域変種のうちのスタイルシフト（待遇表現）と、標準語と方言形との間のスタイルシフトの違いは、それぞれ独立して研究されてきた。地域変種なら方言の文脈、スタイルシフトなら文体や敬語の文脈、といった具合にである。それに加えて、外国語と日本語の切り替えも、また別に「日本に暮らす外国人の言語」または「外国で話される日本語」として別に研究されてきた。このように見れば、言語形式を状況や意味によって切り替える現象は「日本語」とされる範囲内にも、外国語との接触場面でも起こりえるものなのだが、これらの現象を横断的に捉えて言語運用のメカニズムとして考えようという動きはほとんど見られない。実際に日本語を使用する話者は、条件さえ満たせば、その全てのタイプの切り替えを個人で行っている可能性がある。しかし、そうした現実にもかかわらず、切り替えは全て言語形式のルーツごとにばらばらに独立した現象として扱われているように見える。どのような言語形式の切り替えも横断的に見ることにより、言語学内の専門分野間の交流や理論化が期待できる。そのため、現在望まれるのは、話者による幅広いスタイルの使い分けの研究だと筆者は考える。

1.3 論点と課題—日本における移民児童の多言語使用

日本の言語マイノリティのコミュニティの現状は、概略的ではあるが、記述され可視化され(例えば、真田・庄司編、2005; 多言語社会研究会編、2013)、日本社会の多言語化が抱える課題に関して議論する土台が生まれた。しかし、日本に暮らす児童や成人の、移民コミュニティ内での多言語使用に関しての研究は、まだ多くない。

これまでの日本語の CS 研究は、会話分析の研究に入る前の、文法的および語用論的な議論の時代の視点をとっていた。CS の文法的な制約に関していえば、Nishimura(1997)、ナカミズ(2000)がそれぞれ研究を行なった。語用論に関しては、二言語が流ちょうな話者の間で「会話促進ストラテジー」として使用された CS(ナカミズ 2003)や、言語運用能力の偏りがあるとされる一世による、2つの文化と「両言語の溝を補いあうダイナミックな言語行為」(金 2003: 52)としての混用コードが研究された。こうした接触現象は、コミュニティ内に共有される文法としての談話機能、コミュニティのアイデンティティ表示や連帯、2つの言語と文化との同時的な関わりの反映とされた。

日本の移民コミュニティの言語研究は、言語・方言の使用の記述、変異理論による量的な分析、使用形式と使用場面のアンケート、といった手法で行われてきた。在日コリアンの民族学校での言語使用や、言語意識、言語の規範について行われたアンケート調査によれば、言語運用能力にかかわらず、民族語があいさつや年長者との会話といったフォーマルなコミュニケーションで使われることが好まれることを示した(生越 1982, 1983, 2005)。年長者に対して民族語を使用することが望まれることは、在英中華系コミュニティの言語使用を研究した Li(1994)も言及している。

日本語に関しても、CS 研究は行われた(Nishimura 1997, ナカミズ 2000, 2003, 郭 2005)。これらに共通しているのは、特定の友人・家族集団という、比較的親密な関係の中での CS を扱った点である。いわゆる、同等の関係にある参与者間のコミュニケーションを扱ったといえる。これらの研究

は、主にどのような CS の形式が見られるかについて論じ、特に文中 CS を検討している。

　国内の所研究からいえば、本研究は、移民コミュニティ内の CS 研究としてナカミズに続く 2 つ目の事例であり、小中学生の児童による日本語との文間 CS を見たものとしては初めてのものである。

世代間のコミュニケーションの捉え方に関する問題

　移民コミュニティの世代間のコミュニケーションにおいて、それぞれの世代の役割と言語選択は関係があるのだろうか。民族語の次世代へのシフトを論じた Fishman(1965)は、民族語の使用・不使用を左右する要因の 1 つに「役割関係(role relations)」を挙げた。変異理論では、世代による言語形式の差を通して、言語の変化を研究してきた。一方で、世代間のコミュニケーションは、特に扱ってこなかった。

　このような差異をどのように扱うかは、複数のアプローチがある。たとえば、コミュニティ内の世代間の文化の違いが言語選択に現れているという考えに基づき、異文化コミュニケーションとして扱う研究もある(Zhu 2008)。多くの東アジア系移民コミュニティの研究で、継承語がより年長の者に使われたり、コミュニティのフォーマルな場面で使われること、あるいはそのように使うという意識があることが指摘されている。(Li 1994, Yoon 1996, 生越 1983, 2005)。また、必ずしも言語形式や継承語の使用に限らなくても、移民コミュニティでも、待遇表現ないし年齢や社会的地位をエンコードする表現がコミュニケーションにおいて使われていることが指摘されている(Kang 2003)。一方で、必ずしも上の世代と同席する場面やフォーマルな場面に継承語の使用が見られるわけではないことも言及されている(Li & Wu 2009)

　しかし、実態としては、移民コミュニティの二世には、世代間のコミュニケーションにおいて必ずしも継承語が圧倒的に使用されているわけではないことも、上記の全ての研究において指摘されている。

　社会的な人間関係や役割関係に応じて使い分ける言語形式の研究は、社会

言語学の中でも多くなされてきた。東アジア系移民コミュニティ言語の研究者のほとんどが、社会的地位や年齢等に配慮した表現とその意識に関して言及している。具体的には、スタイルや特定の形式が、特定の場面や特定の発話相手に対して使われることに関しての研究がなされてきた。こうした研究では、東アジア系集団が、「本質的に階層的」であること、または言語形式において、年長ないし立場の違いといった社会関係を反映させなければならないという制約が、強く働いているとされている（Li 1994、井出 2006）。また、二者間のコミュニケーションにおけるポライトネスを研究した井出（2006）は、西欧発の語用論理論が、日本や「イスラム社会」(2006: 236)の言語使用を考える上で必ずしも当てはまらないのではないかと述べている。

1.4　本研究の射程

　本研究の問いや意義、構成に入る前に、本書の研究の前段階であった筆者の修士論文でわかっていることについて述べる。筆者の修士論文（Yamashita, 2009）でも、世代間のコミュニケーションがどのようになされるか、そしてどのように言語選択と社会関係（連帯）が生じるのかという問いに対して、本書で分析に利用したデータの一部を用いて、児童の言語接触現象および多言語使用の特徴を記述した。その中で、児童らに言語を交ぜたくないという志向があるのと同時に、CS が発話相手の限定（Gumperz 1982）、そして修復（Milroy & Li 1995）といった談話機能のほかに、「成人を指標する」ことに使われることを指摘した。また、教師への発話のみで表れる CS においては、日本語からウルドゥー語への CS という方向が圧倒的であること、ウルドゥー語での引用が教師や保護者の発話のものであることから、ウルドゥー語が親世代と結びついており、児童らの 'we-code' はウルドゥー語ではないが、かといって 'they-code' とは言い切れないことを指摘し、'we-code' と 'they-code' を相補分布的に考えずに、場面ごとにどちらか片方のみで使用できる概念である考えるべきだと主張した。つまり、'we-code' を参加者が会話の中で連帯を示すためのもの、一方、'they-code' を言語的ないし象徴的に

「他」であることを示すもの、としている。しかし、こうした現象に理論的な裏付けがなかったことが、本書の一部で類似の主張が行われるきっかけになっている。

1.4.1　本研究の目的

　本研究の目的は、移民コミュニティ内のバイリンガル児童がどのような言語使用が行われているのかを、実際の活動の談話データを元に記述し、分析することにある。その記述とは、コミュニケーションにおける具体的で応用的な問題を指摘するのではなく、このような「複雑」な言語生活を生きている子ども達が、その場その場でどのように言語を用いて対応しているかを詳細に描いた上で、ボトムアップに彼らにとってのそれぞれの言語の社会的な意味や機能を示すことである。コンテクストを踏まえた詳細な分析こそが、これまで挙げてきたミクロとマクロの関係をさぐるのに重要であると同時に、これまでの日本における多言語使用研究であまり注目されなかったことである。筆者の修士論文との大きな違いは、このコンテクストの詳細な記述と、発話のイントネーションや形式などにおける小さな言語的特徴の違いを拾う精密な分析にある。

　一方で、本研究は、単なる記述にとどまらない、研究史上の課題にも直面している。1.2 節で見たように、CS のメカニズムの研究は、欧米ではある程度の完成をみている。特に、ミクロな相互行為とマクロな社会情勢の関係については、ますますその理論的基盤の研究が進んできている。近年の欧米での多言語使用研究は、より社会学的で応用的な問題を扱っている。例えば、具体的なテーマとして、都市化や、グローバル化、新自由主義と各コミュニティや多言語話者としての個人の多言語使用のありかたや、移民児童のリテラシー能力の向上が議論されている。しかし、日本における移民コミュニティの多言語使用研究は、こうしたより社会学的な議論をするには十分な土壌があるといえなそうである。冒頭で述べたように、具体的な日本語教育、日本語習得や継承語教育、継承語習得に関する研究が進んできているものの、そうした社会学的な問いにつながりうる、日本語を使用しなければ

ならないという制度的な制約が少ない移民コミュニティ内での自発的な言語選択の実態に関する研究は少ない。また、継承語に関する理念と継承語を使用できるとされる場面における言語選択の乖離、欧米の学術界における近年の議論と日本における移民コミュニティにおける多言語使用の研究の傾向との乖離という課題が存在する。LE が中心的に扱っている問題である近年の都市化や新自由主義の議論に本研究のフィールドで起こっていることを乗せる前に、コミュニティとその言語使用の実態を知り、今後の日本の移民コミュニティにおける多言語使用の流れを新たに生み出す必要があると筆者は感じている。

　本書は、具体的には、1.1 節で挙げた次の問いに答えることを目的にしている。

- ・コミュニティの児童とコミュニティの成人、それぞれの社会規範が交錯するモスク教室という場で、どのように言語使用を行い、社会関係を構築しているのか。
- ・児童はどのような言語使用をしているのか。
- ・それぞれのスタイル(コード)は、どのような意味をもつのか。また、切り替えはどのような意味をもつのか。
- ・何語／どのスタイルが、どのような言語行為に使われるのか、そしてそれはなぜか。それはどのようにしてそうなるのか。

　本フィールドは、物理的に小さい場であるため、解釈の際に様々な外部の影響を考慮する必要があり、それらはコンテクスト重視の本研究にふさわしい。私たちは環境に合わせて、有限の資源をもって無限のコミュニケーションを行う。特に、この小さな空間は、「○○語を使いなさい」とか、「○○語を××のように使いなさい」というような、厳格な管理や指導がなされていない、比較的な自由な場所であることが、研究上重要である。なぜならば、それぞれの話者が教室外で獲得した言語を、同時に獲得したコンテクストや意味を伴って使用するのを具体的に見ることができるからである。特に、児

童のウルドゥー語に関しては、親、コミュニティ、限られたウルドゥー語メ
ディア、そしてパキスタンでの体験に、言語的インプットが限られている。
一方、日本語に関しては、親以外のインプットが大きいと考えられる。

1.4.2　本研究の意義

　本研究の意義は、3点に集約される。

　第1に、移民の子どもの談話分析がなかった日本において、本研究が、
その研究上の空白を埋める一歩となると考えられる。移民コミュニティ内の
世代間の会話に関しては、生越(2005)のアンケート調査がなされたが、談
話に関してはまだない。また、日本語での子どもの自然談話の研究はまだ非
常に少ない。そのため、モスクコミュニティ内の世代間コミュニケーション
としてだけでなく、日本国内に暮らす日本語が流ちょうな児童の言語使用の
例となる。欧米ではすでに多言語使用と児童に関する様々な研究が盛んであ
り、日本でも日常的に多言語使用を行っている児童の言語使用に関する知見
を得ることは、今後そうした児童が増えることが見込まれることもあり、ま
た世界的な現象であるため、研究に値する。

　第2に、自然談話データを通して、CSやスタイルシフトの議論におけ
る、新たな展開を目指すことができることが挙げられる。スタイルシフトの
研究に関しても、児童の談話や、コンテクストに埋め込まれた自然談話とい
うものは、あまり分析のデータとして使用されてこなかった。そうした点に
おいても、日本語のスタイルのシフトに関して貢献できると考える。本研究
のデータには、ウルドゥー語と英語のほかに、日本語の「ですます体」と
「非ですます体」が見られた。日本語の「ですます体」と常体(話しことば)、
多言語間のCSを同列に研究したものはまだない。これまでの日本の社会言
語学では、多言語使用研究と、言語変異の研究、言語接触の現象が、独立し
て研究されてきた。CSの分析を、スタイルシフトと同列に分析し、対照さ
せることは、日本語のスタイルがどのように使われているかというスタイル
シフトの実態の解明に貢献する。

　第3に、移民コミュニティにおける自然談話を分析することにより、移

民コミュニティ内の文化的実践やコミュニティの構造、価値観などを、アンケートやインタビュー等以外の手法から明らかにしようとしている点が挙げられる。言語使用は、そのコミュニティの社会構造や、文化的価値観を解明する第一歩であると言われる。また、コミュニティ内での言語を通した活動には、コミュニティが文化として守ろうとしているもの、価値観、権威が、大変よく現れる。本研究の対象となったのは小さなコミュニティの教師と児童らである。児童らにとっては、ウルドゥー語に関しては、パキスタンでの学校の体験や、パキスタン国内のメディアの影響があまりない。また、パキスタン人の家庭で生まれ育っているため、家庭内の規範はパキスタンのものであることが予測される。そうしたことから、「声」やスタイルがどこから来たか、比較的わかりやすい。

1.4.3 本書の構成

本書は、次のような構成で進められる。

第1章、第2章、第3章は、本研究の質的なCSの分析の前提となる部分を扱う。

第1章では、移民コミュニティにおける均衡バイリンガル児童の言語選択やコミュニティ活動に関する理解が少ないという問題の提起を行った上で、CSについての理論とその主要概念を俯瞰した。第2章では、調査対象地となったGモスクとその教室、会話の参加者、教室の会話の特徴といった基本的な情報を記述するほか、録音のデータや書き起こしの考え方と、前提とする方法論に関して述べる。第3章では、個人、録音年、録音日を変数として、3人のバイリンガル児童による教師に向けた質問の言語選択を量的に分析する。

第4章、第5章、第6章では、児童らの行う、談話機能を担うCSの例を挙げる。そのため、第4章では、児童らが必ずしも運用能力の調整を行うためにCSを行っているわけではないことを述べる。第5章と第6章は、運用能力の調整以外のCSの説明として、教師や児童との社会関係がCSに関わっていることを主張する。これらの章では、CSが単に談話機能を担うだ

けでなく、発話者のスタンスや、アラインメントに関係することを示すことで、会話を通した社会関係の構築に言語選択が関わっていることを示す。

　第4章では、CS の多くは、児童と教師の運用能力の差によって生じるトラブルの修復ではなく、会話の成立に必要な資源であること、相手の注意を構築するためのものとして使用されることを示す。第5章では、ウルドゥー語や日本語の使用および切り替えが、発話者の限定や、他者との会話と自分の意見を述べることといった談話を調整するものとして機能していることを示す。また、教師に対する呼称の使い分けに関して言及する。第6章では、スタンスの概念を用いながら、「教師—発話者児童—その他の児童」という会話参加者の関係を三角形で図式化し、発話者児童が教師とより会話内での同調を示したり連帯を高めたりしたいときにウルドゥー語を選択すること、またその他の児童との連帯や非同調を示すためにウルドゥー語を選択して教師と会話することを示す。また、そうした会話内での他の話者への同調や非同調は、ですます体の使用にも見られることを示唆する。

　第7章、第8章、第9章は、談話機能を担う CS が、より指標的に見える例(すなわち、切り替えそのものに限らず、選択された言語変種に何らかのステレオタイプや意味が付与され、使用によってある文脈が持ち込まれる例)を挙げ、児童らが決して中立的に全ての言語を使用しているわけではないことを示す。

　第7章では、児童による継承語(ウルドゥー語)でのコミュニティ成人の発話の引用を例に、ウルドゥー語がコミュニティ成人を指標すると同時に、コミュニティ成人のもつ権威が談話に埋め込まれることを示す。第8章では、コミュニティ成人の日本語である接触日本語変種の児童による使用を、crossing という概念をキーワードにしながら、第一次調査のものと第二次・第三次調査のものとで分けて分析する。第9章では、ウルドゥー語や接触日本語変種に限らず、日本語のさまざまなレジスターや英語などに切り替えることによって、文脈を越境する創造的な言語使用を行なっている例を挙げる。

　第10章では、本研究で得られた成果をまとめる。児童の言語使用につい

て概観し、本研究の今後の課題と展望を述べる。

注

1 彼らは、ノルウェーの漁村では2つの体系が切り替えられているとしたが、後にノルウェーの方言学者 Maelum(1996)は、この2つの変種は必ずしも全く独立しているとはいえないという批判した。むしろ、これらの2つの変種は、レジスターともいえる。

2 Rampton(1995)は、パンジャーブ語、カリブ系クレオール、カリブ系英語、南アジア系英語が、こうした変種と社会的に結びつけられていない人たちが使用される現象を、'language crossing' という語を用いている。

3 Blom & Gumperz(1972: 424)では、'rights and obligation' とあり、obligation が単数になっているが、本節では後に述べる Myers-Scotton(1997) の挙げた 'rights and obligations' と彼らの概念がほぼ同じものを指していると考え、'rights and obligations' に統一する。

4 'constellations of surface features of message form are the means by which speakers signal and listeners interpret what the activity is, how semantic content is to be understood and how each sentence relates to what precedes or follows'(1982: 131)

5 ここでいう「会話の始まりや終わりに現れる」というのは、会話の始まり(挨拶、質問など)や終わり(挨拶、まとめなど)といった会話分析は中心に分析する「手続き」と呼ばれるもののことを指す。

6 'The code, dialect and style switching processes, some of the prosodic phenomena we have discussed as well as choice among lexical and syntactic options, formulaic expressions, conversational openings, closings and sequencing strategies can all have similar contextualizing functions. Although such cues carry information, meanings are conveyed as part of the interactive process.'(ibid)

7 Blom & Gumperz(1972: 424)で、situational CS が、身体の向きや動作も関わっていることが指摘されていることも関係している。

8 'A change in footing implies a change in the alignment we take up to ourselves and the others present as expressed in the way we manage the production or reception of an utterance. A change in our footing is another way of talking about a change in our frame for events.'

9 本書における会話分析の日本語の術語は、断りのない限り、西阪(2010)の訳語に従っている。

第2章
フィールドの背景および調査の概要

　本章では、分析の対象である会話データが収録された、フィールドとその社会文化的背景に関して述べる。まず、日本に暮らすパキスタンの人々の生活と言語に関する社会文化的背景を 2.1 節で概説する。2.2 節では、データの収集や表記の方法に関して述べる。2.3 節では、会話参加者の特徴や、教室内の会話に見られた特徴といった、本書で言及したデータを解釈する上で、その背景にある人間関係ややりとりの特徴を理解するための情報を載せる。

2.1　在日パキスタン人とそのコミュニティの背景・生活

　本節では、「在日パキスタン人」と呼ばれる人々の言語使用の背景の概略を述べる。まず、故国パキスタンの言語的背景を簡潔に述べた上で、在日パキスタン人のコミュニティの動態そして在日パキスタン人の使用言語に関してわかっていることを述べる。

2.1.1　故国パキスタンの言語的背景

　パキスタン・イスラーム共和国は、英国の植民地支配から 1947 年に分離独立した多民族多言語国家である。国民の 96% 以上がイスラーム教徒であり、ウルドゥー語を国語および共通語、そしてウルドゥー語と英語を公用語としている。また、各州の地域語(民族語)のほか、多くの少数言語が話されており、合わせて 75 の言語が使用されているともいわれる(Summer Institute of Linguistics, 2013)。1998 年の国勢調査(Government of Pakistan, undated)によれば、ウルドゥー語を母語とするのは人口の7.6%と大変少ない。最も母語話者数が多いのはパンジャービー語の44.2%、その次にパシュトー語(15.4%)、スィンディー語(14.1%)、サラエキー語(10.5%)が続く。これらはどれもインド・ヨーロッパ語族に分類される言語で、パシュトー語はイラン語派に属し、残り3言語はウルドゥー語と同じインド語派に属する。ウルドゥー語は、分離独立の際にインドからパキスタンへ渡ってきたムハージルと呼ばれる人々の母語であり、隣国インドでも公用語の1つである。ヒンディー語と文法や基礎語彙を共有しており、意思疎通が可能である。また、ウルドゥー語には英語からの借用語も多くある。

パキスタンの公立学校には、一般的なウルドゥー語媒介のものと、進学校である英語媒介のものがある。そして、中流階級以上の世帯が、ウルドゥー語ではなく英語で教育を受けていることも示唆されている。Rahman(2004)によれば、世帯年収が一定以上の生徒の圧倒的多数が、私立であれ公立であれ、学費がウルドゥー語媒介の学校の10倍以上にもなる英語媒介の学校に通っているという。

2.1.2　在日パキスタン人の人口動態、コミュニティ、アイデンティティ

在日パキスタン人の多くは、日本とパキスタンの間で査証免除協定のあった1980年代半ばから1990年代初めまでに来日した人々であるといわれる。国際結婚などを通して日本に永住権を獲得し、自営業等を営む人々が多い。多くの人は中古車や中古機械の輸出業に関係しており、他にも工場勤務や食品、宗教関係の仕事などに従事している人々がいる(工藤2008；福田2012)。日本各地の中古車オークションにパキスタン人が参加していることは関係者にはよく知られており、礼拝所が設けられているところもある。

2011年の在日パキスタン人の登録人口は10,849人(法務省、2012)で、190カ国・地域中、国籍別外国人登録者の人口第13位と、相対的にみて多い。在日パキスタン国籍者の半数以上が関東地方の一都六県で暮らしているが、他には富山や名古屋などにもコミュニティがある。図1に見るよう

に、在日パキスタン人の約8割が男性、中でも30〜40代の男性が全体の半分以上を占める。また、30〜40代女性の人口は同年代の男性の約7分の1と大変少ない。子ども、特に10代の人口も少ない。これは、在日パキスタン人男性と日本人やその他の国籍の女性との国際結婚の多さや、女性と子どもが教育や社会、文化、経済的な側面からパキスタンや中東の第三国に暮らしていることがあることが反映されていると考えられる。在日パキスタン人の民族構成は研究によって記述が異なり、正確にはわからないが、少なくともパンジャービー、ムハージル、パシュトゥーンの3民族は見られる。

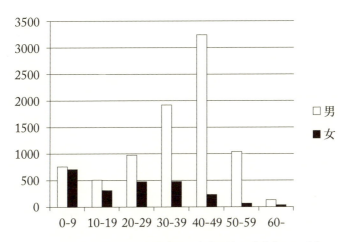

図1 在日パキスタン人の男女別・年代別人口分布(2011年)
―法務省(2012)を基に作成―

　在日パキスタン人は、日本国内のモスク建設や運営にも大きく関わっており、複数のイスラーム系宗教団体の設立にも携わってきた(樋口ほか、2007)。宗教団体の活動のほかにも、親族や友人関係、政治、故郷、職業等のネットワークなどがある。宗教団体の多くは、パキスタン人に限らず、日本人を含めた世界各地の出身のムスリムを包摂する。特に、Gモスクのように、電車やバスなどで行けるモスクには、日本人ムスリムや、東南アジア

等からの留学生も集まりやすい。多くのパキスタン人は、日常的な宗教実践の１つとして、パルダと呼ばれる男女の隔離を行っている。モスクや家庭でも男女別々の部屋に集まったり、同じ会場であっても別々に座ったりする。モスクは、そもそも公共の場所であるという意識がコミュニティ成員にあり、服装やマナーさえ守れば、異教徒にも許された空間なのだと成員から言われた。どの時間に来ても座ったり、本を読んだり、子ども達が遊んだりできる。首都圏では、女性階や女性スペースがもうけられていることが多い。宗教施設で固定化したコミュニティを作るというよりは、どこのモスクや礼拝所でも信者が来訪できることが宗教的な前提としてあり、コミュニティが比較的オープンであることも特徴的である。しかし、実際には、地域や友人のネットワークのほか、政治的志向によって大まかにどのイスラーム団体に所属し、どのモスクに集まるか、ある程度決まっているともいう(福田友子氏、私信 2013[1])。そのため、モスク間の交流も盛んで、来訪者も流動的である。偏見の是正と布教の意図もあり、非ムスリムの訪問や見学も歓迎されることが多い上、東日本大震災のボランティアなどに積極的に関わったりと、日本社会との良好な関係を築いている。

　在日パキスタン人の世代間関係で特徴的なのは、東アジア同様、年長者や親に対する敬意を表すことが社会慣習になっていることである。この慣習は、二人称および三人称で年長者や父母を言及する際にも、明示的に言語形式で示される。社会文化的に拡大家族かつ家父長制の傾向があり、両親、特に父親の言うことは絶対だという家庭が多い。本章の会話参加者である児童らも、父親を敬愛すると同時に、大変恐れている。ウルドゥー語では、父母に対して、T/V 形式の V 形式を使用するというと同時に、三人称として言及する際も単数でも動詞を複数形にする。本研究のデータに登場する児童らも、そのような使用を行っていた。

2.1.3　在日パキスタン人と言語

　日本での暮らしがパキスタンにおけるそれと大きく異なるのは、日本語の使用のほか、日常生活におけるコスモポリタニズムであろう。多くのパキス

タン人は、モスクの活動でも、日本人、南アジア、アフリカや西アジア等の国の出身者と接触する。自営業や工場等で働くパキスタン人男性には、日本語や英語、場合によってはロシア語などその他の言語も使うことがある。

　在日パキスタン人と南アジア系ムスリム（インド、バングラデシュ、ネパール、スリランカなど）との会話は、南アジアで広く共通語として使用されるウルドゥー語か英語でなされる。本国同様、民族語は「方言」として位置づけられ、その継承や教育への意識は高くない。家庭内および学校外では、英語のほか、国語であるウルドゥー語の獲得が優先されるようである。子どもをインターナショナルスクールに通わせていたあるパキスタン人女性（パンジャーブ州出身）は、インターナショナルスクールに通わせることで日本語と英語を習得する機会を子ども達に与え、家庭内で「私たちの国語」であるウルドゥー語を教えることで、子ども達に日本でもパキスタンでも第三国でも就業できる機会を与えた、と述べた。在日パキスタン人の多くからは、パキスタンに対する愛国心の表現もよく見られる。先に挙げたパキスタン・ジャパン・フレンドシップ・バザールでも、プログラムに入れられた愛国歌、そして国歌を多くの人が国旗を振りながら喜んで歌っていた。また、多民族の出店がGモスクのお祭りでも、途中で大きなパキスタンの国旗をテントの1つにかかげた人たちがいた。

　夫婦間や同世代の成人間で民族語が使われているのは確認できたが、子ども達に対して使われる場面はまだ見ていない。しかし、これは民族・地域意識[2]がなくなったことを意味しない。筆者が3度訪れた東京でのパキスタン・ジャパン・フレンドシップ・バザール（フェスティバル）では、多くのパキスタン人が集まっていた。たとえば、会場の反応を見て優勝者を決めるミスター・パキスタン・コンテストがあった際に、あるパキスタン人夫婦は、自分の友人（パシュトゥーン人）が優勝しなかったことに対して、「あれはパンジャーブ人の票がみんなパンジャーブ出身のあの候補者にいったんだ」と述べた。パンジャーブ人と結婚している日本人女性は、夫のことを「パキスタンのラテン系、パンジャーブ人だから踊るのが大好き」と言及した。また、日本の法廷で「あなたのnationalityは何ですか」という質問に対し、

「シンド(州・民族)です」と、「パキスタン」ではなく民族で答える場合が多いという(麻田豊氏、私信2013[3])。

　国際結婚家庭では、パキスタン人男性が日本語を話し、ところどころ英語の単語で意志疎通を行うことが少なくない。このパターンは、パキスタン人が日本人一般に話す際にも見られる。自分の子どもに関しても、パキスタン人男性は、妻がパキスタン人であっても日本人であっても、日本語を使うことがよくある。あるパキスタン人男性は、子どもとの関係が大切なので、子どもには「子どもの母語である日本語」[4]で話しかけており、将来英語で話せるのを楽しみにしていると述べた。パキスタン人男性の多くが家庭内でウルドゥー語を使わないこともあり、日本に暮らす国際結婚世帯の子ども達の大多数は、ウルドゥー語をほとんど話さないか、話せない。

　モスクで配布される紙媒体のメディアやお知らせも多い。かつて日本語とウルドゥー語の雑誌があったが、2010年頃より見かけられない。Gモスクの掲示板のお知らせでは3言語が使われている。最も多いのは英語のもので、次に日本語、最後にウルドゥー語となる。Gモスクの母体の宗教団体は、最近まで英語、日本語、ウルドゥー語のウエブページを設けていたが、現在では英語と日本語のみになっている。在日パキスタン人オンラインメディアでは、ナスターリーク体[5]のウルドゥー語が使用されている。ニュースはパキスタンの情勢が中心で、動画がついているものが多い。衛星テレビがある家もあるが、インターネット上のパキスタン、欧米、在日パキスタン人メディアとの接触が多いようである。

　子ども達は、日本のテレビを中心に見ている。たとえば、第一次調査では、「名探偵コナン」、「ドラえもん」などがモスク内でも話題に上がった。また、第一次調査と第二次調査の間の年には、ポップソングや音楽番組、上戸彩といった若者に人気のテレビドラマが話題にあがった。子ども達の会話の主なトピックは、学校での出来事や、モスクコミュニティの児童やときに大人の話、アニメやテレビ番組や芸能人の話、ゲームの話である。

2.1.4　Gモスクのコミュニティ

　筆者の調査コミュニティであるGモスクは、関東首都圏内の、都心部への公共交通機関でのアクセスが良く、車でも訪ねやすい地域に位置している。Gモスクのすぐそばに、ハラール食品の店が一軒ある他、歩いて5分程度のところにも別なハラール食品店がある。近隣では、イスラーム教徒に限らず、南アジア系の人と思われる顔立ちや服装をした人をみかけることもある。Gモスクに集まったあるインド人ムスリマは、Gモスクの付近のマンションに暮らしており、住人はムスリムに限らず他のインド人もいると述べていた。Gモスクの前には、行事の際に自転車や車が多く駐車されるが、その他の時間は特に際立ってエスニックな地域であることを感じさせない。

　筆者の知る限りでは、Gモスクは、日本に暮らす一般的なムスリム家族に向けたイベントが最も多い。不定期に行われる日本人女性ムスリム向けの教室、毎週土曜日の外国人男女ムスリムに向けた集会、子どもたちのためにはモスク教室がある。中でもモスク教室は、学期中は平日毎日開かれ、夏休みや春休みには特別クラスももうけており、関東首都圏では最もコミュニティ活動が盛んなモスクといえる。多くの設立および運営メンバーは南アジア系、特にパキスタン人だが、イマームやレクチャーをするのは別な地域出身の南アジア人や、日本人である。元々付近に暮らしていたアフリカ系やその他地域のムスリムに加え、近年では中東や東南アジアからの留学生も集うようになり、多民族のムスリムが集まる場所となっている。

　Gモスクのパキスタン人女性たちは、週末は家族と過ごすほか、子連れでモスクや他のパキスタン人女性の家で宗教の学習やパキスタン料理の手作りを共にするネットワークを育んでいる。第二世代には就労している人もいるが、多くの女性は結婚をして家事や子育てに従事している。そのため、日本語がある程度話せるパキスタン人男性が多いのに対し、女性は男性ほど流ちょうに話せないことが多い。しかし、女性も、子どもの成長に伴い、生活で日本語を耳にする機会が大きく増え、日本語を理解し話すようになる。そのため、筆者を含めたパキスタン出身以外の女性や子どもと日本語を交えて

会話できるようになることもよくある。

2.1.5　Gモスク教室

　多くの在日パキスタン人とその家族が頭を悩ますのが教育である。2.1.3節で見たパキスタンでの英語の地位と英語媒介教育の文化から、またイスラーム的価値観および慣習に則った教育を受けさせたいという思いから、イスラーム系のインターナショナルスクールを作りたいとコミュニティの運営者らは考えている。資金や人材等、現実的な課題が多いため、実現に至っていない。在日パキスタン人の家庭の多くは子どもが二人以上であり、二人以上を授業料が高額な日本の英語媒介の学校へ通わせられるのは少数である。そのため、パキスタンやアラブ首長国連邦などの第三国に渡る母子または単身の子どもも多い。そうした心理的なリスクを負わずに、モスクのコミュニティでできることはやろうという考えから開講されたのがGモスクの教室である。

　Gモスク教室は、「G Evening School」[6]という名称のもと、2006年に開室した。平日毎日開講されるという点から、首都圏内では最も子どもに対するイスラームの教育が頻繁に行なわれている場所である。第一次調査の時点では、算数、クルアーン（コーラン）[7]、および英語の授業が開講されており、平日の夕方から夜にかけて毎晩授業があった。後に、第二次・第三次調査の録音時には、クルアーン、イスラーム、そして英語の授業が開講されていた。当初筆者がGモスク教室で見た時間割表には、ウルドゥー語やコンピューターなどの科目も割り当てられていた。モスクの管理人の方からも、ウルドゥー語の教室も開講されており、見学が可能との説明を受けた。そのため、Gモスク教室を何度か確認のために訪れたが、筆者の通った期間にはウルドゥー語は開講されていなかったようであった。英語を教えていたビルキス先生（インド出身、後の詳細参照）は、保護者の間でも英語への期待が大きく、またウルドゥー語を学習する意義はあまりないと述べていた。16人前後の児童が平日の放課後にGモスクに通っていたが、クラスは年齢と習熟度を考慮した2クラスに別れており、その家族背景も様々であった。

全体として、当時通っていた児童の半数以上は、父親がパキスタン人の家庭の子女であった。その中でも、両親ともパキスタン人であり、ウルドゥー語が話せたのは、本データに表れる4人の児童のみであった。この4人は、より年長・より習熟度の高いクラスに属していた。

　Gモスク教室は夏休みや春休みなどには、より広い地域のムスリムの子ども達や、夏休みのみ日本に来る子ども達[8]を集め、「Summer School」や「Spring School」を行なっている。基本的には、Evening Schoolと科目は同じで、英語やイスラームやクルアーンを教えている。ただ、より低年齢の子どもが増え、教員も増え、教室の構造は大きく異なる。第一次調査年の夏休みにも、希望者にはウルドゥー語も教えると、サマースクールの校長が述べていたが、筆者の見た限りでは子ども達はクルアーンとアラビア語のアルファベットを学習しており、ウルドゥー語を学習している子どもはいなかった。

2.2　モスク教室における調査の概要

　モスク教室は、制度的な「学校」としての側面と、いわゆる義務教育として特定の場所ではないという意味での「学校外」の双方の要素が見られる空間である。まず、成人が「教師」という役割を担い、児童が「生徒」という役割を担いながら、同じ場所と時間を共有し、教師から児童へ識字を教育するという相互行為を行う。そうした点で、「学校」的である。そこでは、教科書ないしはクルアーン（コーラン）と教師の指導を介して、児童らが机の前に座り学習する。一方で、その教室はモスクという場所を一時的に教室に見立てたものである。モスクは、礼拝時間を含め、教室外の時間には、通常のモスク活動の場である。モスク全体は、母親や父親が子どもに身につけさせようとする文化的知識、社会関係、そして身体的実践の継承の場であり、制度的な「学校」とは大きく異なる。モスクは、両親が他の成人ムスリムと共にコミュニティへの帰属を前提とし、学習のほかに礼拝や食事など、コミュニティを維持・発展させる活動を行なっている。そして、児童らもそこにつ

れられ、児童同士でおしゃべりしたり、共に遊んだりする場である。後の5章でも述べるように、コミュニティ内の成人男性・成人女性は *ankl/anTii* と呼ばれ、彼らは児童らを個人名または *betaa*（息子）[9] と呼ぶ一方で、教室内では教師が「先生」と呼ばれ、児童らは個々の生徒として個人名で呼ばれる。そのような知識の伝授以外の言語行為も、学校で起こったことやコミュニティ内の話などを児童同士または教師との間で行うことは、「学校外」的である。

　教室では、知識の伝達と確認という学習のみならず、教師と児童、また児童同士のコミュニケーションが大変活発である。本研究では、その個々の会話や場の文脈を理解した上で、子どもの言語行動をボトムアップに観察・分析する。一方で、LE 研究者の多くがコミットする社会的課題の解決に向けた具体的かつ応用的な知の生成という観点には沿わない。本書の目的は、実際の言語接触の現象を通して、国内の研究における移民コミュニティ、多言語使用、そして言語接触に関する知見を更新することにある。そのため、LE 研究者が特に問題視する権力や階層や教育への知見には言及しない。本研究では、そうした大きな課題へ向かう第一歩として、児童らの現場での言語使用を記述する。というのは、先述のように、移民コミュニティ内の日本語が流暢なバイリンガル児童の言語使用やコミュニティでの活動の実態があまり知られておらず、その解明は、今後の彼らの生活の質の向上のための課題の提起につながると考えられるからである。

　こうしたフィールドでの自然な会話の分析には、フィールドの社会的背景のほか、話者らが前提とする知識が必要である。米国では文化人類学者としてのフィールドワークとインフォーマントとのインタビューを通して、その解釈の枠組みを理解できると考えている。たとえば、Blom & Gumperz (1972) はその好例である。欧米で発達した LE では、研究者が社会的背景を熟知している自国で調査を行いながらも、その国の主要な言語を理解し、研究の関心がよくわかる、研究対象である少数者のコミュニティの言語も話せる人（大学院生だったり、コミュニティ教室の教員だったりする）に分析に携わってもらうことによる三角測量を行うことで、解釈ができるとする。日本

では、日本語とヒンディー語ないしウルドゥー語の両方を理解する南アジア系の人文社会系の留学生がほとんどいない上、実際に移民コミュニティの中で暮らしてきてこのような分析に従事できる人もほとんどいない。なぜならば時間的制約のほかに、彼らの主観と私の分析とが食い違った場合のリスクというものがあった。モスク内の小学生・中学生の話者ら、および教員らは、それぞれこのような言語使用を行うべきまたは行いたい、また実際にこのような言語使用を行っている、という意識がある。実際の言語使用を分析する言語学者としては、どのような言語使用を行っていても非難の対象にはならないが、話者にとってはそれぞれどのような言語使用を社会が望んでいて、それに対してどのような立ち位置をとりたいかという問題に関わってくる。例えば、家庭内での使用言語を知るための「家では妹さんにウルドゥー語で話しているの？」という質問に対して、「妹は保育園に通っているので日本語は話せます」という答えが返ってきたことがあった。筆者の質問が、日本語を家庭で使用すべきだという意味に捉えられたのである。モスク内の教員も、録音したデータを耳にして「私はこんな言い方をしたのかしら、信じられない」とコメントし、筆者が耳にした形式ではなく、本人が再度聞いたときに、自身が意図したという異なる言語形式で書き起こした。このように、話者らの時間的制約のほかにも、直接の意見を聞きながら共同でデータを分析することは、とても難しいと感じた。また、モスクおよびモスク教室の趣旨および活動目的と、筆者の研究のテーマが異なるということも、対話を難しくする。モスクおよびモスク教室の目的は、日本社会に対峙し日本の教育制度を批判することや、民族言語・民族文化を推進することではなく、民族や言語を超えてムスリム（および神）の関心に沿うことである。イギリスやアメリカの移民コミュニティの研究では、民族文化・民族言語が前景化した教室であったため、民族語に関する話題はコミュニティの関心にあったが、筆者が訪れた本コミュニティではそうではなかった。筆者は、名前や非ムスリムであることからもマジョリティと見なされ、国立大学から来たため現状の教育・言語政策を支持する立場だと自動的に見なされてしまう。また、児童との年齢差からも、筆者が意図するよりも彼らのマイノリティとし

ての立場を意識させる。このような調査者と被調査者の溝に関しては、LE
では積極的には論じられてきていないが、成功したと考えられている
Rampton(1995)の研究でも、13 〜 14 歳だった会話参加者に、録音の2 年後
に録音を聞かせインタビューをした際、彼らがあまり集中できていなかった
と述べられている。そのため、Gumperz 等に代表されるような、相互行為
の社会言語学で見られるような、会話データが話者らにとってどのように解
釈されうるのかに関しては、本書では扱わない。

2.2.1 録音データの収集

　CS の社会言語学的研究では、作例や容認度判断といった実験的なデータ
より、自然会話のデータがふさわしいと考えられている。普遍的な理論の構
築を目指した Myers-Scotton(1997)も、Gumperz(1982)も、文法を中心に記
述した Nishimura(1997)も、話者が実際に生活している場での会話を分析し
ている。Blom & Gumperz(1972)では、話者たちにフィールドワークを通し
て政策について議論をしてもらうというかたちで、異なる変種の使用を引き
出そうとした点で、やや実験的データに近いと言うことができる。しかし本
研究では、その後と多くの CS 研究と同様に、特定のテーマは指定せず、彼
らの活動内の自然談話の録音のみを用いた。

　本研究のデータを収集するのにモスク教室を選定した理由は、平日の毎日
という大変高い頻度で、コミュニティの成員が集まってコミュニケーション
を行なっていたからである。参加者が頻繁に変わったり、新しい参加者が出
入りしたりする場面に比べ、すでにある程度コミュニケーションをとってき
た人たちが繰り返し会う場面では、彼らの中の社会関係の構築に関係すると
同時に、一定の会話の背景や推論が共有されると考えられる。その中で、あ
る程度一定したそれぞれの言語の使われ方の慣習があることが期待できる。

　録音は、計 25 日、一定の間をおいた3 つの異なる期間に行われた。第一
次は 20XX 年 7 月の 4 日間、第二次はその 1 年半後の 1 月から 2 月にかけ
て 8 日間、第三次は同年の 4 月から 5 月にかけて 13 日間である。ただし、
教室の変更やクラスの統合などのため、第二次の 1 日分、そして第三次の 2

日分のデータは、全く使用しなかった。その結果、全部で36時間余りの音声データが集まった。データには、全部で4人の教師—アリー先生、ビルキス先生、シャリーファ先生、シャキール先生が参加した。しかし、最も詳細に書き起こし、分析を行ったのは、ほぼ毎日教室に来ていた、アリー先生とビルキス先生のデータである。二人の授業は時間も長い上、二人とも、日本語、ウルドゥー語、英語が使用できたからである。また、教室以外でのコミュニティの活動でも他の二人よりも児童とよく接していた。そのため、会話の内容も教室内のことから教室外のことまでに渡った上に、言語使用のパターンも様々であった。

　本研究の分析に用いた、アリー先生およびビルキス先生のデータの、第一次、第二次、第三次調査の録音データ時間は、次の表の通りである。

表1　本研究の質的分析に用いた録音データ

年	第一次調査				第二次調査						第三次調査					
授業日	1A	1B	1C	1D	2A	2B	2C	2D	2E	2F	3A	3B	3C	3D	3E	3F
時間（分）	97	88	77	54	50	45	32	24	40	53	55	36	61	83	30	5

　一方で後者の二人に関しては、それぞれ、シャリーファ先生が第一次調査の録音時に3日間、シャキール先生が第二次調査の録音時に3日間教えていた。シャリーファ先生はマレーシア出身でウルドゥー語が使用できなかった。そのため、児童らの使用言語はほとんど日本語に限られた。シャキール先生はパキスタンからの留学生で来日直後であった。そのため、ウルドゥー語と英語を主に使用しながら、彼が知る日本語の単語を使用して児童にイスラームを教えようと熱心だった。しかし、アリー先生やビルキス先生とのような密なやりとりがあまり見られなかった。

　録音に際し、4人の教師および児童の保護者に口頭および書面（日本語、

英語、ウルドゥー語)で録音の許可を求め、承諾をもらった。録音はデジタルレコーダーを使って行い、教室の前方、児童にとって見やすい位置に置き、希望があればいつでも録音は中止できることを前もって伝えた。録音機が教室の前の目に見えるところにあり、児童らも何度か触ったことがあるにもかかわらず、児童らが録音を止めて欲しいと筆者に申し出たことはなかった。

　モスクは比較的オープンな場所で、保護者や、児童らがあまり知らない成人が教室の後ろで座っていることもあった。筆者が初めて訪れた際にも、総勢十数名で見学したのだが、児童らはあまり気にせず授業を受けているように見えた。その初回の日は、アリー先生が見学者らを意識して英語で質問したりし始めたのだが、ジャミラやカリムがそれにまず日本語で抵抗したり、ウルドゥー語に切り替えたりしていたのが印象的であった。また、それが本研究を行なおうと思ったきっかけになった。児童の言語使用、特にジャミラやカリムの言語使用は、筆者またはその他の成人のいる、いないによって、あまり大きく変わっていないと感じられた。筆者は、観察・見学期間に、すぐ隣の教室において、あるいは、教室に入る前にドアの外で彼らの言語使用を聞いたりしたが、やはり違いを感じられなかった。

　筆者は、第一次調査の録音を始める前に8週間ほど授業を見学しており、録音の書き起こしによって明らかにされるような詳細な発話のパターンではないにしろ、大まかな傾向を記録することができた。筆者が室内に入る前に外から室内の会話を試しに聞いた印象でも、筆者の存在による彼らの言語使用の大きな変化はないように思われた。実際の録音に関しても、1日目にビルキス先生が意識して英語を多くしたように見えたほかは、筆者という観察者の存在は大きな影響を与えなかったと思われる。その後、第一次調査年の8月、同年の9月、その翌年の10月から12月にも、同様に教室の観察を行った。

　第一次調査と、第二次・第三次調査では、それぞれ教室が異なっていた。第一次調査では、児童らは2クラスのうちの年少クラスであるジュニアクラスと可動式パネル一枚で隔てられており、モスクのカーペットに座ってい

た。長い座り机を2つおいて、前列に男子児童、後列に女子児童が、教師に向かう形で座った。また、教師と前列児童の間は、1メートル未満であった。第二次、第三次調査の際は、ジュニアクラスと階が異なっており、ジュニアクラスの音は聞こえなかった。第二次調査では、児童らはより広い教室でそれぞれのパイプ椅子に座り、パイプ椅子に付属していた小テーブルで書いていた。このときは、最も教師に近い児童でも、教師から1～2メートルほど離れていた。第三次調査では、第一次調査と同じくらいの広さだが形の異なる部屋で、第一次のときのように、床に座って勉強していた。一方で、机はなく、第一次のときのような列ではなく、どちらかといえば円に近い形で座っていた。

　筆者は、非ムスリムの東京大学の大学生の見学者として初めてフィールドに入った。その後も、主な調査対象者以外のコミュニティの成員に紹介される際も、一番使用されるカテゴリーは 'student'、または 'student at Tokyo University' であり、日本人であることや、ムスリムではないことは、二次的に紹介されることが多かった。児童らには、第一次調査時には「東大さん」や「先生(成人であることが関係していると思われる)」と呼ばれ、後に「山下さん」と呼ばれるようになった。筆者に対しては、児童らは一貫して「です・ます」を使用していた。非ムスリムの筆者が見学していたことは、自然談話自体には、大きな影響は与えていないように見える。しかし、筆者の存在が全く意識されなかったとは言い切れない。カーフィル(不信心者―異教徒を含む)の話(9章、例(9-4))ではライラは教室後方に座っていた筆者のことを一瞥した(その他にも、第一次調査前後の録音をしていなかった時期にも、非ムスリム的な慣習が話題に上がったとき、二、三度、似たようなことがあった)。

2.2.2　会話データの表記

　どのような談話データも、何を記述するかの取捨選択を行い、転写をする時点で、それぞれの分野や関心からの、何らかの解釈が含まれる二次的なデータである(Ochs 1979)。これは、議論に十分な記述を質的にも量的にも

行わなければならないからで、どのデータの書き起こしにも、研究者の関心や議論しようとしている理論が反映されることになる(ibid)。本書のデータも、そうした点で、多くの前提のもとに転写されている。本書は、主にバイリンガル児童による、言語接触と言語(およびスタイル)の選択を記述するという目的のため、以下のような方針を採用した。

日本語の表記

　書き言葉としての漢字かな混じり表記の使用は、読み手の印象を左右する。しかし、本章では読みやすさを重視し、一般的な漢字かな混じり表記を使うことにした。

　本章の筆者は、関東首都圏の日本語の第一言語話者である。本研究のフィールドは、筆者の出身地から10数キロという比較的近い地域であるが、児童の日本語の発話の多くは、筆者にとって違和感を覚えさせなかった[10]。このことは、特に児童の言語使用を分析するのに、細かな差異やニュアンスにも注意できることとなった。本研究で言及される「日本語」とは、関東首都圏を中心として使用される変種であり、標準語ないし共通語の一変種である。日本語の発話は、どの話者のものであれ、一般的な漢字かな混じり文の表記となっている。しかし、エラーや話しことばとしてのニュアンスを含める必要から、書き言葉の規範通りに書かれていない場合もある。

　児童の日本語のみならず、教師の日本語に関しても、多くの場合は一般的な漢字かな混じり文表記となっている。話者にかかわらず、データには、母音や子音の調音における特徴など、やや異なるイントネーションや発音でされたものもあった。転写の上では表記しなかったが、本研究の目的であるCSや後に述べる接触変種に関連する場合のみ、その特徴に言及した。

ウルドゥー語の表記

　先に述べたように、ウルドゥー語はパキスタンの国語および公用語であるばかりでなく、隣国インドでも公用語の1つである。一方、ウルドゥー語とヒンディー語は、文法的にほぼ同じものといえるだけでなく、話しことば

の上で語彙を多く共有しており、多くの場合相互理解が可能である。なぜならば、どちらも英植民地時代に公用語やリンガフランカとしてヒンドゥスターニー語またはカリーボリーと呼ばれた変種が基礎となっているからである。

　Gモスクの人々の考える「ウルドゥー語」「ヒンディー語」も必ずしも一致しているわけではない。筆者がインド出身のビルキス先生に使用言語を尋ねた際、ヒンディー語と述べており、ウルドゥー語とは述べていなかった（ウルドゥー語の読み書きはできないそうである）。しかも、ビルキス先生はパキスタン人男性と結婚して、「ヒンディー語」で会話をしているが、配偶者はきっと「ウルドゥー語」で会話をしていると述べると想像される。本研究では登場しないが、教師の1人であった20代後半のパキスタン人女性は、使用できる言語にウルドゥー語とヒンディー語の両方を挙げた（しかし、デーヴァーナーガリー文字は読み書きできないそうである）。本研究では、児童らが自身の使用する言語を「ウルドゥー語」と呼んでいることもあり、データで使用されるこの言語は「ウルドゥー語」と言及する。

　「ウルドゥー語」の音声に関しては、多少の音声的な違いがあっても、その意味すると思われる語の規範ないし一般的な綴りを用いた（いくつかのケースを除く[11]）。ただし、その転写方式はウルドゥー語の綴りではなく、ヒンディー語（デーヴァーナーガリー文字）の綴りを基準にして行なっている。その理由は、第一次調査のデータの書き起こしに協力いただいたビルキス先生と筆者は、デーヴァーナーガリー文字の綴りを知っており、ウルドゥー語の綴りに不慣れであったためである。転写に関し、英語同様に、調音やイントネーションの点において標準的な発音とは少し異なるものでも、声の大小、イントネーション、ピッチの高低以外については、細かく記述していない。ウルドゥー語は、アルファベットの斜体で表記している。

接触日本語変種の表記

　接触日本語変種を標準日本語のように漢字かな混じり表記を用いることに関しては、音声や音韻の点での正確性に関して議論の余地が残る。しかし、

読みやすさを優先して漢字かな混じり表記を用いた上、本文における説明で音声や統語など、その具体的な特徴を述べる。

英語の表記

英語の発話に関しては、イギリス英語やアメリカ英語とは異なる音声的特徴があっても、一般的な表記のままにとどめている。英語は、どの話者にとっても母語ではない。成人の日本語同様に、調音やイントネーションの点において英国ないし米国の規範的な発音とは少し異なるものでも、その違いについては記述していない。記述している点は声の高さや低さといった特徴程度である。一方、児童の英語に関しては、カタカナ語に近いかどうかが表されていることがある。

英語は主に授業のタスクに用いられていた。英語を使うのは、主にビルキス先生であった。また、英単語がウルドゥー語の会話に見られることもあった。そのため、本章では、英語による質問表現と、フォリナートークのような英語の発話以外は、英語に関しては詳しい分析を行なわない。

アラビア語の表記

本研究で扱った授業データに表れるアラビア語は、正則アラビア語で書かれたクルアーンの音読か、非アラビア語圏のイスラーム世界にも定着した正則アラビア語の宗教的な定句(muhammadun sallaa allaahu alayhi wa sallama)「ムハンマド、彼の上に神の祝福と平安あれ」)などである。アラビア語を使った会話は行われていない。音読において児童らは、読み上げているアラビア語の一語一語の意味を必ずしも理解しているわけではない。クルアーンの音読は、文化的実践として、個々人がそれぞれのペースで読むものであり、本フィールドでもそのようになされていた。アラビア語の音読は、音読をするという行為としては相互行為に影響を与えているが、音読される一字一句が彼らの会話に影響していないと考えられる。そのため、アラビア語の転写は、日常において他の言語を使っているときにも用いられる宗教的な定句と、アラビア語の語句が会話のテーマになっている場合以外は、限られた

場面でしか行わなかった。

　教師は、時に重要な概念の意味を指導することもあるが、多くは読み違いの指摘や、正しいアラビア語の発音の指導をする。個々の児童を見回りながら、それぞれ読みかけているところを音読したり、その発音を確認・修正したり、読み上げる手助けをしたりしていたが、時に数人一度に同じところを教師に続いて読ませることもあった。

　相互行為を前提とした会話分析や談話分析の記述では、話者と話者との間のターンの取得の認知的なプロセスを見る必要があり、ターンとターンの間やそのターンの取り方が、解釈において重要なデータの一部である。そのため、そうした研究では逐語レベルで発話の重なりを記述するのが常である。しかし、本研究では、児童間でのアラビア語音読の重複に関して、逐語レベルではほとんど行なわなかった。そもそも会話分析は電話の応答の研究からはじまっており、たくさんの音読が同時に起こっている場面を記述するために有効なトランスクリプトの方法を開発していない。本書では、相互行為そのものではなく、言語における相互のやりとりを分析対象にするため、クルアーンを読む際のアラビア語の表記は、多くの場合、＆＆＆＆＆＆＆＆＆＆＆とした。一部は慎重に転写はしたが、アラビア語以外の発話ほどは厳密ではないことを断っておきたい。

翻訳に関して

　本章は、英語および日本語を理解する読者を想定して書かれている。そのため、英語および日本語には翻訳をつけていない。文脈や背景知識等は、各例の説明で補った。

2.3　データの会話参加者と会話のやりとりに関して

　本節では、筆者が録音した教室の活動に参加し、データに参加している話者のフェイス情報を記す。また、会話の切片を見る際に参考となる、モスク教室の自然談話の特徴を記す。

2.3.1　会話参加者

　録音したデータには幾人かの児童が登場したが、本研究の分析において
は、バイリンガル児童であるジャミラ、カリム、ライラ、イムラーンの言語
使用に注目した。この4人のほかの児童は、みな、ウルドゥー語をほとん
ど理解しないか、ほとんど話さなかった。そういった意味で、モスク教室の
中でも彼らは少数派である。録音した4人の教師の授業のデータのうち、
アリー先生、ビルキス先生の授業のデータを分析した。

　第一次調査のデータでは、ジャミラ、カリム、ライラの三人の児童は7
歳から11歳であり、全員公立の小学校に通っていた。また、イムラーンや
他の児童とは、小学校が異なっていた。第二次・第三次調査の録音に参加し
た児童は、4人とも10歳から13歳であり、公立の小学校または中学校に
通っていた。

　筆者の調査時は、モスク教室に通う児童のほとんどが日本語が流ちょうに
話せた。ほぼ全員が、公立の保育園、幼稚園や、小学校、中学校に通ってい
た。モスク教室は年齢と進度を考慮してクラスを2つに分けていた。「ジュ
ニア」クラスと「シニア」クラスである。本研究の対象となったジャミラら
はみな「シニア」クラスに属していた。「ジュニア」クラスの方では、民族
的背景が様々で、ウルドゥー語を話せない児童がほとんどであった。

　ナカミズ（2003）のようにコードスイッチングを日常的に行う高度なバイ
リンガル若年層もいるのだろうが、必ずしも全ての高度なバイリンガルに
とってコードスイッチングが自然なわけではない。筆者が出会った高度な二
言語の運用能力をもつ在日パキスタン人若年層は、兄弟姉妹の会話でウル
ドゥー語を中心にする世帯と、頻繁にCSをする世帯、日本語を中心にする
世帯の三タイプに分けられた。本研究の談話に参加した児童らは、兄弟間で
日本語の使用が中心的な世帯である。

　本データの教室に参加していた在日パキスタン人バイリンガル児童4人
は、両言語の話しことばが比較的流ちょうであったにも関わらず、会話の言
語はほとんど日本語で、ウルドゥー語の使用は引用や文化的語彙に限られ
た。彼らの両親はみなカラーチー出身であり、児童らはウルドゥー語の母語

話者と推定できる。日本に来た年齢は、最も年長だった児童で5歳であり、録音当時は8歳から13歳であった。彼らが日本語を中心に使うことが、彼らのパキスタン人及びムスリムというアイデンティティと矛盾していないことは、日本のマジョリティにパキスタンやイスラームについて関心をもってほしいことを示していたことや、集団内の会話の内容、自己主張や自己紹介する際などの、日頃の言動から見てとれた。例えば、筆者が初めてジャミラら三人と会話したときに、「パキスタン出身」だと答えた。また、ジャミラは、小学校で課せられた「卒業論文」に、パキスタンのことを書くと筆者に述べた。第二次・第三次調査年には、カリムはイスラームの講演会の案内のパンフレットを筆者に渡した。

バイリンガル児童

　本章で対象としているのは、ジャミラ、カリム、ライラ、イムラーンの4人のバイリンガル児童の発話である。ジャミラ、カリム、ライラの三人は兄弟であり、第一次調査と第二次・第三次調査のデータ両方に参加している。一方、イムラーンは別な世帯の出身であり、第二次・第三次調査のデータのみに参加している。

　ジャミラの母親の話によると、父親が90年代後半に来日し、ジャミラが5歳の際にジャミラ、カリム、ライラが母親とともに来日したそうである。筆者が聞いている限り、三人の日本語は、音声、音韻、語彙や文法の面で、際立ってウルドゥー語の干渉を受けているように聞こえることはほとんどなかった。モスク教室でも、よほど何かに集中していない限り、すぐ兄弟や友人らと日本語でおしゃべりをする。三人は、日本語とウルドゥー語のバイリンガルである。第二次・第三次調査時に行ったアンケートでは、三人は日本語の方が圧倒的にウルドゥー語よりも得意だと答えた。

　第一次調査年にジャミラらの母親に聞いた話によると、子ども達は母親に対して日本語を使うということであったが、同年夏に行われたモスク教室の夏休みの成果発表会で、子ども達が個人的に母親と話をする際には、ウルドゥー語のみが使われていた。一方、電話で日本語で受け答えしているの

も、第一次調査年に観察している。父親に対しては、日本語で呼びかけ、日本語で話すことが多いが、ウルドゥー語にも切り替えていた。このパターンは、教師に対して日本語で話し始めるのと似ているかもしれない。第二次・第三次調査年にジャミラらの母親に、子ども達のウルドゥー語の運用能力を聞いた際には、ジャミラが一番よく理解し話すことができ、カリムはその次、ライラのウルドゥー語は「笑ってしまう」ということであった。確かに、翻訳や教師のタスクを児童らが理解しない場合の説明が主にジャミラに任され、ライラがイスラーム知識の授業でウルドゥー語から日本語への翻訳に困っていた。しかし、教室内での会話では、大きな差は見られなかった。第二次・第三次調査年の4年後、ジャミラとライラにウルドゥー語について質問したところ、話すのはできるし、文字や簡単なことは書けるが、まとまった文章を書いたり、難しい話をしたりすることはできないと述べた。

ジャミラ

　ジャミラはモスク教室で最年長であり、他の児童達の面倒を見ることも多かった。そして、ビルキス先生と児童らの間に立ったり、休憩時間の間はビルキス先生の息子の小学校の連絡帳や配布物に関する情報や、日本の小学校の行事や仕組みなどを伝える役割を担っていた。第一次調査年は特にその傾向が顕著で、ある日の授業の後には、掃除機の使い方の説明もウルドゥー語で行なっていた。また、休憩時間の間もウルドゥー語を使用していた。下の学年の児童への言及をしたり（例6-1）、また教師に他の児童に説明するように促されたりすることもあった。一方で、第二次・第三次調査年には連絡帳のやりとりも、日本語をところどころ交ぜるようになった。ビルキス先生もそうであった。

　ジャミラは、兄弟の中でも年長であり、またモスク教室でも最も年長の1人であった。最も年長の1人、というのは、彼女よりも年長の児童はいたのだが、彼女ほど長く、あるいは頻繁にモスク教室へ来ていなかったからである。ジャミラはまた、モスク教室の中で唯一ヒジャーブ[12]をつけ、ブルカ[13]を着ていた。モスクに集まる人々の服装は、出身地域での習慣や、各

家庭の価値観によって、多少のばらつきがあったが、パキスタン人の女子児童の中では、ジャミラが唯一ヒジャーブとブルカを常時身に付けていた。また、ビルキス先生は、自分の息子が小学校から持って帰ってくる手紙や連絡帳のやりとりを、ジャミラにまかせていた。つまり、ビルキス先生は、日本の学校での習慣などを、ジャミラに聞いていたことになる。

　ジャミラは、四人の中で最も頻繁に英語を使った。また、第二次調査時には、唯一の英語の使用者となったのと同時に、三人の中でウルドゥー語を最も使用した。第一次調査時のウルドゥー語の質問のいくつかは、授業が終わったかどうかといった質問であった。また fly という英単語の意味を確認するのにも使用した(例 4-11)。

カリム

　ジャミラより1歳年下で、ライラの兄に当たるカリムは、彼らの家では唯一の息子である。カリムはジャミラ同様に教師へ助け船を出すことがあるが、ジャミラほどではない。第二次調査の録音では、ちょうど小学校の卒業と中学校の入学にさしかかり、声変わりもはじまっていた。カリムの言語使用の特徴としては、独り言や、歌を歌うことが多かった。言葉遊びをするのも特徴的であった。特に歌に関しては、既存のメロディに載せて歌詞を変えたものであった。第一次調査年にはアニメやゲームのキャラクターの絵を描いて、他の児童や教師に見せたりしていた。

　第一次調査時にはひょうきんな発言も多かったカリムは、ジャミラやライラの倍近く質問表現を使用したが、第二次調査ではジャミラやライラの半分しか質問表現がなかった。そして、発話や反応に関しても、第一次調査時より第二次調査時の方が短いものが多かった。

　第一次と第二次・第三次調査で大きく異なったのは、イムラーンの存在であろう。イムラーンはカリムと同じ学年で、カリムよりもさらにおしゃべりであった。教室ではカリム以上に多くの発話を行なっており、おかしいことを言ったり、教師に対して挑戦的な言動をとったりして、一種の道化者でありながら挑戦的であるという、トリックスター的な言動を多くとっていた。

歌ったり、ひょうきんな発言をしたりすることによって、他の児童の注意を
引こうとしていたこともよくあった。

　カリムは、ジャミラやライラからは第一次調査時のように無視されること
が多かったが、第二次・第三次調査時はイムラーンの反応に多少期待でき
た。イムラーンとカリムは授業外でも一緒に行動していることが多かった。
教室の中でもいたずらっ子なイムラーンと比較すると、第二次・第三次調査
時のカリムはやや内向的であったが、それでもいろいろと創造的な多言語使
用を行なった。

　第一次調査と第二次・第三次調査では、席の位置が異なっていた。モスク
教室では男子児童が女子児童の前の列に座っていたため、カリムは教師に最
も近かった。特に第一次調査時は、1メートルほどの距離であった。第二
次・第三次調査時は教師から2〜3メートルほどの個別のいすに座り、少
し離れていた。しかしそれでもライラやジャミラよりは教師に近いところに
座っていたといえるだろう。

ライラ

　ジャミラとカリムがそれぞれ長男長女、そしてモスクにおけるほぼ最年長
の児童というのに対し、ライラはその妹である。ビルキス先生の息子の連絡
帳の通訳はジャミラが行なっているが、妹のマリヤムのトイレに一緒に連れ
て行くなどといった役割はジャミラと交代で行なっている。そうした意味
で、ジャミラほどではないが、モスク内で2番目の「お姉さん」という存
在である。ジャミラのようにブルカを着ていたり、ヒジャーブをしているわ
けではなく、パキスタンの民族服である明るい色のシャルワールカミーズや
明るい色の洋服を着ていたりしており、そうした点では下級生児童の一員と
見なされやすかった。

　第一次調査時のデータでは、ナディアとの会話が多く、授業のタスクに集
中していることが少ないことがうかがえた。ナディアがモスクに来ることが
少なかったことが、その理由であったのかもしれない。ナディアがいない日
でもおしゃべりをしていたが、兄弟であるジャミラやカリムとは日頃から会

話をしているからか、さほど熱心には教室内で会話を行っていない。一方で第二次・第三次調査時には、ときに授業外のことをしていたジャミラに対して、何度か教師に不服申し立てをしている。

イムラーン

イムラーンは第一次調査年の9月からモスク教室に来るようになった。そのため第一次調査の録音には参加していない。イムラーンは、第一次調査年、第一次調査と第二次・第三次調査の間の年、第二次・第三次調査年のどの時期でも、極力母親や妹とウルドゥー語のみで話していた。父親への言語使用に関してはわかっていない。ウルドゥー語や英語の言語運用能力に関して、イムラーンは三人にひけをとらない。むしろ、パキスタンの学校に一時期いたことからか、他の三人よりも、英語の語彙の知識を多く持っているようにみえた。また、彼は自分の妹や両親に対して、ジャミラら三人よりも圧倒的に多くウルドゥー語を使っていた。

イムラーンが教室にいると、教室の空気が少し変化するのを感じる。イムラーンがいなかった第一次調査時の授業が、淡々と進められていたように感じられるのは、イムラーンが機会を見ては、ジャミラらに対して、様々な発話を行なっていたことが理由であろう。イムラーンもその妹も、大変おしゃべりな印象を与える。また、イムラーンの母親も、必ずしも日本語が流暢とはいえないが、給食室に見学に行った(例(7-5)参照)など、家族も積極的に日本の学校に働きかけているという影響もあるのかもしれない。

また、「中学校では部活や委員会に入らないと良い内申点がもらえず、よい高校へ行けない」などとジャミラらに述べて、カリムがびっくりしたというエピソードも録音の間に見られた。このエピソードは、イムラーン自身が日本の学校文化に関して様々な情報を得ていることがうかがえる。

イムラーンのトリックスター的な性格は、彼が学校の模擬裁判で「犯罪者の役に立候補」したこと(ジャミラたちは、なぜイムラーンが犯罪者に立候補するのか理解できなかった)、ビルキス先生と何度か対立したこと、そして、多くのことば遊びをもって他の児童を笑わせた(第7章、第8章、第9

章参照）ことからもうかがえる。第二次調査開始時に録音の機械を筆者が出したとき、イムラーンは、機械を前にして、「これ何？盗聴器？」と私に聞いた。筆者が、研究のために分析すると説明し、「声が東大に行くの？」と聞き、筆者が「まあ、全部ではないけど」と述べた。すると、当時イムラーンは中学1年生であったが、「僕の、名前は、ジンナー（姓）・イムラーンです。中学二年生です。よろしくお願いします。」と述べたあと、「よし、これで俺が中二ってことになったし。」と述べた。このように、イムラーンにはいたずらっ子的な側面も見られた。

他の児童

　他に、本章に記したデータの会話に参加している児童に関しては、以下の通りである。ここで挙げる三人は、母親があまりモスクに来ないので、家族との言語使用などの詳細はわからない。

　フセインは、アフリカ系の児童で、第一次調査の1Aデータにのみ参加した。フセインの第一言語はわからないが、アラビア語を理解すると本人もアリー先生も考えているようであった。フセインは、週2日程度しかモスク教室に来なかったが、コミュニティに定着している家庭の出身のようであることは、フセインの父親の姿がモスクでの行事で見かけられることからわかった。

　ナディアは、父親がパキスタン系、母親が日本人であるが、母語である日本語しか話さず、一度ビルキス先生がウルドゥー語で話しかけた際にも返事をしなかった。ナディアは、第一次調査の1Bと1Dのデータの録音に参加した。

　オマルは、第三次調査の3Bの日に録音に参加した。ナディア同様、父親がパキスタン出身で母親が日本人であるオマルは第一次調査ではウルドゥー語を少し使っていたが、第三次調査には時に教師の易しいウルドゥー語でさえわからないから日本語で言ってほしいと主張し、彼からウルドゥー語を使用することはなかった。

教師

　ビルキス先生

　ビルキス先生は、南インドのバンガロールの出身である。マラーヤーラム語の母語話者で、第二言語として、ヒンディー語ないしウルドゥー語、英語、日本語を話す。インドの大学を卒業し、学校教師およびコールセンター勤務の経験のある彼女は、モスク内でも最も流ちょうに英語を話す南アジア系ムスリムである。第一次調査時は家庭で、夫とはウルドゥー語、息子とは日本語や英語で話しかけていたが、第二次・第三次調査時には息子と英語で話すようになった。ビルキス先生は、第一次調査の前年の11月に在日パキスタン人との婚姻後来日した。来日直後は2ヶ月ほど地域の日本語教室に通い、数ヶ月後にモスク教室で教鞭をふるうことになった。録音開始時には、モスク教室で4ヶ月ほど教えていたことになる。ビルキス先生は、日本語の多くを、モスク教室で出会った子ども達との会話を通して学んだと、第一次調査時に述べていた。ビルキス先生は、地域や職業の上で、多くのパキスタン人女性と異なっており、ウルドゥー語のスタイルも異なっていることが予測される。一方で、ウルドゥー語、英語や、モスク等を通して学習した日本語を駆使して生活を送っていることは、一目瞭然である。第二次・第三次調査では、第一次調査には見られなかった、引用の助詞の使用や、他の様々な語彙の使用も見られた。また、うなずきも、「うん」に近いものが多く現れた。

　第一次調査時はビルキス先生は「あの先生やさしいからいいよ（ジャミラ、ライラ）」と言及されていたが、第二次・第三次調査時は、「（一部の児童に甘く）えこひいきしている」（例(7-4)など）と言及されていた。ビルキス先生も、第二次・第三次調査時は、第一次調査に比べ児童らがあまり熱心に勉強しておらず、特にイムラーンに一番手を焼いていると述べていた。こうした双方の語りから、第一次調査時と第二次・第三次調査時とでは、関係が少し異なることが伺える。

　また、ジャミラの項でも言及するが、ビルキス先生は自分の息子が持ち帰ってくる学校からの連絡や情報に関して、毎日ジャミラに説明や翻訳をし

てもらっていた。

アリー先生

　アリー先生は、20代後半から30代前半と思われる男性である。モスク教室でクルアーンやイスラームの知識を教えているが、モスクのイマームでもある。録音当時は未婚であった[14]。

　第一次調査時に初めて筆者が他の大学生と共にモスクを訪れたときは、モスクの管理人という役割をもつパキスタン人男性と二人で日本語による質問を受けたが、アリー先生は質問をあまり理解できなかったのか、日本語で説明ができなかったため、モスクの管理人の男性がほとんど答えていて、時々英語でアリー先生が答える、といった具合であった。アリー先生は、イマームではあるが、モスクの運営などの実務的な側面は他の日本人や日本により長く滞在し年長であるパキスタン人の男性がより中心となって行なっているように見受けられた。このことは、児童らにも認識されていた。例えばあるとき、木の棒を持たずに授業をしていると、カリムが「サイフッラーおじさん（モスクの運営に携わるパキスタン人男性の一人。アリー先生よりも年長で、結婚している）に（木の棒を使うなと）言われたんでしょ」と述べたことがあった（アリー先生は笑いながら否定した）。一方で、ビジネスマンであるパキスタン人男性らとは異なり、アラブ圏で学習したイスラームの教義の専門家でアラビア語が話せるため、アラビア語の知識に関して「すごい」や「かっこいい」とカリムが述べたこともあった。つまり、児童らにとってアリー先生は父親とは異なる役割をもつ成人であった。

　アリー先生は、ミャンマー西部の出身で、バングラデシュやシリアでの在住経験があった。ロヒンギャー語を母語としているが、ベンガル語、ウルドゥー語、アラビア語、英語、日本語を話すことができる。筆者が、アリー先生の母語を聞いたときに、ロヒンギャー語だと答えたが、すぐに、"But now, Arabic is my first language" と笑顔で付け加えた。イマームになるにあたって、アリー先生は、シリアで数年間、宗教知識の勉強をしたそうである。あるときの授業で児童らの会話の流れで、アリー先生がかつて都内のあ

る大使館のガードマンをしていたという話になった。児童らは、ガードマンはきっとお給料もいいに違いない、もったいないと述べたが、アリー先生は、お給料よりも大事なことがあり、そのために今はイマームになれて満足していると彼らに対して述べた。

　アリー先生自身には当時子どもはいなかったが、モスク教室に通う児童らの車での送り迎えは彼が行なっていた。アリー先生は、時には授業中に木やプラスチックの棒を手にもって、児童を脅して勉強に集中させようとしていたこともあったが、子ども達と一緒になって何かを楽しむこともまたあった。たとえば、休憩時間中、日によっては、児童ら(特に小学生)と空手[15]ごっこをして遊んだりしており、児童らからも一緒に空手ごっこで遊んでほしいとせがまれることもあった。アリー先生のコミュニティ内での地位や役割に対する児童らの解釈は、児童らの発言からも伺えることがあった。アリー先生は日本の学校の先生と違って話し方や木の棒の存在で児童らを怖がらせようとしていることを、児童らは気に入らなかった。しかし一方で、一緒に遊んだり、お化けの話をしてほしいとせがんでしてもらったりと、ただ宗教的知識を厳しく教えてもらうだけではなく、情緒的な関係も構築されていることが伺える。こうしたこともあってか、シャキール先生に対して児童はより距離をとっているような態度をとった。シャキール先生は、日本語の単語もできるだけ混ぜて英語やウルドゥー語でイスラーム知識を教えていた。しかし、児童らはあまりシャキール先生の話に耳を傾けていなかったり(例(7-4)参照)、日本語で返していたりしていた。シャキール先生は当時20代後半の学生で、児童らに対してなるべく丁寧にやさしく敬意をもって接しようとしていたが、児童らに見くびられていたのかもしれない。例(7-4)に挙げられるように、アリー先生よりも穏やかに授業を進めていたシャキール先生は、新しいメンバーであったこともあったのか、あまり好意的に評価されなかった。シャキール先生とのやりとりでは、アリー先生との場合のような、時には対立やからかいともとれるようなやりとりはなかった。そういった意味で、児童らとアリー先生との間は、文化人類学でいう「冗談関係」(Radcliffe-Brown, 1940)のような関係に似ているように思えた。冗談関係と

は、挑発的な冗談が許されたり、むしろ奨励されたりする関係である。例として、父系社会において、クランの伝承の引き継ぎを行なわない母方オジとの関係がよく挙げられる。

2.3.2 モスク教室における会話の背景

本節では、これまでの在日パキスタン人コミュニティに関する記述、Gモスクとその教室に関する記述、話者の情報では十分に述べきれなかったが、本論文の会話の切片を見るときに参考になる、話者の言語使用ややりとりに関する背景的な知識を挙げる。

児童と教師の言語運用能力

児童と教師は、それぞれの言語の運用能力が異なっている。一日に最も多く使用する言語も、異なっている。児童は、学校やメディアを通して日本語に多く触れる。学校では、授業で日本語を双方向に受信・発信する。家では、日本のアニメやその他のテレビ番組を視聴する。ウルドゥー語を耳にするのは、親やその他の家族、またはモスクでコミュニティの成人や幼児が使用するときである。教師は、児童ほど日本語話者との濃密な接触はない。教師自身も、最も日本語を多く耳にし、最も多く使用するのは、モスク教室で多くの子どもに囲まれる場面である。日本のテレビも視聴するが、わからないことも多いという。また、英語音声に切り替えたりするという。

話者は、一般的に一番流ちょうな言語を用いるのだという見方は、従来の日本の研究者に多い。そのため、移民コミュニティという場は、学校や会社と比べて、比較的インフォーマルな場であったり、エスニック言語を理解する人も多かったりすることから、成人も子どもも、それぞれの母語ないし流ちょうな言語を使用するだろうという推測されることが多い。具体的には、児童は日本語が流ちょうだから日本語、教師は日本語がさほど流ちょうではないからウルドゥー語または英語、といった言語使用が行われていると推測される。

しかし、特に第4章にて詳しく例を挙げるが、本データには、運用能力

のみがきっかけとなる CS は多くはなかった。自分の運用能力で伝えられないことは伝えないし、相手の意図が通じていないことを必ずしも相手に伝えないようである。このことは、授業が、相手の状態をうかがうあいさつや、情報交換の場というよりは、その場にそれぞれ教師と児童の役割を担って参加する—より具体的にいえば教師からの指示に沿うことで児童ら何らかの知識を身につける場であったことが関係していると考えられる。言葉によるコミュニケーションで、双方の完全なる了解がなくとも、児童が自発的に座ったり教科書を開いたりすることで、また教師がそれを黙認することで、授業は開始される。そうした点において、教室内の自然談話は、これまでの実験的な二者間の会話のデータとは異なる。

教師の言語選択

　移民コミュニティの継承語・継承文化教室では、継承語を使うことが奨励されることが多いといわれる。例えば英国で研究された多くの補習教室も、継承語の使用を教室内で教師が推奨していた (Creese and Blackledge 2011)。教師は、バイリンガル児童にも、ウルドゥー語と日本語の両方を使っていた。児童には特に何語を使用するように指示しなかった。二人ともバイリンガル児童に対しても日本語を使っており (c.f. 山下 2009)、その頻度とパターンはまちまちである。またビルキス先生に対する児童らの質問は、1 年半の間で日本語が急激に増えウルドゥー語が減少したことがわかっている (第 3 章)。

　一般に、教室での教師の談話というものは、I-R-E のパターン等が知られている (Mehan 1979)。I-R-E のパターンとは、Initiation-Response-Evaluation のことで、I と E が教師によって行われる。しかし、教育界でも言われているように、教室内での言語使用はこうしたパターンに限らない。また、放課後の小さい教室であることや、一般的な日中に通う学校よりも制度らしさの点でややゆるやかだったことがあってか、児童同士のおしゃべりや、教師との学習以外に会話といった言語使用がよく見られた。

　それぞれ教師としての役割を意識して、教室を受け持っているが。アリー

先生とビルキス先生とでは、各言語の使用頻度や、方略が異なっていた。アリー先生は、第一次調査年および第二次・第三次調査年どちらでも、日本語とウルドゥー語をそれぞれ使っていた。ビルキス先生は、なるべく英語で指導しようとするものの、ウルドゥー語や日本語も交えて使用していた。

　第一次調査と第二次調査では、ビルキス先生の各言語の使用の割合は異なっていた。ビルキス先生の日本語に関しては、第二次調査の方が、英語の語彙の意味を日本語で教えることが増えたことがわかっている(山下2009)。

　ビルキス先生は英語とウルドゥー語のCSをよく行ったが、そのことに関して特に分析を行なっていない。いくつかの英語の語彙や、文の切り替えが南アジアにおいて慣習的に使われている。しかし、ビルキス先生の児童に対する言語使用は、児童が英語を理解しないということから、Gumperz (1982)に挙げられた例のように南アジアの大学で英語が流ちょうな話者の集団で行われるCSが同じように行われているのではなく、むしろ教師として児童の英語能力を伸長させたり、児童に対して権威を見せたりするためのものであると筆者は考える。このことは、もちろんビルキス先生独自の言語使用ではなく、南アジアで一般的に行われており、ビルキス先生もそのような教育を受けたのではないかと考える。

児童の言語選択

　児童は、授業中は教師に対して日本語を使用することが多い。しかし、ウルドゥー語が使えないと教師に宣言しているわけではない。例えば、イムラーンが、英語のタスクがわからないので、ビルキス先生に「ウルドゥー語で言って」と述べたり(第二次・第三次調査年)、英語の物語テクストの意味を理解したかどうか聞かれ、ジャミラが、ウルドゥー語で言う、と宣言して、ウルドゥー語で説明したりしたこともあった(第一次調査時)。こうしたエピソードからは、児童らは英語はわからなくても、ウルドゥー語なら十分通じること、そしてそのことを教師に対しても知らせていることがわかる。

モスク教室内の談話について

　モスク教室内の談話では、様々なことが起こっている。まず、内容から、「学習（タスク）」と「タスク外の話」にまず大まかに分けられる。「学習（タスク）」には、複数の種類がある。英語の授業では、ビルキス先生が教科書のテクストを読んだり、テクストを読ませたりする。さらに、教科書にあるタスクを、口頭で児童に質問したり、筆記で児童らにさせたりして、口頭で答え合わせをする。クルアーンの授業では、多くは個別の音読で、順番にアリー先生が児童をまわって発音を確かめたり、後に続いて読ませたりしている。そのほかにも、一斉音読や、発表会の準備のための個別の練習（日本語によるイスラームの概念の解説）といったものが見られた。「タスク外の話」とは、文房具や児童の生活、学校生活、コミュニティの話などの話で、教師を交えたものもあれば、児童同士のみのものもある。教師から始まるものもあれば、児童から始まるものもある。

　さらに、「児童への対応」、「学習（タスク）に対する児童の反応」もある。「児童への対応」とは、児童らがおしゃべりをしていたり、学習以外のことをしていると思われる際に教師が注意することである。

　授業は一方通行というわけではない。「学習（タスク）」は主に教師が主導となるが、音読やタスクの確認、答え合わせの際に、「学習（タスク）に対する児童の反応」も多く見られる。児童らは、タスクの理解ができていないときに教師や他の児童に確認したり、確認の要求に対して応じたり、他の児童が行なっている確認の要求や質問に便乗して自らも確認の要求や質問をしたり、自らの進捗状況を報告したりと、様々な言動をした。

　教室外では情報の交換が重要な場面は多くあるだろうが、英語やアラビア語の読み書きが教えられる本教室では、情報の交換に必要な表現は意外と多くない。知識の教授という一定のタイプの言語行動が行なわれる場合、同じ表現の、複数の言語での言い方を、それぞれの話者が知っており、それらを選択する可能性が存在することになる。

　「タスク外の会話」は、授業中にも多くなされていた。ジャミラとライラによる、授業に関係ない発話の多くは、一方的な語りではなく、交互にター

ンを交替がするような、一般的な会話である場合がある。学校のことや、自分が何が好きか、といった話をし、多くの場合は他の児童らが何らかの反応をする。カリムとイムラーンは、そのような一般的なたわいのない会話の他にも、多くの「ふざけた」発言をし、他の児童の反応を待つこともあった。具体的には、ジョークや言葉遊びを単発的に発話することがよくある。そうした「ふざけた」発言に対して、他の児童が必ずしも反応するわけではないが、カリムに比べ、イムラーンの「ふざけた」発言の方が数が多く、よりジャミラやライラの反応を得られることが多かった。タスク外の話は、必ずしも他の児童の反応が得られないこともあったし、そもそも反応が必ずしも期待されていないと考えられる発話もあった。

注

1 2013 年 2 月 23 日、富山県富山市にて、千葉大学大学院人文社会科学研究科・福田友子氏より。

2 実は、インド・パキスタンにおける「出身地域」ないし「故郷」の概念は、日本のものと少し異なる。特に、親世代が分離独立の際の余儀なくされた国境を越えた移動を経験した人も多い。自身がそこで育たなかったにもかかわらず、先祖がいた村や都市を「故郷」とする人もいるという(2014 年 2 月 7 日、インド・ハイデラバード市にて、国立国語研究所教授・プラシャント・パルデシ氏より)。筆者が話をしたデリーで生まれ育ったインド人ムスリムも、出身を聞かれた際に、異なる地域を挙げた。

3 2013 年 2 月 23 日、富山県富山市にて、元東京外国語大学教授・麻田豊氏より。

4 別な機会に、この男性の妻は、「家庭で二言語を使うとよくないから、日本語のみにしなさいと(日本の)医者に言われた」と述べており、当時はこの家庭内では子どもには両親とも日本語で話していた。

5 ウルドゥー語は、アラビア文字に、ペルシャ語やウルドゥー語特有の音の表記を加えた文字体系で表記される。アラビア文字には複数の書体があるが、イランおよびパキスタンでは、右上から左下に流れるような、日本語で言えば草書のようなナスターリーク体が好まれ、新聞から人々の手書きメモにまで使用される。ナスターリーク体のウルドゥー語は、OS でプリインストールされていない。そのため、この在日パキ

スタン人メディアで用いられているナスターリーク体は、全て画像としてホームページに貼り付けてある。一方で、アラビア語で用いられるナスフ体は、一字一字の境界がよりわかりやすく、流れも右から左とナスターリーク体よりは水平である。どのOSでも見ることができるため、NHK WORLD のウルドゥー語版や Wikipedia のウルドゥー語版などにも用いられている。ナスフ体でもパキスタン人はウルドゥー語を読むことができるはずなのだが、あえてパキスタン本国のようにナスターリーク体を選択しているところに、メディアのパキスタンらしさへのこだわりが見られる。

6　一部コミュニティ成員の会話や、掲示において International School と言及されることもあったが、同一の教室を指しているようである。この言及のされかたからも、この教室が、日本の学校に通う子ども達の補習教室ではなく、彼らの望む教育を全て一貫して行う制度を目指していることが伺える。

7　クルアーンは、イスラーム教徒の聖典であり、アラビア語で書かれている。クルアーンの言葉は神の言葉そのものなので、全世界のイスラーム教徒は、母語・母国語に関係なく、アラビア語で書かれたクルアーンの言葉を神聖視している。クルアーンの授業とは、アラビア語で書かれたクルアーンの音読を行う授業である。アラビア語の文を読むことになるが、書かれたアラビア語の語句を逐次学習するわけではない。

8　学期中は中東などで母子が(親族等と)暮らし、父親が日本と中東やパキスタンを行ったり来たりして働いている家族には、母子が夏期や一定の時期だけ日本に滞在するケースがある。母親が日本人の場合もあれば、両親とも非日本人の場合もある。

9　筆者の記録の限りでは、女子児童にも *betii*(娘)ではなく *betaa* と呼んでいるに聞こえたという記述が残っており、はっきりと *betii* と呼んだ記録はない。

10　例えば、モスクに集まる女子児童の間で頻繁に使用されていた「うち(アクセントは平板型)」の一人称的な使用は、筆者が彼女らと同年代のときもよく使用されていた。

11　以下の 2 つの場合である。(1)非標準的なウルドゥー語を使用し、その非標準的な特徴が意味をなす場合。(2)標準ヒンディー語では指示代名詞の体系は、*yeh/voh/ye/ve*(近称単数・遠称単数・近称複数・遠称複数。表記に現れる h は発音されないので、yeh/ye の音声的対立は聞かれることはほとんどない)の 4 つであるが、標準ウルドゥー語では、*ye(h)/voh* のみと言われる。*ve* が見られなかったので、*ye/vo* で示している。

12　頭髪を隠すスカーフ。

13　体の線が見えないような、大きめのワンピースのようなコート。

14　イスラームにおいて結婚は信仰の半分といわれ、男性であり、家族を養えるようであれば、結婚するのが当然であると考えられている。

15　筆者の英国滞在でも感じたことだが、柔道や空手などの日本の格闘技(およびカン

フーやテコンドーなど広く東アジアの格闘技)は南アジア人に人気である。モスクで
も、カリムらの父親が、柔道部所属というモスク内の児童に対して「うちの息子(カ
リム)にも今度柔道を教えてください」と述べていたことがあった。

第 3 章
言語選択の量的分析
—どの言語をどれだけ使うのか

　複数の言語を使い分けている本データのバイリンガル児童は、どの言語をどの頻度で使っているのだろうか。また、発話状況のどのような属性が、彼らの言語使用(特にその量的特徴)を左右していると考えられるのだろうか。本章の目的は、そのような問いに答えるべく、児童の質問形式の言語別頻度を見ることによって、児童らの言語選択の量的な側面を明らかにすることである。

　3.1 節では、質問を数える方法と、用いたデータに言及する。3.2 節では、第一次調査と第二次調査とで、ジャミラ、カリム、ライラの言語選択がどのように異なっていたかを検討する。3.3 節では、第一次調査と第二次調査それぞれで、彼らの言語選択に他の参加児童の影響があったかを、授業日間の比較、およびイムラーンの言語選択との比較を行なうことにより検討する。

3.1　方法と使用データ

　本章では、質問表現の数を数えることで、児童らがどの言語をどれだけの頻度で使っているかの目安を測った。分析に扱うデータは、質問の表現の多かったビルキス先生の授業(第　次調査の 4 日分、第二次調査は 5 日分)である。このデータ内の質問の表現のトークンを数え、話者、会話参加者、授業日、使用言語ごとに量的な分析を行う(ただし、3.3.2 節では、イムラーンの言語使用も対照させて分析を行なう。)。3.1.1 節にてその方法、3.1.2 節にてそのデータについてを述べる。

3.1.1 方法

　どの言語でも使用できる文脈(発話相手が教師であったり、発話相手が誰でもよかったりした場合)の質問における言語選択を、授業日(≒教室に参加していたメンバーの違い)ごとの横断的な視点、また年ごとの縦断的な視点から分析する。具体的には、第一次調査と第二次調査とでのデータの比較、児童間での比較、非バイリンガル児童がいた日といなかった日の比較を行う。ここでの量的な分析は、統計的な検定に耐えうるほどのデータの量がない部分もあるが、検定が行えるところに関しては、検定結果も示している。

質問の量的分析を行う理由

　本章では、児童の自発的な言語選択の傾向を理解するために、質問表現の度数(トークン)を数えることにした。質問表現を数えた理由は、次の通りである。

> (1)前の発話で選択された言語に比較的影響されづらい(言語選択の自由度が高い)
> (2)内容が明瞭であることが多いため、言語運用能力の高低による影響を受けにくい
> (3)頻度が一定数あった
> (4)形式から定義しやすいので数えやすい

　児童らがもしランダムにそれぞれの言語で質問を行っていたとしたら、日本語、英語、ウルドゥー語の質問は、それぞれ全体数の3分の1ずつになるはずである。しかし、実際にはそういうことはなかった。筆者は、まず形式において何らかのパターンが見られるかどうか吟味した。具体的には、一語の質問表現が特定の言語に偏るのか否か、また特定の機能・意味を担う質問の言語別頻度に偏りがあるのか否かについてを検討した。しかし、どちらにおいても、特定のパターンは見いだせなかった。一語の質問表現は、どの言語にも見られた。質問のタイプも多岐に渡り、いくつかの質問は複数の言

語で見られた。

「質問」の定義

質問の定義は、疑問詞と、文末イントネーションを上げた表現とした。疑問詞が入っているものは、その疑問詞ひとつごとに質問がひとつ、と見なした。疑問詞のほかには、文末のイントネーションが上がって確認を促しているものも、質問がひとつあったとした。ただし、前の発話の一部分を繰り返した、確認を要求する表現は除いた（英単語の確認など）。なぜならば、確認を要求する表現は、言語の選択に自由度がなく、前の発話の言語に左右され、言語選択が「自発的」といえなくなるからある。また、日本語の「え？」は除外したが、「ん？」は含めた。なぜならば、「ん？」は、相手の応答を要求していることが多いが、「え？」は相手の応答を要求しているかどうかは、明確ではなかったからである。

質問の発話相手に関して

複数人が参加する会話では、ある質問が誰に向けられたのかはわかりづらいことが多い。観察をしていても、参加者それぞれが座って作業することや、テクストやノートなどの道具が介在していることから、必ずしもそれぞれの発話者が、顔を向けたり視線を合わせたりして発話相手を限定しているわけではない。そのため、教師を呼ぶことによって、明らかに教師に向けられたと解釈できるもの、それから、特に発話相手を指定していない曖昧なもの、両方を数えた。

3.1.2 使用データ

第一次調査のデータは4日分(180分)全て使用した。一方で、第二次調査のデータは、第一次調査のデータとだいたい長さを合わせるため、5日分(191分)を使用した。それぞれの授業日の録音分数は、次の表2の通りである。

表2　授業日と出席した児童の内訳

調査時	第一次調査				第二次調査				
授業日 [1]	1A	1B	1C	1D	2A	2B	2C	2D	2E
時間(分)	57	46	50	27	50	45	32	24	40
バイリンガル児童の人数 [2]	3	3	3	3	4	4	4	4	4
非バイリンガル児童の人数 [3]	1	1	0	1	0	0	0	0	0

　第一次調査と第二次調査とでは、以下に記す、いくつかの条件ないし状況の違いがある。

- ・第一次調査時はビルキス先生との接触はまだ十分ではなく、ビルキス先生はまだモスクの「新しいメンバー」であったが、第二次調査時はビルキス先生と児童らは十分に時間を共に過ごしており、関係が生まれていると考えられる。
- ・第二次調査時のビルキス先生の日本語運用能力は第一次調査時よりも向上していた。
- ・第一次調査時には、ジャミラら兄弟のみ参加の日があった。
- ・第一次調査には、非バイリンガル児童が参加していた日があった。
- ・第二次調査のほとんどは、バイリンガル兄弟と、もう一人新しいバイリンガル児童のみが参加している日であった。
- ・第二次調査時には、児童らは年齢が1年半上がった。

3.2　年別の比較(縦断的視点)

　分析の結果、第一次調査と第二次調査とで、言語使用に大きな違いが見られた。また、授業日(教室に参加していた非バイリンガル児童の存在・不在)によっても、多少の違いが見られた。

3.2.1　各言語の割合

　第一次調査のデータには質問は202例見られたが、第二次調査のデータには149例にとどまった(表3、図2)。つまり、全体的に第二次調査の方

が、11分録音時間が長いにもかかわらず、質問の数が26.2%少なかったことになる。質問の数はタスクや内容によって変わるものであると考えられるので、必ずしも質問の少なさのみでは、授業態度ははかれない。

全体的な言語選択としては、第二次調査では、第一次調査よりも日本語が圧倒的に増え、ウルドゥー語や英語が圧倒的に少なくなったことがわかった（表3、図2、図3）。言語別に増加率をみると、日本語が63%、ウルドゥー

表3　言語別・年別の質問数

年	日本語	英語	ウルドゥー語	計
第一次調査	82	25	95	202
第二次調査	134	1	14	149
計	216	26	109	351

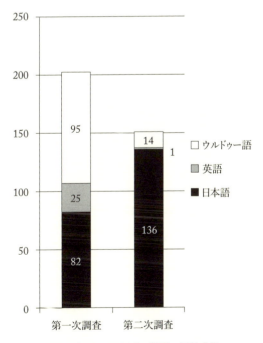

図2　年別・言語別の質問の累積度数

語がマイナス85%、英語がマイナス96%である。第一次調査のデータと第二次調査のデータでは、カイ二乗検定でも有意差が見られた[4]。第一次調査における質問の各言語の割合を見ると、日本語が全体の47.0%、ウルドゥー語が40.6%を占めていた(図3)。一方、第二次調査では、日本語が全体の約90%を占め、割合としてほぼ倍増したといえる。一方で、第二次調査におけるウルドゥー語の質問の割合は、第一次調査で占めていた割合の4分の1にまで落ち込んだ。また、英語の質問は、第一次調査で25、第二次調査では1つのみと、大幅に減少した。

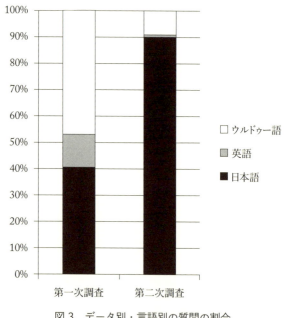

図3　データ別・言語別の質問の割合

3.2.2　データ別・話者間の比較

　三人の言語使用を第一次調査、第二次調査それぞれで比較すると、発話の数に関する個人差があった。質問の発話の総数を見ると、第一次調査ではカリムはジャミラの約二倍、ライラの約三倍の質問をしていたが、第二次調査

では彼女らの半分以下しか質問をしていない。

　しかし、カリムの発話数が第一次調査、第二次調査の両データにおいてジャミラやライラと大きく異なるのにも関わらず、彼がそれぞれの言語を選択した割合は、ジャミラやライラのものと大きく違わない。

　第一次調査のウルドゥー語の使用の割合は、カリムが52%、ジャミラが42%、ライラが38%であった。三人の中で一番ウルドゥー語が得意と言われるジャミラ、そして一番不得意といわれるライラは、若干の差は見られるものの、ほぼ似た割合でウルドゥー語を使っている。

　第二次調査では、カリムがジャミラとライラのそれぞれ半分程度しか質問を発話していないのに対し、やはりそれぞれの言語を選択した割合は、同程度といえる。

　この結果は、絶対的な年齢が、言語選択に関係していないことを示唆する。ジャミラはカリムより一歳年上、ライラはカリムより二歳年下である。先述の通り、第一次調査時の三人は似たような言語選択を行っていた。一方で、第二次調査時のライラは、第一次調査時のカリムとほぼ同じ年齢である。第二次調査時のライラは第一次調査時のカリムとは同じ言語選択はしていない。第二次調査時のライラは、第二次調査時のジャミラとカリムと同じような言語使用をしている。このことからも、絶対的な年齢ではなく、互いの相互作用が彼らの言語選択を決めており、同じように変化することが示された。また、図5と図6を見る限り、ジェンダーの差もないようである。

表4　データ別・話者別・言語別の質問表現の度数(イムラーンを含む)

	第一次調査			第二次調査				計
	ジャミラ	カリム	ライラ	ジャミラ	カリム	ライラ	イムラーン	
日本語	17	44	21	56	22	58	34	252
英語	12	10	3	1	0	0	1	27
ウルドゥー語	21	59	15	9	2	3	0	109
計	50	113	39	66	24	61	35	388

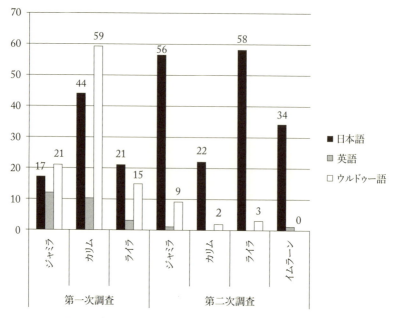

図4 データ別・話者別の質問の度数（イムラーンを含む）

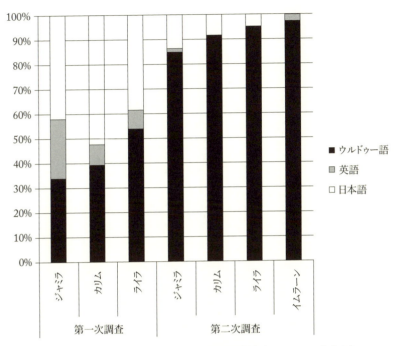

図5 データ別・話者別・言語別の質問の割合(イムラーンを含む)

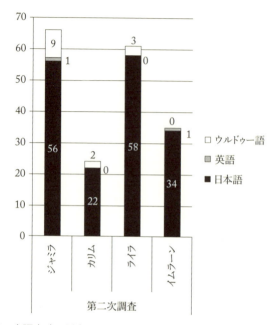

図 6　第二次調査時の話者別・言語別の質問の累積度数(イムラーンを含む)

3.3　授業日別の比較(横断的視点)

　本節では、授業日別による、ジャミラ、カリム、ライラの言語選択を比較する。また、授業日の違いは、三人以外に参加していた児童の違いでもある。そのため、まず三人の言語使用の全体を概観する。その次に、他に参加していた非ウルドゥー語話者児童の存在が、この三人の言語使用に影響を与えていたのかを検討する。最後に、第二次調査のデータのみに参加したイムラーンの言語選択を概観するとともに、先の三人とイムラーンとはどのように言語選択の上で共通点や相違点があるか、また、イムラーンが三人の言語選択に影響を与えたのか、それとも逆で三人がイムラーンの言語選択を規定したのか、存在するわずかな情報の範囲内ではあるが、検討する。

3.3.1 授業日による三人の言語使用

第一次調査時のそれぞれの言語の使用の比率は、日によってまちまちで
あった[5]。一方で、第二次調査時の各言語の使用の比率は、日による差はな
かった[6]。第一次調査時では同席していた話者にばらつきがあったのに対
し、第二次調査時はほぼ同じメンバーであったことを考えると、同席してい
た他の話者の違いで、三人の言語選択が左右された可能性を示唆する。

第一次調査のどの日も、第二次調査のどの日よりウルドゥー語の使用が多
かった。また、第二次調査のどの日も、第一次調査のどの日よりも日本語の
使用が多かった。

第一次調査時は、最も頻繁に使用された言語が日によって異なっていた。
1C と 1D は、ウルドゥー語が最も多く使用された。この2つの日は、非バ
イリンガル児童がほとんどいなかった日である。1C はバイリンガル児童の
みの日で、1D はバイリンガル児童一人と非バイリンガル児童が授業の半ば
に遅れて参加した。1A と 1B は、日本語が最も使用された。第二次調査の
データでは、どの日においても日本語が最も使用された。

具体的には、ライラの第一次調査時の言語使用は、日々異なっている[7]。
この違いは、4日のうち2日(1B および 1D)にナディアがいたことが関係し
ていると考えられる。ライラは、1A および 1C の日にはウルドゥー語を使
用しているが、1B および 1D ではあまり使用していない。1D で発話したウ
ルドゥー語の質問は、遅刻した際に2回発話した 'aaye t'e (彼はいらっしゃ
いましたか)" である。1B および 1D では、ライラの言語選択は、ちょうど
1B と 1D のみに参加していたナディアの影響がある可能性がある。また、
ライラの質問の総数が、カリムとジャミラよりも少ないことも、ナディアと
のおしゃべりに集中していた影響である可能性がある。

2.3 節で述べたように、ライラの母親はライラのウルドゥー語運用能力に
低い評価を下していたが、言語運用能力は彼女の言語選択に大きな影響を与
えていないようである。1C ではジャミラやカリムと同じ程度の頻度でウル
ドゥー語での質問を行っており、数から見ればジャミラよりも多いくらいで
ある。また、第二次調査時のウルドゥー語による質問の数も、ジャミラとほ

ぼ同じである。2A と 2B ではジャミラおよびカリムよりも多く質問を発話
した。つまり、第二次調査時は、ナディアのいた第一次調査時よりも授業の
タスクに積極的であったといえる。

9日間で、度数およびその割合において、最もウルドゥー語が使用された
のは、第一次調査の 1C の日である。数でいえば、1A や 1D の倍の数が現
われ、割合でいえばそれぞれの日よりも 1.5 倍以上多く使われた。1D の日
には、日本語の質問は 20％を切っており、これは割合でいえば他の日の半
分以下である。

たった4日の言語使用を量的に解釈するのには、方法的に検証が難し
い。統計的には実証ができないが、1C と 1D の両日において 1A および 1B
とは大きな差異が見られた。1C と 1D の一部は、家族メンバーと教師のみ
という、非常に限定的な空間が構築されていたことを考えると、家庭内のよ
うな雰囲気になり、ウルドゥー語が situational または metaphorical CS とし
て選択しやすくなった可能性がある。

表5　授業日別の3人の質問の度数および割合

	1A	1B	1C	1D	2A	2B	2C	2D	2E
日本語	26 (49.1%)	27 (62.8%)	11 (18.3%)	18 (39.1%)	36 (85.7%)	31 (93.9%)	15 (100%)	8 (100%)	37 (88.1%)
英語	6 (11.3%)	3 (7.0%)	8 (13.3%)	8 (17.4%)	0	0	0	0	1 (2.4%)
ウルドゥー語	21 (39.6%)	13 (30.2%)	41 (68.3%)	20 (43.5%)	6 (14.3%)	2 (6.1%)	0	0	4 (9.5%)
合計	53	43	60	46	42	33	15	8	42

第 3 章 言語選択の量的分析 95

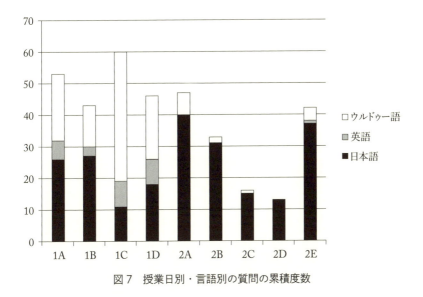

図 7 授業日別・言語別の質問の累積度数

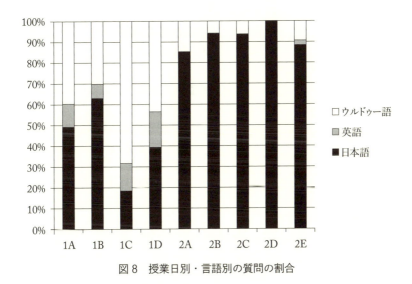

図 8 授業日別・言語別の質問の割合

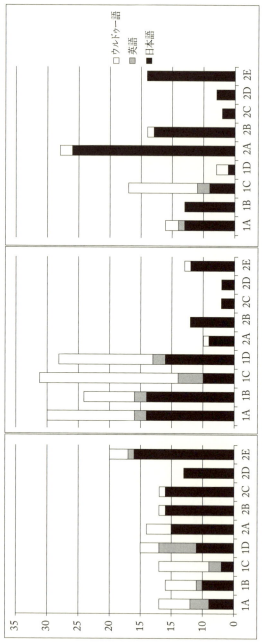

図9 話者別・授業日別・言語別の質問の割合
―左からジャミラ、カリム、ライラ―

3.3.2 他児童の影響

　第一次調査には非バイリンガル児童が参加していた日があった。この二人は、質問は全て日本語で行った。また、ナディアは、ほとんど質問をしなかった。

　ナディアがいる日(1B, 1D)のライラの質問は、日本語のものが多かったと先に指摘した。

　しかし、他の児童なら誰でも彼ら三人の言語選択に影響を与えるわけでもなさそうである。なぜならば、フセインがいた日(1A)のカリム、ジャミラ、ライラの言語選択は、特に 1B, 1C, 1D と比べて大きな違いが見られない(図7)。フセインとカリムは、同じ男子児童として、隣同士になり、会話もしていた。しかし、同年代で以前より仲の良いライラとナディアほどの影響は互いになかったのかもしれない。カリムは、学年や出身地／文化が大きく異なり、モスク教室やモスク内のイベントであまり一緒にならないフセインとは、ライラとナディアほどには親しくなく、言語使用も影響されなかった可能性がある。

3.3.3　イムラーン(第二次調査)の言語選択

イムラーンの言語使用

　イムラーンの言語使用は、他の三人とは少しずつ異なる。質問の数に関しては、カリムが 24 であったのに対し、イムラーンは 35、ライラが 61、ジャミラが 66 であり、イムラーンはちょうどジャミラら 2 人とカリムの間である(表4)。イムラーンは 2A および 2E の日、授業中に「もう俺は英語やるのやめた」と言って出て行ってしまったため、一部イムラーンがいない時間があった。その点を鑑みても、イムラーンはカリムより質問を多く発話したといえる。

　イムラーンは、ウルドゥー語が流暢であり、一度ビルキス先生に対して説明を「ウルドゥー語で言って」と述べた。しかし、一度もウルドゥー語で質問していない(図4、図9)。書き起こしデータの行数をざっと数えてみても、イムラーンはカリムの二倍ほど発話しているように見えるのに、こうし

た選択を行なっていることは、イムラーンとジャミラら三人との関係性や、イムラーンが教室内でどのように振る舞おうとしていたかに関係している可能性がある。

イムラーンの与えた影響

　第二次調査時はイムラーンの存在以外にも、児童の年齢やビルキス先生との関係性など、多くのことが第一次調査時と異なったので、第二次調査時の児童らの言語選択をイムラーンの存在のみに求めることはできない。しかし、イムラーンとカリムは、同じ学年、同じ年齢、同じジェンダーであるため、休み時間や、モスクのイベントでも、行動を共にすることが多い。イム

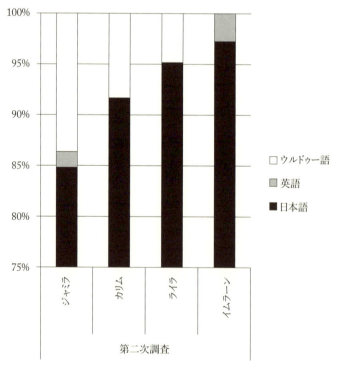

図10　イムラーンを含めた、第二次調査の話者別・言語別の質問の割合

ラーンの存在は、カリムの言語選択に影響を与えている可能性はゼロではない。イムラーンがいなかった時間帯(2A および 2E の日)のカリムは、ウルドゥー語で質問している。このことを、参加児童がバイリンガル児童三人のみになった第一次調査の 1C の日にウルドゥー語が多かったことと照らし合わせてみると、イムラーンの存在が、カリムの言語選択に影響している可能性はある。一方で、カリムの言語選択が、イムラーンに影響を与えたかは、イムラーンはいるがカリムがいないというデータはないので、わからない。

3.4　3章のまとめ

　ジャミラ、カリム、ライラの三人は、第一次調査時にはウルドゥー語を最も多く使用していたのに対し、第二次調査時には日本語を最も多く使用した。第二次調査時、児童らは、ウルドゥー語を忘れたわけでもなく、また英語の運用能力も向上したはずである。それにも関わらず、ウルドゥー語や英語の質問が減ったのには、運用能力以外の原因があると考えられる。本章では、3.3.2 節に第一次調査時の非バイリンガル児童、3.3.3 節に第二次調査に参加したバイリンガル児童イムラーンといった、他児童が同席していたことが、児童にわずかに影響を与えている可能性を示した。特に、同年代で同じ性別の児童―ライラとナディア、カリムとイムラーン、という組み合わせで、言語選択の違いが大きく見られることを示した。本章で挙げられなかった三人の言語選択の変化の大きな理由のひとつに、ビルキス先生と児童らの関係の変化がある。ビルキス先生と児童らとのコミュニケーションは、第一次調査時には相対的に穏やかであったのに対し、第二次調査時の方がより距離の縮まっていながら、緊張関係にあるように見うけられた。この可能性については、量的には扱えないので、4章以降の質的分析において、児童らがCS をいかに利用して会話の参加者との関係をふまえながら自分の意見を述べているか見ていく中で探ることができると考える。

　授業日間の比較からは、第一次調査時のバイリンガル児童三人(兄弟)のみの日が、児童らのウルドゥー語の質問が最も多い日であったことがわかっ

た。

　他の児童の影響に関しては、以下の4点がわかった。

　　(1)ライラと仲のよい非バイリンガル児童ナディアは、ライラのウル
　　　　ドゥー語使用の頻度を下げた可能性がある。
　　(2)年齢と民族が異なる上、日頃から接触の少ない非バイリンガル児童
　　　　フセインの存在は、三人の言語使用に影響を与えていない可能性が
　　　　ある。
　　(3)バイリンガル児童イムラーンの存在は、カリムの発話やウルドゥー
　　　　語使用の頻度を下げた可能性がある。
　　(4)イムラーンが質問において三人の児童に比べて最も日本語を多く使
　　　　用し、ウルドゥー語を一切使用しなかったこと、イムラーンが教室
　　　　において質問以外で多くの発話をしていたことは、イムラーンが三
　　　　人の言語選択の傾向(日本語が多い)の牽引役となった可能性を残
　　　　す。

　第二次調査時の三人およびイムラーンの言語選択からは、ウルドゥー語や
英語の運用能力に関係なく、児童らが日本語を選択して教師に質問をする傾
向があることがわかった。また、四人の言語選択のパターンは、両年ともそ
れぞれ共時的に似通っていた。これは、個々人で独自の方針に従って言語選
択を行っているのではなく、全員が同じようなパターンのもとで言語選択を
行なっていたことを示唆する。つまり、他の児童の存在や、それぞれの性格
や兄弟間の役割が、多少は関わっていたとしても、大きな方向としては、児
童らは言語選択のパターンをある程度共有していたといえる。

注
1　1Cの日は、間に礼拝休憩を挟んだため、データが2つになっている(それぞれ44分

と 6 分)。

2 　1D の日は、ライラが遅刻し、授業開始 14 分後からの参加となった。

3 　1D の日は、ライラに同じく、非バイリンガル児童のナディアが遅刻し、授業開始 14
　　分後からの参加となった。

4 　カイ二乗検定の結果は $p < 0.01$, $\chi^2(2) = 88.89$。

5 　カイ二乗検定の結果、有意差あり $p < 0.01$, $\chi^2(6) = 24.654$

6 　カイ二乗検定の結果、有意差なし、$\chi^2(8) = 6.596$。

7 　カイ二乗検定において有意差あり ($p < 0.05$, $\chi^2(6) = 16.188$)

II
コードスイッチングの語用論的な機能

第4章
運用能力はコードスイッチングに影響を与えるのか

　第3章では、日本語、ウルドゥー語、英語のどの言語ででも発話できる可能性が高い質問表現を数えることによって、児童が教師に対してどの言語で発話をしていたのかを見た。その結果、言語の切り替えを行なっていることはわかったが、実際の場面では、その切り替えが、発話相手である教師に対して運用能力を調整した結果なのか、それとも何らかの機能や役割や意味をもって行なわれているのか、量的分析からはわからない。本章では、CSが会話の流れにおいて逐次行なわれていること、そのCSがどのように有機的に次の発話とつながっているかということをを質的に示す。具体的には、児童と教師との間のやりとりにおけるCSが、必ずしもそれぞれの言語運用能力への明示的な配慮や、言語運用能力の差異の溝を埋める行為ではないことを示す。

　本章で用いるデータの切片は、主に三言語の使用が多く見られた第一次調査において、授業における確認の質問を中心としている。特に、同じ会話の流れにおいて複数回行っていたり、ダイクシス表現を使ったものを挙げている。

　本章では主に運用能力に関係がないとされるCSを挙げるが、運用能力に関係があるCSも全くないわけではなく少数だが存在していることを、4.2節以降と対比させるために、4.1節で示す。4.1節では、教師が発話を理解していないと感じた児童がウルドゥー語を使用してトラブルを修復したと考えられる例を3つ挙げる。しかし、4.1節で見るような、明らかに教師の誤解を解くためにウルドゥー語や英語が使用された例は多くないため、4.2節と4.3節では、誤解を解く以外のCSの例を見る。4.2節では、理解のため

というより、教師と児童の双方が同じものに注意を向けている状態を構築したり保証したりするためにウルドゥー語を使用したと考えられる例を3つ挙げる。4.3節では、一見フォリナートークに見えるが、教師の注意を引いて会話に必要な共同の注意を構築しようとしていると考えられる英単語を使用した発話の例を分析する。これらの例で使われるのは、必ずしも難しい単語ではなく、教師も日本語でもよく知っている単語であった。すなわち、運用能力自体が動機となって、誤解を防いだり理解を促進したりするためにCSをするのではなく、教師の関心を引くという会話における認知的な共通基盤を構築するためにCSが使用されていると考えられる。4.4節では、児童と教師のやりとりの上で、運用能力自体を説明の要素として使用できないケースを多く挙げる。それは、教師から日本語の語彙を尋ねたり、ある英語の語のウルドゥー語での言い方や日本語での言い方を互いに聞いたり、理解し合わない状況が児童によって作られた例である。

4.1　運用能力の考慮と考えられるコードスイッチング

　教師と児童の会話では、それぞれの日本語と英語の運用能力が大きく異なる。そのため、児童の日本語の発話が教師に通じなかったり、教師の英語の発話が児童に通じなかったりすることがあった。こうした場合に、それぞれがその部分の意味を明白にすることは、さほど多くなかった。互いに、わからないところは無視することが多く、わかりたいときにのみ尋ねていた。

　最も効率的にコミュニケーションを進めるためには、ウルドゥー語が最適だと児童は感じていた可能性がある。第一次調査時には、ジャミラが自発的に、英語の教科書のテクストの意味を理解していることをウルドゥー語で言う、とウルドゥー語で宣言した後、宣言の通りにウルドゥー語で説明したことがあった。第二次・第三次調査時には、「ウルドゥー語で言って」とイムラーンが言い、ビルキス先生がそれに従ってウルドゥー語で言ったことが一度あった。児童のこの考えは、次の2例にも現れている。

第4章　運用能力はコードスイッチングに影響を与えるのか　107

（4-1）　ALL of you ってどういう意味 ［1B 485-488］

01 カリム ；　　　先生 'all of you' ってどういう意味？

02 ビルキス ；　　みんな、みんな、みんな。

03 カリム ；　　　*'all of you' kaa matlab kyaa hai?*
　　　　　　　　　（*all of you* ってどういう意味？）

04 ビルキス ；　　'all of you' matlab 'みんな'
　　　　　　　　　（all of you の意味は "みんな"）

　カリムは、ビルキス先生に英語の"all of you"というのはどういう意味か
を聞く。ビルキス先生は、日本語で答える。この言語選択が意外だったの
か、あるいは、カリムは異なる答えを予測していたのかはわからない。しか
し、カリムが何らかの意味上のトラブルを感じ、修復をしていることは、ビ
ルキス先生の日本語による答えがあったにもかかわらず、再度ウルドゥー語
で質問しなおしていることから明らかである。ウルドゥー語による日本語と
同じ意味を持つ表現は、教師に意味が通じていないとカリムが解釈した可能
性を示唆する。

（4-2）　S-H 一個しかない ［1D 524-529］

01 カリム ；　　　teacher, 'S-H' 一個しかないよ

02 ビルキス ；　　hn.

03 カリム ；　　　*'S-H' k'aalii ek hai.*（S-H 一個しかない）

04 ライラ ；　　　*k'aalii ## hai.*（＃＃しかない）

05 ビルキス ；　　S-H?

06 ビルキス ；　　*aa, ek hii hai.*（ああ、一個です）

　ここでは、児童らは単語の入った塗り絵のタスクをしている。この例で
は、日本語で教師に対し情報を確認するが、教師からは最小限の応答しかも
らえなかった。そこで、全く同じ質問をウルドゥー語で発話している。その
ことから、教師に質問が理解されず、確認のため、即座にウルドゥー語で聞

き直していることが予測できる。

　これら2つの例は、ビルキス先生に発話の内容が伝わっていなかったことを、ビルキス先生の発話から児童らが推論し言語をウルドゥー語に切り替えた例である。一方で、必ずしも修復はすぐになされるわけではなく、少し経ってからなされることもある。

　（4-3）　A-E-I-O-U［1D 368-376］
01 カリム；　　え、
02　　　　　　teacher,
03　　　　　　A-E-I-O-U?
04 ビルキス；　hm.
05 カリム；　　が
06　　　　　　入ってる
07 ライラ；　　入ってない
08 ライラ：　　*vo ismeN Daalaa,*（それこの中に入ってる、）
09　　　　　　*nahiiN Daalaa hai?*（入ってない？）
10 ビルキス；　*nahiiN Daalaa hai.*（入ってない）

　01行でカリムが、「teacher」と呼ぶ。そして、「A-E-I-O-U」という発話で、語尾をあげて、確認をしている。04行でビルキス先生は、カリムの話を聞いていることを標示している。カリムは、ビルキス先生がここで「A-E-I-O-U」と言っただけで説明してくれることを期待していたかしていなかったかわからないが、タスクの確認をしていることが、ビルキス先生に伝わったと考えたのだろう。「が」と述べることで、カリムはまたビルキス先生に答える間を与えているが、ビルキス先生は何も言わない。また、「入ってる」と続けて、「A-E-I-O-U が入っている」ものを塗りつぶすタスクなのか確認しようとしている。ライラも、その確認の行為に07行で加わる。それでもすぐには反応がないので、ライラが、ウルドゥー語で質問の文にまとめて言い直している。ここでようやくビルキス先生から返事が得られる。

この例では、03行、05行、06行、07行で、ビルキス先生の介入の余地がある。特に、03行でビルキス先生から、どこが問題なのかが理解されており、そのため、ビルキス先生からの説明を待っていると考えられる。しかし、説明がないので、カリムもライラもターンごとに少しずつ情報を足して、確認を引きだそうとしている。

　次節では、ビルキス先生の反応がなくても、このように同じ発話内容が言語を変えて発話されている例を見る。

4.2　教師の反応を待たないウルドゥー語への　コードスイッチング

　本節では、明確には理解に関する問題が生じていないにも関わらず、児童らがウルドゥー語に CS する例を挙げる。

（4-4）　赤とこれしか使わないの［1D 321-322］

01 ライラ；　　　<u>赤とこれしか使わないの？</u>

02　　　　　　　　*k'aalii* green *aur* red, *ye*,

　　　　　　　　（*green* と *red* だけ、これ、）

03　　　　　　　　red *k'aalii aisaa* mark *karnaa hai?*

　　　　　　　　（*red* をただこうやって *mark* するの？）

　ここでは、ライラが01行で質問を発話した後、ウルドゥー語に CS している。01行と02行は大変よく似ており、行為としてはどちらも教師に情報を尋ねているが、全く同一の表現ではない。

　01行のライラによる日本語の発話は、「これ」が使われているが、ビルキス先生の応答を待つために止まることなく発話されている。ビルキス先生の応答を待たずに CS したことは、01行の発話ではビルキス先生の注意を得られておらず、もう一度発話する必要があり、また次の発話は教師にこの発話が向けられていることをよりはっきり示す必要があったと解釈されたと考

えられる。

01 行と 02 行の間では、あまり間がない。そして、02 行および 03 行は、01 行よりもやや具体的になった質問である。まず、「赤とこれ」から「緑と赤(green *aur* red)」になっている。そして、そこまで言いかけたところで、その質問が終わらない間に、*ye* というダイクシス表現(近称の指示詞)が入っている。これは、この *ye* の指示するものが何であるかを、ビルキス先生と共有する機会があったと解釈できる。すなわち、ここで教師の注意が得られ、共同の注意が構築できたと解釈できる。教師の注意が得られたことは、その先の「このように(*aisaa*)」という、相手との注意の共有がないとできない形式の使用からも類推できる。

(4-5)　Allah ってどうやって書いてあんの［1A 894-904］

01 カリム；　　　allah.

02 カリム；　　　<u>先生 allah ってどうやって書いてあんの？</u>

03 カリム；　　　*vo kyaa lik' rahaa, Allaa swift? swift?*

　　　　　　　　（それなんて書いてある、Allaa swift? Swift?）

04 ビルキス；　*nahiiN, nahiiN.* Actually *ye, sallalaahu alaiva sallam*

　　　　　　　　（いいえ、いいえ、actually これ sallallahu alaiva sallam）

05 ビルキス；　*vo S, aah.*（それ S、ああ）

06 カリム；　　*W kyaa hai?*（W は何？）

07 ビルキス；　〈別な児童に対して〉ああ、水飲んで。

08 カリム；　　teacher, teacher, *W kyaa hai?*（W は何？）

09 ビルキス；　*salallahu, aleiva.*

10 カリム；　　T *kyaa hai?*（T は何？）

11 ビルキス；　T *ye puuraa S-E, S-W-T lik' rahaa hai.*

　　　　　　　　（T はこれ全部 S-E、S-W-T と書いてある）

ここでは、カリムが 'Allah SWT' と書かれているところを指し、SWT が何を意味するか聞いている。ビルキス先生が 01-03 行時点で何をしていた

第 4 章　運用能力はコードスイッチングに影響を与えるのか　111

かはわからないが、カリムは 02 行から 03 行で同じことを日本語からウル
ドゥー語に切り替えている。これも、ほとんど同じ内容が繰り返されている
が、教師の反応を待たずに CS している。また二回目のウルドゥー語の発話
(03 行) の方が、具体的な質問の箇所である 'allaa swift' と述べることで、そ
の前 (02 行) よりも具体的な箇所 (指示対象) を示している。これも同じく、
視線や身体の向きによる、共同の注意の保証が関与している可能性がある。

　04 行でビルキス先生から応答があるが、05 行の途中で、ビルキス先生は
応答を中断してしまう。'aah' は、ビルキス先生の近くにやってきたジュニ
アクラスの児童に対してなのか、カリムの質問内容に大してなのかはわから
ない。しかし、06 行と 08 行の間では、ビルキス先生の注意が、他の児童に
向いていると考えられる。08 行ではカリムは「teacher」と呼ぶことによっ
て、もう一度教師の注意を引き、会話に必要な共同の注意の構築を行なおう
としていた可能性が考えられる。

(4-6)　これやってない先生 [1D 27-28]
01 カリム；　　　えーこれやってない先生。
02　　　　　　*ye nahiiN kareN.* (これやらないの)

　ここでの 1 行目のカリムの発話は、「えー」から始まり、「これやってな
い」が入り、「先生」が最後に入る。発話が「えー」という感動詞から始
まっている。カリムが「先生」と呼びかけてから内容を発話するのではな
く、「えー」と不満と驚きの意をこめた感動詞の後に内容を述べ、発話を終
える頃に「先生」と呼びかけ、教師への発話だということを示している。そ
の後、02 行で「これやらない」と述べる。この発話は、「これはやらない
の?」と聞いている可能性が高いが、イントネーションや統語が、疑問文に
聞こえない。「これをやりましょう」という弱い要求の可能性もある。02 行
は、01 行の言い換えであるが、「えー」の部分と、「先生」の部分とがなく
なっている。その理由として、感情の部分「えー」は既に役割を果たし繰り
返される必要のないこと、「先生」の部分は、既に直前で教師の注目を集め

るために呼びかけられていることが挙げられる。また、ウルドゥー語の選択自体が、「先生」と述べる必要のなさを示しているとも考えられる。

teacher の使用と英語の使用

(4-7)　これ→ this → teacher this ［1A 172-178］

01 ビルキス；　　The children screamed. screamed, is nothing but shouting.

02 カリム；　　<u>これ？</u>

03 カリム；　　<u>This?</u>

04 ビルキス；　　They were scared and they were shouting.

05 カリム；　　<u>Teacher this?</u>

06 ビルキス；　　Yes.

07 ビルキス；　　Na-no, this one.

08 ビルキス；　　Screamed.

　この例では、カリムが 02 行で「これ？」と日本語で質問している。その後英語で 2 度同じことを質問している。カリムは教師の目の前に座っており、他の児童との会話も行われていない。

　「これ？」で教師からの応答が得られなかったカリムは、教師に反応してもらうために、まず「this」という表現を使っている。04 行で、ビルキス先生は英語でテキストからの文をもう一度読む。ビルキス先生の発話が、カリムの望む、テキストの具体的な場所を指示するという答えでなかったため、カリムは 05 行で「teacher」と呼び「this」とくりかえす。このように、02 行での日本語、03 行での英語、そして 05 行での「teacher」と英語の使用によって、カリムは自分の望む答えをビルキス先生から引き出そうとしたのがわかる。

　これまでの例は、すべて日本語から英語またはウルドゥー語への CS であった。これまでの例を見ると、まるで日本語から英語ないしウルドゥー語

第 4 章　運用能力はコードスイッチングに影響を与えるのか　113

という方向のみで CS が行われているように見えるが、必ずしもそうではない。次の例は、ウルドゥー語から日本語への CS である。

(4-8)　ye から「これ」へ［1D 76-77］
01 カリム；　　　*vo* teacher teacher, *ye kyaa hai?*
　　　　　　　　　（それ、teacher teacher、これ何？）
02 カリム；　　　teacher, teacher、<u>これ</u>

　ここでは、カリムのウルドゥー語での「これ何？」(01 行)が、日本語での「これ」(02 行)になっている。01 行では、質問が提示されている。02 行の「これ」は、01 行よりも具体的な場所を指していると考えられる。この解釈には 2 つの理由がある。まず、01 行の「これ何？」の「何？」が、02 行では繰り返されていないことが挙げられる。つまり、質問をしようとしていることが、01 行と 02 行の間で教師に伝わったという前提が、02 行の「これ」の時点で有効であるということである。二点目は、02 行の「これ」のイントネーションが下がっており、発話の終了を示唆することである。やはりカリムは、再度質問をしようとしているわけではなく、01 行の「何か知りたい」という要求が伝わったことを前提としていると考えられる。この二点から、02 行の「これ」は、01 行の「ye」よりも具体的な箇所を指で示すなどを通して、特定された場所をビルキス先生と共有するために発話されたものと考えられる。
　4.1 節で挙げた(4-1)から(4-3)までの例と、本節で挙げた(4-4)から(4-7)まで合わせて 7 例は、全て日本語からウルドゥー語への CS であり、一見すると CS はこの方向にしか行われないように見える。これらの例だけで考えると、児童は教師とのやりとりにおいて、教師の運用能力を多少意識してウルドゥー語を使用しており、対人的に CS が機能していると考えてもおかしくない。しかし、例(4-8)のように、指示対象が何と書いてあるか尋ねるという一連の行為の中で、ウルドゥー語から日本語へ切り替わるという例は、この考え方を否定する。むしろ、Gumperz(1982)の記述したような、方向

性が関係ない CS を彷彿とさせる。一方で筆者は、本節の(4-4)から(4-7)の
CS の例と、例(4-8)とは、異なる機能をもつ CS であると考える。ひとつの
仮説としては、日本語の指示詞が児童により近い物理的ないし心理的な領域
を指し示すというものである。この仮説の理由は、児童が自らの意見や感想
や評価を述べるときに、それまで教師とのやりとりでウルドゥー語を使用し
ていても、日本語へ CS することが多いからである(6 章 2 節参照)。すなわ
ち、(4-4)から(4-7)の例と、(4-8)の例は、方向性と機能において異なる
が、どれも直接的に教師の言語運用能力に配慮したものではなく、教師の注
意を引くために CS が行われたと考えられる。

4.3　単語を挿入するコードスイッチング

　ここでは第二次・第三次調査時に見られた、児童らが英語やウルドゥー語
の語彙を日本語の発話に挿入した例を分析する。児童らは、タスク以外の発
話では、第一次調査時には日本語に英語やウルドゥー語を交ぜるのをよしと
せず、基本的に一文一言語で話していた。第二次・第三次調査時も多くの場
合はそうした傾向にあった。一方で、タスクの会話や、教師との会話の一部
は、ウルドゥー語や英語の単語を使ったこともあった。第二次・第三次時調
査時に、教師とのタスクに関係する会話の多くが日本語になっても、英語や
ウルドゥー語が挿入されることがあった。

　これらの語は、必ずしもアリー先生やビルキス先生が知らない日本語の語
彙というよりは、知っており、日頃から児童らが教師に対して使用するもの
も含まれていた。本節ではそのうちの 3 例を詳細に見ていく。分析の結
果、4.2 節同様、児童らが教師の注意を引くために行ったように考えられる
ことがわかった。

　次の例は、同じ語をそれぞれ別な言語で述べた文中 CS の繰り返し
(reiteration)の例である。児童らが成人との会話で日本語の文に英単語を使
うことは、決して稀ではない。教師のことを自分たちとは異なる、英単語を
よく使うカテゴリーの一人であると見なしている。

第4章　運用能力はコードスイッチングに影響を与えるのか　115

(4-9)　fifteen までだよ、十五［3A 894-901］

〈ドアの音。アリー先生が児童達が休み時間の時間つぶしをしている教室の中に入る〉

01 イムラーン；　聞く［役だった］んだよ

02 カリム；　　　［まだだよ］

03 イムラーン；　いろんなこと

04 カリム；　　　♪まだまだだよー［まだまだ］だよーまだま［2 だだよー♪ 2］

05 イムラーン；　［＃＃＃＃］

06 ライラ；　　　［2 ♪まだまだよー♪ 2］

07 カリム；　　　あたし［んち］

08 ライラ；　　　［♪エンディ］ングの後

09　　　　　　　 まだ［2 まだだよー♪ 2］

10 イムラーン；　[2fifteen までだよ 2]、十五

11 アリー；　　　*tumhaaraa ghariib se pehle ## paR'aa*

　　　　　　　　（きみの貧民章から前＃＃読んだ）

　児童らが休み時間でおしゃべりをしていたとき、ドアの音がしアリー先生が入室する。カリムはアリー先生の入室に反応し、まだ授業開始の時間ではないという意味で、「まだだよ」と述べる（02 行）。イムラーンの 01 行、02 行、05 行は、おしゃべりの続きである。そして、カリムは「まだだよ」と歌い始める、ライラも一緒になって同じ歌を歌う。この歌は、「あたしんち」というテレビアニメで使われるメロディと歌詞らしく、07 行のカリムの発話は、その番組での流れをまねているようである。ライラが歌う中、イムラーンが「fifteen までだよ」と言った後で、「十五」と言う（10 行）。これは、休憩時間は 7 時 15 分までであり、まだその時間になっていないので授業を始めないでほしい、という意味である。教室では時間割はあるが、季節によってずれる礼拝時間や、アリー先生が児童を車で迎えに行く関係で、その通りに授業が始まったり終わったりすることは大変少ない。そのため、授

業の開始や終了を宣言することは、教師の権限になっている。児童らはモスクで自由に遊んだりおしゃべりしたりするのを楽しんでおり、授業ではなく休み時間を欲しているため、少しでも多くの休み時間を得ようと、教師と交渉したり、教師に抵抗してだらだらしたり、授業と関係ないことをすることが多い。

アリー先生は十五という数字を日本語でも知っている。つまり、イムラーンの 10 行の発話は、理解力に合わせて fifteen を使っているわけではないと考えられる。またここでの十五が何を意味しているか、意味を共有していることを前提として発話していると考えられる。なぜならば、イムラーンの発話の意味がアリー先生に通じなければ、彼らの目的である休憩時間をまだ継続させたいという要求は届かなくなるからである。

では、この英単語の使用は、どのように解釈できるだろうか。まずは、教師が使う語を選択することにより、教師と同じ目線に立ったつもりで、交渉しようとしているという解釈ができる。15 分に開始するというのは成人が決めた約束であり、その成人が決めた約束を持ち出し、その遵守を主張するのである。

もう 1 つの解釈は、カリムとライラとのアラインメントを求めるものである。二人はすでに、児童らは知っているがアリー先生は知らないと考えられるアニメの歌で、アリー先生の行動に直接的（まだ授業は開始しないように、と主張する）および間接的（アリー先生の知らないメロディに乗せることにより、言葉遊びをしている）に抵抗している。つまり、字面では一義的に解釈できるはずのことばに、メロディをつけることよって意味が多層になっているのである。教師対児童で知識が異なり、教師にはこの多義性が理解されないが、児童の間では理解される。ライラもカリムに混じり歌に参加したことは、その多義性を共有し、一緒になってその言葉遊びをしながら教師に挑戦し、休憩時間の交渉を行っている。

どちらの解釈であれ、fifteen という語の選択は、アリー先生が児童らとは異なる社会的役割と言語レパートリーをもっているという前提に立ってなされたのであり、言語の運用能力によるトラブルを修復したものではないこと

は明らかである。一方で、fifteen が使われたことは、会話を維持するのに必要である、注意を引くためである、とも考えられる。特に、次の例と対照させてみると、どちらの例も教師の注意を引き、発話を受け入れてもらえるための方略と考えることができる。(ただし、次の例では、英単語の代わりにウルドゥー語が使用されている。)

(4-10)　もう *čuTTii* なんだからやめようよ ［3D2 1381-1290］
01 イムラーン；　＆＆＆＆＆＆＆＆＆＆＆＆＆＆＆＆＆＆＆＆
02 カリム；　　　もうやめようよ。
03 ジャミラ；　　＆＆＆＆＆＆＆＆＆＆＆
04 カリム；　　　もう *čuTTii* なんだからやめようよ(休み時間)
05 アリー；　　　*čuTTii* だめ明日 *čuTTii* ですよ
06 ライラ；　　　＠＠＠
07 イムラーン：　*čuTTii* だめってじゃあ一生ここにいるのー？
08 ジャミラ：　　♪＃＃＃＃♪
09 カリム；　　　♪森の中のくまさんが＃＃＃＃♪
10 アリー；　　　早く

　みながクルアーンを音読している中、カリムが授業時間を終わらせてほしいという趣旨のことを 02 行で発話する。一度目は誰も反応しないが、04 行目の二度目は *čuttii* という語を使うことによって、アリー先生の応答を引き出している。イムラーンもこのやりとりを聞いており、同じく *čuttii* という語を使ってアリー先生に反論する。
　この *čuttii* の使用は、日本語からウルドゥー語への CS に見られたように、教師との間主観性を構築するためのものと考えることができる。また、07 行のイムラーンの *čuttii* の使用は、5 章で見る Sunday の例(5-12)のように、談話の一貫性を保つとともに、児童の連帯を示している。カリムがアリー先生に使用した *čuttii* を使用することで、イムラーンがアリー先生やその他の児童と新たに別な会話を始めたのではなく、カリムとアリー先生のや

りとりの文脈を共有し引き継いでいることを示している。また、07行の発話は、必ずしもアリー先生に好意的な態度をとっていたり、よい印象をもってもらおうとするストラテジーとは言いづらい。アリー先生の発話の拡大解釈による反論は、むしろ挑戦的である。

07行のイムラーンの発話は、アリー先生が「明日 *c'uttii*」と述べたことに照らし合わせると、あまりつじつまは合っていない。イムラーンは、休み時間が与えられないと言われただけで、一生休み時間が与えられず、ここでクルアーンを読むしかない、という論理的に大きな飛躍のある発言をして、アリー先生を困らせたり、アリー先生の休憩を与える権限を理不尽なものとしてとらえさせ、またアリー先生の行為をおかしいものであるかのように扱う。この時間にやるべきとされているクルアーンの暗唱ではなく、ジャミラが歌い始め、カリムも歌い始めることは、教師に対する挑戦と見ることができる。アリー先生はどれも真剣にとらずに、早く読むようにと指示する(10行)。

次のクルアーンの授業内の会話の切片は、例(5-7)の後のものである。この切片では、アリー先生も知っている「日本語」という語を、カリムが計4回、ライラが計1回使う。「日本語」という語をアリー先生が知っていることが明らかなことから、そして、5.1節の「アリ先アリ先」のエピソードや、04行や08行で歌が使用されていることから、運用能力が関係しているわけでも、これまでのように社会的役割の変化でもないことが示唆される。

(4-11)　ジャパニーズ読む［3C2 496-524］
〈例(5-7)の少し後〉
01 アリー；　　　これ 'aliya' と覚えて 'aliya' とみて＃＃＃＃ます
02 ライラ；　　　え？　日本語も読めよ？
03 カリム；　　　＃＃
04 イムラーン；　♪＆＆＆＆＆＆＆＆＆＆
05 ジャミラ；　　@@@
06 イムラーン；　@@

第 4 章　運用能力はコードスイッチングに影響を与えるのか　119

07 ライラ；	〈@〉なんで、うち見て笑うの〈/@〉	
08 カリム；	♪だーめ、だーめだめよ	
09 イムラーン；	日本語読まなくていいよ、	
10	そっちの方が、	
11	かっこいい	
12	ライラ；読むよ	
13 アリー；	はい Imran *jald'ii haafas karo* ###	
14 カリム；	<u>先生、ジャパニーズ読むの？</u>	
15 ライラ；	日本語読む？	
16 カリム；	<u>ジャパニーズ読む？</u>〈「ジャ」がはっきりと有気音に なっている〉	
17	＃＃＃＃	
21 アリー；	*usmeN kyaa paR'aa t'aa*（その中で何を読んだ？）	
22 オマル；	＆＆＆＆＆＆＆＆＆＆＆＆＆	
23 カリム；	ジャパニーズも読んでる	
24 アリー；	＃＃＃＃ ＃＃＃＃＃ *side kyaa paR'aa t'aa*（	
25	＃＃＃	
26 カリム；	え？	
27 ライラ；	ジャパニーズも読んだ	
28 カリム；	ジャパニーズ読んだよ	
29 アリー；	いやいや全部	
30 アリー；	ぜーんぶ読む	
31 カリム；	＃＃＃＃＃＃＃＃	

　02 行ではライラがクルアーンの日本語の部分も読むように述べている
が、誰に向けた発話かはわからない。イムラーンは、歌うようにクルアーン
を読む。ジャミラとイムラーンは笑う。07 行ではライラが、自分のことを
ジャミラとイムラーンが笑っていると思い、少し笑いながら発話する。
　14 行でカリムは、アリー先生に対してカタカナ英語のジャパニーズとい

う語を使ってアリー先生に質問をする。15行でライラは、「日本語読む？」
と聞いている。16行ではカリムは14行での発話を繰り返す。アリー先生か
ら返事があり、カリムは再度23行でジャパニーズに関して言及するが、こ
こでは呼気は減っている。27行ではライラも「ジャパニーズ」という語を
使う。これは、15行では「日本語」という語を使っていたことを考えて、
シフトであるといえる。そして、28行ではカリムもまた「ジャパニーズ」
と述べる。23行、27行、28行は全て同じ主張である。

　この「ジャパニーズ」は、先述の(4-9)の fifteen の例同様に英語を挿入し
たと考えるべきかは疑問の余地がある。なぜならば、児童らの英語の発話は
日本語のモーラ構造ではなく、英語やウルドゥー語のような音韻構造になっ
ていたのに対し、この「ジャパニーズ」は日本語のモーラ構造とカタカナ語
のアクセントを維持している。

4.4　教師から語彙の意味を尋ねるやりとり

　児童および教師がいずれかの言語を使用するように要求されることは基本
的になく、それぞれ自由に言語を選択していることは、すでに述べた。4.1
節や4.2節では、児童が教師に、語彙の意味や表現を具体的に聞いたり、タ
スクに関する質問をしたりする際に表れた CS を見てきた。本節では、教師
や児童が語彙の意味や表現を聞く例を見る。

　4.4.1節の(4-12)、そして4.4.2節の(4-13)は、教師が児童にタスクで現
れた英語の語彙の意味を日本語で聞き、児童が答える例である。また、
4.4.3節では、タスクに関係しない対立的な会話において、教師が日本語の
語彙の意味を聞くが、児童が答えない例(4-14)を挙げる。

　教師が質問しても、必ずしもはっきりとした答えがないこと、答えがなく
ても話が進むことはよくある(例(4-12))。誤解を修復するために、また双
方が互いの言語をよりよく学ぶためにコミュニケーションが行われていると
いう前提は、必ずしも全てのやりとりにおいて当てはまらないことがわか
る。このような例を詳しく見ると、会話内で教師が日本語による相互理解が

第4章　運用能力はコードスイッチングに影響を与えるのか　121

可能な人として扱われ、教師もそう扱われるように言語的に反応したり反応しなかったりしていることが多い。また、児童の方からは、典型的なフォリナートークの方略を使うこと（日本語をゆっくり話したり、助詞を抜いて話をするなど）はほとんどなかった。さらに、教師と児童の双方で、発話が通じているかどうかをいちいち確認したりすることは、必ずしも多くなかった。

4.4.1　日本語の語彙を聞いた例

　次の例（4-12）で特に述べたいのは、教室における児童と教師の会話は、たとえば電話や食事風景など会話分析で多くなされてきた一般的な会話と大きく異なることである。まず、教師は教師としてタスクの提示や、タスクを遂行するための補足的情報の提示、タスクの答えの提示やその他の指示といった発話をしている。その上で、児童が理解していなかったり、注意が向いていなかったりするときには、補助的な発話をしたり、注意したりする。一方で児童は、必ずしも教師の意図通りに授業を受け、教師がかじをとる方向に言語を使用しているわけではない。

　教師と児童の役割関係と footing の変化が大変わかりやすいかたちで現れているのもこの例の特徴である。この例を見ると、fly の日本語での意味を聞くことは児童のタスク遂行のための補助的な発話だったのだが、それがきっかけで児童同士互いに話をし始める。12 行での教師による「ハエ」の繰り返しは、児童により footing の変化と捉えられている。教師からの質問である「what is fly」にある fly という語を児童が理解してタスクの答えを考えるというそれまでのフレームから、教師が日本語の単語を学習するフレームにシフトしていると児童によって解釈されていることが、児童による「ハエ」の繰り返しにも見られる。

　教師は、タスクのヒントとなる、fly という語の意味を知っているか確認する。それに対して、フセインが答えようとするが、教師の望んでいない答えであった。反応のない残りの児童にも聞こえるように、教師は再度 fly の意味を知っているか、日本語を確認する。この質問に対して、カリムが答え

る。二回言ったところで、教師もカリムの日本語を真似ようと繰り返す。ビルキス先生が「ハエ」と言えた時点で、カリムは語彙の意味の確認を行う。このやり取りでは、「教える」教師と「教わる」児童の関係が逆転している

児童らが常に教師の発話にすぐ反応するわけではないことも、本例からわかる。04-08行で教師が繰り返していても、ジャミラ、カリム、ライラは反応していない。12行になってようやくカリムが答える。これは、必ずしも教師の発話を聞いていないわけではなく、16行でジャミラが発話するのは、15行までのやりとりを聞いていたからこそできることである。

（4-12）　ハエ？虫？〔1A 549-578〕

01 ビルキス；　　It is the only animal,

02 カリム；　　　Okay.

03 ビルキス；　　it is the only animal that can fly in the story.

04 ビルキス；　　<u>Fly 何？</u>

05 ビルキス；　　<u>Fly.</u>

06 ビルキス；　　<u>Fly わかる？</u>

07 ビルキス；　　<u>What is fly.</u>

08 フセイン；　　えっと、fly は、(1.0)butterfly.

09 ビルキス；　　@@ butterfly じゃなくて。

10 ビルキス；　　<u>fly 何日本語？</u>

11 ビルキス；　　<u>fly.</u>

12 カリム；　　　<u>ハエ。</u>

13 カリム；　　　<u>ハエ。</u>

14 ビルキス；　　<u>ハイ、ハイ。ハエ。</u>

15 カリム；　　　<u>ハエ。</u>

16 ビルキス；　　<u>ハエ。</u>

17 カリム；　　　<u>虫＃＃＃＃＃？　＃＃＃＃＃＃？</u>

16 ジャミラ；　　は、fly ってね、飛ぶって意味なんだよー。

18 ビルキス；　　Nononono, flying, flying.

19 カリム ；	なんだ。Ing か。
20 ビルキス ；	flying.
21 カリム ；	fly ってあれだよ、ハエだよ。
22 ジャミラ ；	## ## *uRnaa na*?（「飛ぶ」でしょ？）
23 ジャミラ ；	「飛ぶ」だし。
24 ライラ ；	違うよ flew だよ。
25 フセイン ；	は？
26 ビルキス ；	Now, listen, which animal can fly.
27 ジャミラ ；	どうしてそういうことも知らないの。
28 ビルキス ；	Only parrot.
29 ビルキス ；	でしょう？
30 ビルキス ；	parrot, can fly.
31 ビルキス ；	Write parrot.

　「ハエ」に関する footing のシフトのほか、複数のことがこのやりとりの中で起こっているので、全体的な流れをここで記述しながらもう一度確認する。01 行から 31 行は、'the only animal that can fly' の答えを求め、その答えを全員で出そうとする一連の行為である。ここでは、タスクの答えを引き出す以外にも、副次的なやりとりが複数起きている。タスク（03 行で提示）とその応答（教師が求める正答が児童からでないので、28 行・30 行で求められる答えが提示される）が全体の行為で、最も上層にあるレベル 1 として、以下にその下のレベルで起こっていることを記述する。

　レベル 2 は、教師が fly という単語を日本語でどういうか児童に聞き、応答をえるプロセスである（04–25 行）。これが、04 行で教師によって開始されている。04 行では日本語と英語の単語のみ、05 行では英語の単語、06 行では日本語と英語の単語で発話されている。日本語と英語が交互に現れるパターンがみられる。日本語から英語へのシフトは、ビルキス先生の教師としてのレジスターである。この切片に限らず、多くの場面で日本語やウルドゥー語だけでなく、英語でも同じ発話を繰り返していることが観察され

る。また、このタスクは教科書に載っていたものであり、その文をそのまま読んでいる。01 行、03 行で提示された英語のタスクに児童に回答させるため、04-06 行で助け船のような発話が行なわれている（10-11 行でも形を変えて似たように繰り返されている）。そして、08 行でフセインが 04-07 行の発話に答え、12 行でカリムが 10-11 行の発話に答える。

その下のレベル 3 においても、いくつかのことが起こっている。1 つは、12-14 行での、教師がカリムの言った「ハエ」をくり返す行為である。もう 1 つは、15 行、18 行でのカリムと、17 行、19 行での教師とのやりとりである。もう 1 つは、16 行でジャミラが開始したカリムの答えへの挑戦である（16-24 行および 26 行）。20 行でカリムは自分の意見の正当性を主張するが、ジャミラが 21 行でウルドゥー語を使って教師に確認している（おそらくここで教師によるうなずきがあったのではないかと推測される）。23 行でジャミラは日本語でその「判定」を繰り返し、自分の意見の正当性を主張する。24 行ではライラが独自の見解を述べる。

26 行で教師が英語でタスクに戻り、28 行で答えを述べる。29 行で理解へのうながしを行い、30 行、31 行で、parrot が答えであることを明確にし、書くように指示している。

4.4.2 互いの言語で聞き合った例

次の例では、児童が「灯台」をウルドゥー語で何と言うか聞いている。その直後で、教師が日本語で「灯台」のことを何と言うか聞いている。

（4-13）灯台［1D 90-99］

01 カリム；　　　これ、灯台じゃん。

02 ビルキス；　　When Manal saw this, she started to clap and laugh.

03 カリム；　　　これ灯台じゃん。

04 ビルキス；　　Shahid told them that they would reach Manora in a few minutes.

05 カリム；　　　teacher teacher,

第 4 章　運用能力はコードスイッチングに影響を与えるのか　125

06　　　　　　　　*ye urduu meN isko kyaa boltaa hai?*
　　　　　　　　（これウルドゥー語でこれをなんて言う？）

07 ビルキス；　ye…

08　　　　　　　lighthouse english *meN pataa hai,*
　　　　　　　　（lighthouse 英語では知っている）

09　　　　　　　lighthouse *boltaa hai urduu meN pataa nahiiN.*
　　　　　　　　（lighthouse という、ウルドゥー語ではしらない）

10 ビルキス；　ye,

11　　　　　　　japanese *meN kyaa boltaa hai?*（日本語でなんて言う？）

12 カリム；　　［灯台］

13 ライラ；　　［灯台］

14 ビルキス；　He showed them the lighthouse on the top of the hill.

15　　　　　　　Manal had read about this lighthouse.

　ビルキス先生が英語の教科書を音読している間、カリムは、教科書の挿絵に「灯台」があることを、見つける。繰り返された「これ灯台じゃん」は、教師の関心を引こうとした可能性がある。カリムは05-06 行で、おそらく挿絵を指しながら、灯台をウルドゥー語で何と言うか聞いている。ビルキス先生はウルドゥー語ではわからないが、英語でなら知っており、lighthouseであることを述べる。ビルキス先生は逆に日本語ではどう言うのか聞いている。先の例(4-12)の前半ではビルキス先生は日本語の単語を繰り返したが、(4-12)の後半ではビルキス先生は特に日本語の繰り返しを行わなかった。ここでも、(4-12)の後半のように、繰り返しを行わず、すぐに音読に戻る。

4.4.3　理解し合わない状況が作られた例

　先の例では、教師が自ら日本語での単語の意味を求め、それを児童が説明した例が見られた。一方で、こうした会話がすべてではない。多くの場合、教師は日本語の単語の意味を児童に聞いたりしない。

　次の例は、特に極端に児童と教師が対立している場面である。児童と教師

が対立する場面としては、教師にとって理解できない発話をすることによっ
て児童が抵抗すること、教師は児童の発話が理解できなくても様々な形で教
師の権威を誇示し指示に従うように繰り返すこと、教師は理解ができている
ということを示したり、無視や話題を変えたりすることで理解しているふり
をしたりすること、などがある。これらの場面は、教師と児童の運用能力の
違いを勘定に入れ、教師の権威に対する抵抗として、児童がどのように「理
解し合わない状況」を作っているかをよく表している。具体的には以下のよ
うな状況が見られる。

・教師の方には常に発言権があることが前提
・教師も日本語を使う—特に児童の発話する日本語の箇所が繰り返され
　ている
・児童による「うん」
・児童も何語でもないものを使って挑戦する
・児童がはっきりと教師に対して「やだ」という
・わざとわからない発話をする
・意味がわからなくても会話がそのまま進行する
・児童は両方ともわかる立場に置かれている。（曲がりなりとも質問
　に答えている）
・教師はわからないと立場が悪いが、無視することができる。

以下の例は、ビルキス先生とイムラーンとのやりとりの切片である。

（4-14）　何語でもない de ［3C 352-400］
01 ビルキス；　　*acc'aa, baahar jaao.*（はい、外に出なさい）
02　　　　　　　notebook *le lo, bas*（notebook をもっていきなさい、も
　　　　　　　　う）
03 カリム；　　ほら。
04 ビルキス；　　*le lo*（もっていきなさい）

05 イムラーン；　なーんで！！

06 ビルキス；　　jaao[.] notebook le（いきなさい、notebook をもって）

07 イムラーン；　［やだ］

08 ビルキス；　　hn?

09 イムラーン；　やだ。

10 ビルキス；　　やだ？

11 イムラーン；　うん。

12 ビルキス；　　やだ！?

13 イムラーン；　やだ。

14 ビルキス；　　やだ[, tu] mhaaraa abuu se baat to ab'ii p'ir karungii maiN
　　　　　　　　　（あなたのお父さんと後で話をします私）

15 イムラーン；　［うん］

16 イムラーン；　de

17 ビルキス；　　abuu hai to kal ab'ii?（さてお父さんは明日いる？）

18 イムラーン；　de

19 ビルキス；　　hn!?

20 イムラーン；　de.

21 ビルキス；　　dek'naa hai?（見る必要がある？）

22 ビルキス；　　dek'naa hai?（見る必要がある？）

23 イムラーン；　何を？

24 ビルキス；　　muj'e gussa nahiiN karo p'ir maiN siid'aa call karuungii.
　　　　　　　　　（私を怒らせるな、後で私はすぐ電話する）

25　　　　　　　jaa ke baahar jaao notebook le ke.
　　　　　　　　　（行って外に行きなさい、notebook をもって）

26 イムラーン；　やだ今日疲れた。

27 ビルキス；　　calo baahar jaao baahar jaa ke k'aRaa ho
　　　　　　　　　（行きなさい外へ行きなさい　行って立っていなさい）

28　　　　　　　［jaao id'ar nahiiN］（行きなさい、ここではなく）

29 イムラーン；　［すごいつかれたの］だから今日。

30 ビルキス；　　疲れた、*id' ar nahiiN. baahar jaao.*

　　　　　　　　（ここはだめ。外へ行きなさい）

31 イムラーン；　委員会もあって

32 ビルキス；　　*baahar jaa ke karaa ho jaao.*

　　　　　　　　（外へ行って立っていなさい）

33 イムラーン；　明日委員会。

33 イムラーン；　だって、しょう、

34 ビルキス；　　*de kiya football ke dress hai kyaa?*

　　　　　　　　（de kiya サッカーの服ですかそれ？）

35　　　　　　　*football ki?*（サッカーの）

36 イムラーン；　ううん。

37 ビルキス；　　hn?

38 イムラーン；　上下だけ

39 ビルキス；　　*kyaa matlab*（何という意味）

40 イムラーン；　じょうだけ、うえだけ

41 ビルキス；　　*koii maiN puuc'rahii huuN.*（どんな　私は質問している）

42 イムラーン；　うん。

43 ビルキス；　　*kitnaa mehengaa ye?*（どのくらい高い、それ？）

44 イムラーン；　うん。

45 イムラーン；　1 円。

46 ビルキス；　　hn

47 ビルキス；　　*notebook le lo.*（ノートブックを持って行きなさい）

48 ライラ；　　　ジャミ＃＃＃

49 ビルキス；　　*La, Laila namaaz paR'ii?*（ライラ礼拝した？）

50 ライラ；　　　まだです。

51 イムラーン；　フリーマーケットで買いましたよ。

この例は、主に 4 つの部分に分けられる。

01-02 行でビルキス先生はイムラーンに対して怒っており、外に出なさい

と述べる。イムラーンは 05 行でその指示に対し強く反発する。ビルキス先生は外に出るようにもう一度述べるが、イムラーンは即座に「やだ」と抵抗する (07 行)。この抵抗に対して、ビルキス先生は 08 行で反応する。ビルキス先生に、「やだ」という語の抵抗の意味が理解されていることが示唆される。09 行でイムラーンは再度「やだ」を繰り返す。10 行でビルキス先生はイムラーンの発話を繰り返し、語末のイントネーションを少しあげる。イムラーンは 11 行で「うん」と述べる。12 行でビルキス先生はこれまでイムラーンによって発話された「やだ」をやや大きめの声で同じように語末が上がるイントネーションで繰り返す。イムラーンは再度「やだ」と述べる。14 行でもビルキス先生が「やだ」と述べ、イムラーンが「うん」と述べる。

　この、08 行、10 行、12 行のビルキス先生のイムラーンに対する発話は、イムラーンが 07 行で述べた「やだ」に対して、ある要求をしている。それは、「やだ」という抵抗に対する、ビルキス先生への何らかの働きかけである。ビルキス先生の「外へ出なさい」はイムラーンが教室内で学習する児童としてふさわしいふるまいをしていないという意味であり、強く働きかけることによって、イムラーンにまじめな学習態度をとるように促すものである。それに対しイムラーンが抵抗することで、教師の権威に抵抗しており、また教師による授業の進行を妨げているといえる。イムラーンの抵抗は、児童としての規範からいって許容されるものでないことが、ビルキス先生のこの 3 つの発話からわかる。この発話は、教師の権威の受け入れとして、積極的であればイムラーンからの謝罪を、消極的であれば無言でいることを迫っている。しかし、イムラーンはそのどちらの行為もとらず、「やだ」と抵抗し続けることで、10 行と 12 行で、その確認はますます強くなっている。08 行では単なる「hn?」という聞き返しであったのに対し、10 行ではイムラーンの発話の繰り返し、12 行では、イムラーンの 10 行の発話をより大きな声で繰り返すことにより、さらに強調された確認の要求になっている。

　16 行-23 行では、イムラーンにより「de」という何語でもないと考えられる表現が繰り返される。この「de」は、日本語の「(それ)で?」である可

能性があるが、イントネーションが疑問の形式ではなく、音調の上がり下がりなしに発話されている。つまり、日本語かといわれれば日本語であり、日本語でないと言われれば日本語でない、中間的な形式といえる。17行でビルキス先生がイムラーンの父親に言及することで、イムラーンを従わせようとする。18行でイムラーンは16行と同じ形式を繰り返す。19行ではビルキス先生は聞いているのかどうか、少し強い調子で確認しようとする。20行のイムラーンの「de」は、16行、18行よりも下降調に聞こえるように発話される。これは、16行、18行よりもこの語を日本語から離れているように聞こえさせる。21行でビルキス先生は「de」という音を拾って、ウルドゥー語で質問する。これは20行の発話と意味的にどう関係があるかわからないが、20行の発話をそのままにして会話を終了させては、イムラーンの抵抗を受け入れることになってしまう可能性がある。そのために、何らかの応答をするためのひとつの方策だとも考えられる。21行の後でイムラーンの反応はなく、22行でビルキス先生は同じ質問を繰り返す。23行では、イムラーンが「何を？」と質問する。これは、教師の発話が不可解であるというイムラーンの主張として解釈が可能である。もしこの解釈が正しいとしたら、教師の発話が不可解であるから教師の指示ないし権威を受け入れられないとイムラーンが主張していることが、ビルキス先生にも見当がつく。

　24行-34行では、de のやりとりではなく、より直接的な発話のやりとりが行なわれる。24行ではビルキス先生はイムラーンの発話に答えず、自分を怒らせないように、またもし怒らせたら児童の両親に電話することをほのめかし、教師の指示通りに行動することを促す。27行でイムラーンは日本語で抵抗の意を示す。これは敵対的というよりは、だだをこねる子どものような発話である。27行ではビルキス先生は01行、24行で述べた「外へ行きなさい」を28行で繰り返す。イムラーンは29行で27行同様に、だだをこねる子どものように自分の状態を述べることにより、抵抗している。30行ではビルキス先生はイムラーンの発話した「疲れた」という語を使用している。これは、自分がイムラーンの発話を理解していることが関係していると考えられる。そして、それを「nahiiN」で直接否定することにより、教師

としての児童の言動の評価と管理を行う権限をふりかざしていると考えられる。29行で教師がイムラーンの「疲れた」という発話を理解していることを示したが、30行ではイムラーンはさらに「委員会もあって」と述べる。「委員会」は特に日本の学校という特定の文脈の語彙であり、イムラーンはビルキス先生がこの語を知らない可能性があると考えた可能性がある。32行でも「委員会」は繰り返されている。教師にわからない語で抵抗することは、教師にその語の意味を聞く機会を与えることで、そのことにより会話が少しずれ、イムラーンに対する指示の繰り返しが緩和される可能性がある。

　35行-52行は、急な話題の転換が見られる。この話題の転換を行ったのは、ビルキス先生である。34行でイムラーンは、自分が疲れており授業に対して模範的な児童の態度がとれないことをまだ説明しようとしているが、ビルキス先生はイムラーンの着ている服という全く異なる話題に転換する。これは、これまでの長い対立から、話題を転換させることによってイムラーンとビルキス先生のここでの関係を転換させようとしていると解釈できる。役割関係の非対称性として、ビルキス先生には話題を変える権限があるが、イムラーンには話題を変える権限はない。そうしたことからか、イムラーンは37行、39行、41行、43行、45行で教師の質問に対して、適切に答えていないように見える。35-36行では、ビルキス先生はイムラーンの着ている服がサッカーのものなのかを質問するが、イムラーンはサッカーのウエアでありながら「ううん」と否定する。37行でビルキス先生はイムラーンの発話を確認するが、イムラーンは「上下だけ」、と漢語で質問とはちぐはぐの答えをする。ビルキス先生はイムラーンの発話の意味をウルドゥー語で聞くが、日本語でまず「じょうだけ」と答え、その後に、「じょう」ではなく、よりわかりやすい語だと思われる「うえ」を使用している。しかし、この発話も結果的にはビルキス先生の35-36行の質問に答えていないため、ビルキス先生は自分が聞きたいことを明示し、イムラーンにその答えを要求する（42行）。イムラーンは、この要求にも応じず、単に「うん」と答える。44行でのビルキス先生は、その服がいくらかを尋ねる。イムラーンはまず「うん」と答える。これも質問に答えておらず、その後「1円」と答える。応答

の遅延は、まさしく会話分析でいう「否定」の選好組織に則っている。また、「1円」という常識的でない答えを述べている。47行ではビルキス先生もこれ以上のイムラーンとのやりとりをあきらめたのか、応答があったことを認めて「hn」と述べた後、01行や06行の「ノートブックを持って行きなさい」という発話を再度述べる。これは、イムラーンの行動を指示する権威をビルキス先生が表現していると考えられる。また、それ以上イムラーンにかかわらず、次はライラの行動に関してライラに尋ねる。ビルキス先生がもうイムラーンと会話をしていない状況で、イムラーンは「フリーマーケットで買いましたよ」と述べる。これは、元の会話の参加者がいない場で述べるafterburn(Goffman 1971: 152–3)であるといえるだろう。ビルキス先生に、1円であることを述べ、イムラーンはそれがどうして可能かという質問があると期待したのかもしれない。しかしそれには言及されず、ビルキス先生が会話をやめてしまったことが、ここでの発話につながっていると考えられる。

4.5　4章のまとめ

　本章は、意思疎通のためのやりとりをキーワードに、発話の意味の共有を構築しようとしている会話の例を中心に分析した。その結果、児童も教師も、教師に日本語運用能力があることをある程度当然視して会話が進められていることが示唆された。児童は、必ずしも教師の理解力に合わせるためにウルドゥー語に CS しているわけではない。一方、教師も児童のことばを理解していないとは必ずしも言わないこともわかった。4.1 節では、運用能力の違いによって生じるトラブルを修復した CS を見たが、のちの 4.2 節、4.3節で述べたように、CS の多くは運用能力の違いによって生じるトラブルではなく、会話を通じさせるのに必要、認知的な資源等を共有するために、教師の注意を引くために行われた。また、4.4 節では、教師と児童が、必ずしもそれぞれの発話意図や発話の意味をはっきりさせて会話をしているわけではないことを示し、一般的なコミュニケーション論や語用論のように、会話を協力的なものとして見ることが適切ではないことを示した。

4.1 節では、児童らが、教師との意思疎通に障害が生じたときに修復をしている例を見た。また、その修復はとてもスムーズであり、わからなかったと思われるところだけを繰り返したりせず、モノリンガルの会話で修復する際のように、ほとんど同じ発話をもう一度一方の言語で行うというかたちをとっていた。

4.2 節以降では、児童が理解の齟齬を感じて行ったわけではない CS を見た。4.1 節で見た例は、日本語からウルドゥー語への CS であったが、4.2 節以降のように、理解の齟齬を感じて行ったわけではなく、注意を共有するなどの談話の機能がある場合には、CS の方向性は関係ないことも示唆した。

4.3 節では、フォリナートークや単発のミステイクとして解釈されやすい、単語レベルの CS の例を挙げた。これまでの研究では、相手のことばに合わせるフォリナートークのような言語行動は、言語運用能力の異なる発話相手に対する言語的な配慮と解釈されることが多かった。しかし、少なくとも以上で見た例においては、発話相手への肯定的な心的態度を示して会話を促進するためのポライトネス的な方略や、情報のやりとりをスムーズにするための配慮というよりは、発話相手の関心を引き、会話を促進するための共同の注意を確立するための手段であると考えるほうが適切であろう。

4.4 節では、それまで見てきた児童が教師に対して働きかけるものではなく、教師も児童に聞くという働きかけを行った例を挙げた。3 例のうち、教師が相互理解に支障を感じているために質問をしたのは例（4-14）のみであり、後の 2 例は児童の授業タスク理解のための援助等のために行っていた。また、相互理解に支障があっても、必ずしも全ての会話においてそれが解決されるわけではなく、児童が教師や教師の言動に対してどうありたいか、また教師が児童や児童の言動に対してどうありたいか、という立場が関係してくることが示唆された。

次の 5 章および 6 章では、運用能力に関係していないとすれば、どうして児童らは教師にウルドゥー語を使用したりしなかったりするのかという問いに対して、三者間の会話で起こっていることと、その言語使用との関係を通じて、検討することにする。

第5章
ウルドゥー語・日本語の切り替え
——教師と児童の境界をつくる

　4章では、教室内での会話において、言語および非言語コミュニケーションを通して教師と児童はそれぞれの役割や立場を維持しており、必ずしも単純な情報交換を行っているわけではないことを示唆した。また、多くのCSが、運用能力の違いの調整ではないことを示した。そうした意図を持たないCSとはどのようなものなのだろうか。本章では、児童が、どのように教師に対しての発話と児童に対しての発話を分けているのかの一例として、教師に対する呼称のバリエーションや、ウルドゥー語・英語へのCSを挙げ、分析を行なう。

　5.1節では、成人の呼称のバリエーションと、その使用を分析する。成人に対する呼称の使用は、その場の役割関係を再確認する働きがある。データを見ると、呼称という言語形式によって、成人・児童の境界が存在し意識されていることが標示されていることがわかった。具体的には、*anTii* と「○○先」という表現を挙げる。それぞれの形式の選択は、児童の権利と義務（rights and obligations）に関する交渉において用いられることを示す。

　5.2節では、児童らが会話において発話相手や話題などを管理するシステムの1つとして、CSが行われていたことを示す。5.2.2節では、日本語からウルドゥー語に切り替えることで、発話相手を切り替えていることを示すコンテクスト化の手がかり（contextualization cues）となったり、会話の参加者の変化に応じた（situational switching）が起きたことを示す。5.2.3節では、語彙のシフトが、会話の参加者の変化と、トピックの変化が同時に起きた、situational および metaphoric な switching であったと考えられる例を挙げる。

5.1　成人の呼称

　児童らは、アリー先生に対して、児童同士の際とは異なる言語使用も行う。言語を通したやりとりの中で、アリー先生と自分たちの言語の知識の違いと、それの指し示す社会的な役割や連帯の違いは、メタ的に現れていることもある。

　本節では、まず、児童によって使われる、コミュニティの成人や教師の呼称について論じる。呼称の使用は、児童から見たコミュニティ内の世代間関係を表していると考えられる。

　成人を呼ぶには、「○○○(名前)のお父さん」、「○○○(名前)のお母さん」といった表現のほか、名前に *anTii* や *ankl* を付けた表現が、呼称として使用される。モスクの教師に対しては、「先生」という呼称が使われるほか、「○○先」というニックネームが児童ら同士の間で使われたこともあった(例 5-1, 5-2)。

　ここでは、成人の呼称について、一定の規範はあるが、必ずしもその規範は絶対的なものではなく、会話の上では規範から逸脱することを通しての交渉もあり得ることを示す。また、学校という制度に由来する「○○先生」と、コミュニティの成人としての「○○ *anTii/ankl* 」という表現が共存していることからも、そうした交渉可能性が推測されえるということを述べる。ここでの議論は、第 8 章の crossing にもつながる。

5.1.1　成人に対する呼称の概観

　日本の学校文化では、子供は、上の世代の人に対し、「○○ちゃんのお母さん」、「○○くんのお父さん」という表現や、姓や名に「さん」をつけた表現を使用することが多い。また、外国人の場合には、マジョリティ社会の成人同様、名に「さん」をつけることが多い。

　児童らが南アジア系成人に関して言及する際は、男性ならば名前の後に *ankl*、女性なら名前の後に *anTii* がついていた。データ内でも、後の 7 章の例(7-1)で見るように、Hajra *anTii*、Khadijaa *anTii* といった表現が見られ

る。

　南アジア以外の地域出身の男性・女性を、児童たちが *anTii* や *ankl* で呼ぶ
ことはあまりなかった。パキスタン人男性と結婚しており、子どもがおら
ず、Ｇモスクのコミュニティに熱心に関わっているある日本人ムスリム女
性は、児童らの両親がこの女性を呼ぶときと同じように、姓と「さん」づけ
で呼ばれていた。Ｇモスクで中心的な役割を担っている、日本語、英語、
アラビア語を話す日本人シャイフのことも、同様に姓と「さん」づけ、また
は姓と「先生」を用いていた。データ(5-9)にも言及されるマレーシア出身
のシャリーファ先生は、「Sharifaah 先生」と呼ばれていた。他にも、名前を
しらない場合は「○○ちゃんのお母さん」や「○○のお父さん」という表現
も見られた。唯一の例外は、他のモスクを拠点にしている、ウルドゥー語が
流暢で、子ども達にもウルドゥー語で話しかける、ある日本人ムスリム女性
のことで、他のパキスタン人女性のように、Fatima *anTii* と呼んでいた。

　こうしたことから、モスク内でもエスニシティや関係性や役割によって、
児童が成人をなんと呼ぶかは、まちまちであるが、成人が、名(姓ではなく)
や「ちゃん」をつけて呼ぶことのできる児童とは同等としてとらえられてい
ないことは確かである。日本における世代間のコミュニケーションの規範で
ある、上の世代の人のことは名ではなく姓で呼ぶこと、また日本においても
よくある、非東アジア人に関しては姓ではなく名で呼ぶこと、といった慣習
が踏襲されており、その他の場合は、パキスタンのコミュニケーションの規
範に従い、*ankl* や *anTii* といった表現を用いていると考えることができる。

5.1.2　*anTii* の使用

　ビルキス先生の授業のデータからは、ビルキス先生に対して、「先生」、
「teacher」(よりカタカナ語のように「ティーチャー」と聞こえるものも含め
る)、「*anTii*」の三タイプの呼称が見られた。*anTii* をどこで使うかは、一見
さほど難しくないように見える。データからは *anTii* の使用は、全部で６例
見られ、すべて第一次調査のデータからであった。６例のうちの５例はウル
ドゥー語と共起した。また、ジャミラがウルドゥー語に使用した１例を除

いて、すべて児童がジャミラ、カリム、ライラのみであった同じ日に現れた。一方で、授業中にアリー先生に対して「*ankl*」と呼ぶことはなかった。授業外では、第一次調査時に一度「アリーおじさん」と述べたり、数回「*ankl*」と呼ぶのが見られた。

　ジャミラとカリムはそれぞれ一度しか *anTii* を使用しなかったが、ライラによる *anTii* の使用には多様な例が見られた。つまり、*anTii* という表現の選択は、必ずしも 1 対 1 の語用論的な意味があるのではなく、状況に応じて様々に解釈されえること、その場その場でその意味が新たに生成される。

カリムとジャミラによる使用

　ここで、カリムとジャミラが使用したそれぞれ一例を見る。まず、カリムが使用した例をみる。この例は、ライラが *anTii* を多く使った日のものである。

　　（5-1）　*anTii* ちょっとゴミ捨ててくる ［1D 199-201］
　　〈ジュニアクラスの児童が水を飲みに来た〉
　　01 カリム；　　　<u>*anTii*</u> ちょっとゴミ捨ててくる。

　ここではまだ授業中であるが、ジュニアクラスの児童らがやってきて、教師の後ろにあった水を飲みに来ていた。その間、ビルキス先生はジュニアクラスの児童らを見ていたので、授業が一瞬途切れたようでもある。そのとき、カリムが、席を立ってゴミを捨てに行くことを、*anTii* という呼称を使いながら宣言している。Rampton のいう、状況や環境の変化によって、通常とは異なる使用が生じる、という記述を思い起こさせる。ここでは、自分のクラスの授業中でありながら、ジュニアクラスの児童の水を大きなペットボトルからコップに入れるという作業を手伝う、授業の教師ではなくコミュニティの年長世代であるビルキス先生や、授業自体がある種保留になっている状況もあって、*anTii* を使っているという解釈もできる。ここでは、*anTii* と「ちょっと」の間には間がない。また、ゴミを捨ててくるというのは、授

業後でもできることである。そうした意味で、児童としての役割規範には反している。そうした、situational/metaphorical な CS が起きたとも考えられる。また、この例は、後の 5.3.1 節の「washroom 行ってきます(6-4)」と似ている。

（5-2） *anTii kahaaN pe?* ［1B 152-172］

01 ビルキス； Okay,

02 should ［I,

03 should I continue teaching or not］

04 ナディア； ［どこで待ち合わせ？

05 ライラ； だからナディアがいったい］

06 どこで待ち合わせ？

07 ビルキス； Should I, continue, teaching or not.

08 ジャミラ； うん、＃＃＃＃

09 ビルキス； NADIA JAMILA LAILA STOP IT！

10 Sorry

11 ビルキス； 'After walking for a long time,(.)

12 ジャミラ； ［*anTii kahaan pe?*（anTii、どこ？）

13 ビルキス； ［'They felt',

14 °I'm not going to ＃＃＃°

15 （1.0）

16 ビルキス； They felt tired and hungry.

17 They sat down under a tree to rest

18 and eat their food'

19 ジャミラ； わかった！

20 ここだ！

ビルキス先生が英語のテクストを音読している間、ジャミラ、ライラ、ナディアはおしゃべりをしていた。音読を聞いていないことに対し、ビルキス

先生は「音読を続けましょうか？」と述べる。これは、純粋な質問ではなく、間接的に児童らに、授業に集中するよう注意していると思われる。しかし、ビルキス先生が質問している間にも、ライラとナディアはそのまま会話しており、先生に耳を傾けていない。07 行でビルキス先生は同じことを繰り返すが、ジャミラの 08 行の「うん」も、ライラとナディアとの会話に反応しているように聞こえる。09 行でビルキス先生は声を上げてナディア、ジャミラ、ライラを叱る。そこでようやく静かになり、声を上げたことに対して、通常のボリュームで 'sorry' と述べる。ようやく話がおさまったところで、先生は音読を再開する。ジャミラが *anTii* を用いて教師にどこを読んでいるのか質問する。13 行で教師はいったんジャミラの質問に耳を傾けるが、小声で自分は教えない、と英語でつぶやく。

　12 行でのジャミラの発話は、「先生」ではなく、*anTii* を使っている。*anTii* は教室外で使われるのと同時に、これまでで見たように、教室外のコンテクストにおいてよく使われる。また 'kahaaN pe' にはコピュラがない。コピュラがない文は談話においてよく現れるが、コピュラをつけた方がより丁寧な言い回しである。

　この発話が起こったのは、09 行でビルキス先生が怒った後である。教師を無視した児童らに対し、教師は授業に集中するように求めるが、どこを読んでいるかという重要な情報は教えないままである。ビルキス先生は、教師としての英語をそのまま使い続け、小さい声で「私は＃＃ない」というところでも、英語のままである。教師が一貫して英語を使い続けている。ジャミラのやや個人的で教室外的なニュアンスに対して、教室の言語である英語で応答している。また、小声であることや、最後の＃＃＃が聞き取りづらいこと、児童が必ずしも全ての英語の発話がわかるとは限らないことから考えると、ビルキス先生は、ジャミラの依頼に関して応じなかったといえる。

　ジャミラは、結局自分で探すことを余儀なくされるが、わかったことをわざわざ周りに聞こえるように 19 行-20 行で述べている。これも必ずしも児童としての規範と一致しているとは言いづらい。いちいち自分の進捗を表現するのは、やや「子供っぽい」ともいえる。しかし、これはビルキス先生に

自分はきちんとどこだか見つけた、つまり自分は模範的な児童であるというアピールでもある。

　こうしたことから、ジャミラの *anTii* の使用は、教師と児童の対立が起きた場面で、授業外のコンテクスト、すなわち教師と児童の役割関係ではなく、養育する優しいコミュニティ成人女性と子供という「甘え」のコンテクストを持ち込もうとした可能性がある。その試みは失敗し、教師からの援助は得られなかったが、ビルキス先生との衝突に対して、模範的児童であることを言語で示すことによって、ある種の和解を試みようとしているといえる。

ライラによる使用

　次に、より多様な使用が見られたライラの例を見る。以下の例が見られた授業では、ビルキス先生は英語の教科書のテクストを読み、数行読んだところでウルドゥー語に内容を翻訳していた。この切片の数分前に、夏休みの時間割表が配られていた際に、すでにジャミラとカリムはその内容についてウルドゥー語で質問をしていた。この切片の１分前ほどですでにその質問は終わり、その後ビルキス先生は英語の教科書のテクストを読み始め、ウルドゥー語に翻訳し、また英語で読んでいた。そこでライラが ‘*anTii*’ と声をかけた。ビルキス先生はライラの呼びかけに応じ、ライラは夏休みの時間割に関して質問した。

(5-3)　*anTii? assembly kaa matlab kyaa hai*（assembly の意味）［1D 70-75］

01 ビルキス；　Manal was sleepy as the waves rocked the boat. Suddenly a loud shricking sound made her jump. "What was that!" she exclaimed. It was a large seagull that had

02 ライラ；　<u>*anTii?*</u>

03 ビルキス；　hn.

04 ライラ；　assembly *kaa matlab kyaa hai?*（assembly の意味は何？）

05 ビルキス；　Assembly, *matlab* nothing, *sab baccon kaR'aa ho ke, duaa*

kuc kar ke, uh, start *kartaa hai*, start.

（Assembly は意味は nothing、子ども達全員が立って、何らかのドゥアー[1]をやり、start する、start）

06 ビルキス； It was a large seagull that had dived into the sea to catch a fish. All the children enjoyed the sight.

　この部分の *anTii* の使用には、複数の意味が考えられる。まず、footing のシフトが行われている。既に時間割表のやりとりはカリムとジャミラによってウルドゥー語でなされていた。そもそも、時間割の話は、現在進行中の授業タスクと関係ない話である。それは、必ずしも授業を止めてまで行うことかどうかわからない内容である。すなわち、児童としての規範と必ずしも合致していない可能性が高い。そこで、「授業外の話」に言及していることを表すのに CS が行なわれたと考えられる。このような footing のシフトは、カリムがこの数分前の時間割の質問の際「先生」ではなく 'teacher' と呼びかけて始めていたところにも見られている。

　会話の参加者からいえば、この日の授業に出席していたのがジャミラ、カリム、ライラのみだったことで、ウルドゥー語の発話が多かったことが確認されている（第3章）。そのため、コミュニティ内の年長世代（特に女性）に対して、年少者に対する寛大さを見せてもるために、ウルドゥー語を使用する、metaphorical switching が起こった可能性がある。

　次の例でも、授業外の内容であることから、ウルドゥー語および *anTii* に CS していると考えられる。03行で、ライラが自分のペンを見せながら、一本のペンに太い筆先と細い筆先があることを見せる。これも、ジャミラ、カリム、ライラの三人の他に児童がいなかった、同じ日に行われている。ここではビルキス先生はタスクを読んでいるのではなく、児童がタスクを各自で書く場面である。一方で、文房具の特徴の話は、授業とは直接関係ない。そうしたことから、前の例と同じように、内容、metaphorical switching、そして児童としての規範が関連している可能性がある。

第 5 章　ウルドゥー語・日本語の切り替え　143

(5-4)　*anTii? ye aur ye*（濃いペン）［1D 157-163］

01 ライラ；　　　消しゴムにも変えられるよ、＃＃＃＃＃。

02 ライラ；　　　もっと長く書いてこれだと＃＃＃＃＃だかわかんな
　　　　　　　　　い。

03 ライラ；　　　*anTii? ye aur ye kaunsaa* ## *ye, vo*, 濃い。
　　　　　　　　　（anTii、これとこれどちら＃＃これ、これ、）

04 カリム；　　　ねえ濃いって先生わかんないでしょ。

05 ライラ；　　　*vo bahot* インク *vo* ######## *zyaadaa.*
　　　　　　　　　（これはとっても　インク　これ　＃＃＃＃　たくさ
　　　　　　　　　ん）

06 カリム；　　　*nahiiN.*

07 ライラ；　　　うすい

　しかし、次の 2 例は、(5-3)や(5-4)のような授業タスクから授業タスク
に関係のない話への footing のシフトという説明がしづらい。

(5-5)　*anTii, k'aalii ye tiin* colour *hai*（3 色しかない）［1D 224-D234］

01 ビルキス；　　*kahaan hai, id'ar?*（どこにあるの、ここ？）

02 ライラ；　　　*ah, ye board t'oRaa* side *par le.*
　　　　　　　　　（あ、そのホワイトボードのちょっと横にある）

03 ライラ；　　　#####

04 カリム；　　　あ、ぬれます。

05 ライラ；　　　*anTii? k'aalii ye tiin* colour *hai.*
　　　　　　　　　（anTii, これ 3 色しかない）

06 ビルキス；　　*ye kyaa hai?*（これは何？）

07 カリム；　　　teacher teacher teacher, *ye rahaa.*（ここにある）

08　　　　　　　　*ye rahaa* クレヨン。（ここにある）

09 カリム；　　　teacher, *ye rahaa.*（ここにある）

10 ビルキス；　　*haaN, hai na?*（あら、そう？）

11 カリム；これぬれない。

　(5-6)では、ライラは06行で「先生」から *anTii* に切り替えている。また08行でも *anTii* と述べている。一方で、ジャミラは01行で「先生」と呼んでいる。

(5-6)　あー *anTii anTii this?* ［1D 433-442］

01 ジャミラ；　　先生、## *yahaan pe* #### *lik' aa huaa hai.*

02　　　　　　　　（##　ここ　##　書かれる）

02 ライラ；　　### for the word with ##.

03 カリム；　　あー。

04 ライラ；　　あーわかったわかったわかった。

05 ビルキス；　*lik' o* B-E, B-E

　　　　　　　　（書きなさい）

06 ライラ；　　あー、あの、え先生 *anTii anTii* this?

07 ビルキス；　*id' ar* B-E, *lik' o, aur id' ar,* F-R write

　　　　　　　　（ここに B-E、書きなさい、そしてここ、）

08 ライラ；　　anTii? ismeN *do aur do milaa hai aur usko ek* #######

　　　　　　　　（*anTii,* ここに 2 つそして 2 つある　そしてここに 1

　　　　　　　　つ # # #）

09 ビルキス；　*haaN,* [*do* vowels, *hn.*

　　　　　　　　（はい、2 個の *vowels,* そう

10 ライラ；　　[あーわかった。

　この 2 例では、ライラは教師の注意を自分に向けさせようとしたと考えられる。(5-5)および(5-6)の 3 回目の *anTii* は、上昇イントネーションを伴っている。また、(5-6)の 1 回目の *anTii* は、「先生」の直後に述べられ、もう一度 *anTii* が繰り返される。どれも、確実に発話相手の注意を自分に向けさせようとしているときに見られるストラテジーである。

第5章　ウルドゥー語・日本語の切り替え　145

　3人の使用例をまとめる。ジャミラの例(5-1)では、授業中にほとんど使用しない *anTii* を、ビルキス先生が怒った際にその怒りに対応しながら自らの要求を通すために使用していた。カリムは、授業の文脈で、授業外の行為の許可を求める際に *anTii* を使用した。ジャミラの例と同様に、この使用は児童の権利と義務の交渉に関わると考えられる。ライラは、教室の参加者が彼女の兄と姉とビルキス先生だけであった 1D の日に、何度も *anTii* を使用した。(5-3)や(5-4)は授業に直接関係のある話から授業に直接関係のない話をする際の footing のシフトを伴っていた。授業に直接関係のない話を持ち込むのには、児童の権利と義務の交渉が関わる。一方、(5-5)および(5-6)では、授業にやや関係のある内容の中で、より自分の質問や自分の持っているものに関心を向けるために使用したと考えられ、教師の関心を引き、注意を共有しようとした4章の(4-8)の例に似ている。程度の差こそあれ、三人とも *anTii* という呼称を、授業から、「家」ないし授業外の成人と子供の関係へと持ち込むために使用したと考える。

5.1.3 「○○先」の使用

　日本語では、ニックネームをつくるのに、名前のはじめの2モーラを使うことは、一般的である。多くの芸能グループ等もそうしたニックネームがつけられ、活動している。こうしたニックネームは呼ばれる相手との親しさや、呼ばれる相手への親しみやすさを表現すると考えられているといえるだろう。

　日本のマジョリティ社会における学校生活では、生徒や児童らは、教師を「○○先生」と呼ぶことが一般的である。教師に対して、児童生徒に対して使用される「さん」や「くん」、また目上の人などに使用される「さん」といった形式は使用しない。一方で、教師には直接使うことは稀だが、あだ名等をつけることはよく見られる現象である。本節で扱うような、名前および「先生」の後半2モーラを省略した「○○先」という形式も、その1つである。社会規範としては、児童生徒が教師に対してこうしたかたちを呼称として使うことは一般的ではない。おそらく、こうしたあだ名は教師に対して

敬意を払っていないと見なされるのかもしれない。「先生」と呼ぶことは、児童生徒と教師の相互行為の中で、双方の役割の違いを意識し、維持すると考えられる。

　次の2例は、それぞれ、同じ日に発話されたものである。これらのエピソードを見る限り、児童はモスク教室の教師のことを児童同士では「○○先」と呼んでいるが、そのニックネームは教師らに知られていることを前提としていないこと、また、教師らと児童らとの間に区別があることを示している。

(5-7)　ビル先って誰［3C2 423-455］

01 カリム；　　　先生持ってる？

02 ライラ；　　　だから先生に返したじゃん、あの時

03 カリム；　　　先生持ってんでしょ？

04 アリー；　　　いや上にあるよ、上に

05 カリム；　　　上のどーこよ

06 オマル；　　　何階？

07 カリム；　　　3階のどーこよ

08 アリー；　　　三、*pataa nahiiN hai kid' ar hai tumheN apne paas nahiiN hai?*
　　　　　　　　（私はどこにあるか知らない、きみ自分のところにないの？）

09 オマル；　　　<u>ビル先</u>に聞いてみ［たら

10 カリム；　　　　　　　　　　　［俺ない、折れない

11 オマル；　　　<u>ビル先</u>に聞いてみれば？

12 アリー；　　　ビルさん²わかんないビルさんわかんない

13 カリム；　　　俺も

14 オマル；　　　ははははは

15 カリム；　　　<u>ビル先</u>っつった先生、ははおもしれえ

16 ライラ；　　　ははははは

17 アリー；　　　フフフ

18 ジャミラ；　　えうちもってると思うよたぶん

19 アリー；　　　ey Khareem id ar hai（ここだ）

20 オマル；　　　［たぶんジャミラ持ってるヒヒヒヒ

21 ジャミラ；　　［たぶん＃＃＃＃

22 アリー；　　　ここここここー yaa id ar hai, yaa id ar id ar ＃＃＃＃
　　　　　　　　（それともここ、それともここ　ここ＃＃＃＃）

23 オマル；　　　＠＠＠＠

24 カリム；　　　こくぼ

25 イムラーン；　ねえ誰かはさみちょうだい、これきいてみたい

26 オマル：　　　＠＠ふはははは

27　　　　　　　ビル先ふはははは

28 カリム；　　　〈＠〉先生、〈/＠〉

29 アリー：　　　Omar!

30 カリム；　　　ビル先って誰？

31 アリー；　　　paagal hai（おかしい／ばかだ）

32 ジャミラ；　　最後は＆＆＆＆＆＆＆だからね

33 アリー；　　　はい、はい早く書いて早く書いて

　この「ビル先って誰」というエピソードでは、先に見た05行と07行で
のカリムの発話のように、09行、11行でオマルが「ビル先に聞いてみた
ら」と繰り返す。児童らが自分たちだけで共有していると考える「ビル先」
という、直接ビルキス先生や他の大人達に対して使わない語を使ってみせ
た。この語を理解していなければ、アリー先生から直接応答はないだろう
し、理解していれば、児童らの共有知識がアリー先生にも共有されていると
いうことになる。アリー先生が、児童らが誰を指しているかわかっているこ
とは12行でわかる。オマルの「ビル先」という語に対し、アリー先生はき
ちんと反応し、「ビルさん」と答える。アリー先生は通常「Bilqis 先生」と
言及しており、「ビルさん」と呼んだのは、筆者が観察した限りでは、ここ

が初めてである。これは、児童の述べる「ビル先」を「ビルさん」と解釈した可能性がある。オマルやカリムが笑い、ライラも笑う。カリムの 15 行の発話では、「ビル先」とアリー先生が言ったことが面白いのだと明言されている。26 行でまだオマルは笑っており、27 行では、再度「ビル先」と言及しながらわざと笑っている。カリムが 30 行で「ビル先 (ビルさん)」とは誰のことか、アリー先生に確認する。アリー先生は、わざわざ明文化しなくてもわかることを表現している。

この切片では、他にも、教師と結びつけられた言語使用に関する発話がなされている。イムラーンは 25 行で「これきいてみたい」と発言する。はさみを使って「これきいてみたい」というのは、「きいてよ」を「きってよ」というアリー先生に対して、「切って」を「きいて」に変換したと考えられる。このことに関しては、8.3.1 節で詳細に述べる。

また、全体として、教師へのからかいがいろいろ起こっていることは、「ビル先」の話や「きいてみたい」の他にもある。18 行では、ジャミラが急に、それまで話題になっていたプリントを、実は持っていると言う。その点に関しても、20 行で笑いが起こる。

カリムの「どーこよ」という発言があり、オマルも「ビル先」という語を使い、イムラーンも「これきいてみたい」と言う。どの語も、児童が意識する教師と児童らの境界線の存在が前提となっている。「どーこよ」は、「どこ」と発話しても「どこよ」と発話しても、児童らにはニュアンスの違いがあることがわかるが、アリー先生にはその表現の違い、または少なくともそのニュアンスの違いがわからない。つまり、児童とアリー先生の「言語」の違いは、児童にとって前提となっている。「きいてみたい」も、児童らとは異なるアリー先生の知識が焦点となっている。「ビル先」という語は、「ビルキス先生」という語が省略されており、教師や成人に対しては使わず、児童同士で使うものであるという規範であることが含意されている[3]。

カリムは、(5-7) のエピソードの少し後で、アリー先生本人に、「アリ先」と呼んでみている。次の例 (5-8) を見る。

第5章　ウルドゥー語・日本語の切り替え　149

(5-8)　アリ先アリ先［3C2 462-484］

01 カリム；　　♪〈日本語で歌を歌う〉♪

02 ジャミラ；　わかんないよー

03 カリム；　　♪〈日本語で歌を歌う〉♪

04 イムラーン；すみません「自存」ってどういう意味ですか

05 ヤマシタ；　ん？

06 イムラーン；簡単にすれば。日本語で。自存。

07 カリム；　　先生先生

08 ヤマシタ；　自存？

09 イムラーン；はい。

10 ヤマシタ；　自存って何？

11 ジャミラ；　自分の自に、存［在のー

12 カリム；　　　　　［アリ先アリ先

13 イムラーン；存。

14 ヤマシタ；　存？

15 カリム；　　@先生先生

16 カリム；　　これさー、アルミーのとこだけでいい？　読むの

　ここでは、カリムが一度「先生先生」と呼びかけるが(07 行)、アリー先生から返事はない。その後、「アリ先」と呼びかけるが(12 行)、またしてもアリー先生から返事がない。カリムはひとりで笑いながら、「先生」と言い直している(15 行)。

　カリムは、この前にあった「ビル先」のエピソードを念頭におき、「アリ先」と呼ぶことによって、アリー先生が児童らと同じように「○○先」というニックネームの形式を理解しているのかを、確認している。また一方で、万が一アリー先生がカリムの発話を理解していたら、返事がないことは、「アリー先生」ではなく「アリ先」と呼ばれることへの抵抗として解釈されることもある。いずれにせよ、「アリ先」と呼ぶことは、教師を省略形で呼ぶことであり、若者の隠語としてではなく、直接的に相手を矮小化している

ように聞こえる。その気まずさが、カリムの2回目の「先生先生」の直前
の笑い、そして修正に現れていると考えることができる。

5.2 発話相手と会話の管理

5.2.1 「発話相手の限定」に関する問題

　言語の切り替えが、発話相手が誰かであるかということと関係があること
は、一見自明のように思われる。しかし、実際の会話では、ある発話が特定
の発話相手に向けられたものであるか否かは自明ではない。また、発話相手
を限定することは、会話の参加者が誰であり、誰を排除しているのかを指標
することでもある。

　例えば、Appel & Muysken(1987)では、言語選択のこのような機能を
'directive function' と呼び、ある発話相手にだけ通じる言語を使うことで、
その言語を使用できない話者に内容を推測されないようにしたり、発話相手
に対する accommodation を行ったりするという説明をしている。Myers-
Scotton(1995)でも、複数の民族の人が参加している会話で、同じ民族同士
の話者らが民族語で話す例を挙げ、その民族集団の所属やその民族集団への
近接性を言語選択でほのめかしながら、義務と権利の交渉を行うことが示さ
れた。

　このように、従来の「民族＝言語」的なコミュニティの研究では、特定の
言語を選択することが、特定の社会的な属性や集団の所属の表明であるとさ
れる。同じ社会的属性ないし集団に所属していることに訴えながら、会話に
おける説得や依頼など様々な行為を行うことが挙げられてきた。

　両方の言語を知っているコミュニティの場合、発話相手の限定を兼ねた
CS は、内容を推測されないためとは言い切れない上、民族と言語選択の間
に関係性があるとはいえない。コンテクスト化の手がかりとして発話相手の
限定(addressee specification)をあげた Gumperz(1982)の解釈枠組みにおいて
は、先述のような民族と言語の関係性は前景化されていない。一方で、
Gumperz の概念は理論的であるため、詳細な会話の分析の実態や、また本

データのような会話の参加者の言語運用能力や社会的な属性に多少のばらつきがある実態には、やや応用しづらい。例えば、本研究のデータでは、日本語からウルドゥー語・英語という方向での CS が多い。Gumperz(1982)では、両方向の CS が、同列に例示されている。

　本研究のデータでは、これまでの研究で挙げられた事例とは異なり、特定の相手に内容を推測されないため、同じ民族集団の所属であることに訴えるという以外のことが起こっているように見受けられる。具体的には、本データの例では、児童らがウルドゥー語を使う場合、他の児童を排除する意図があったとは簡単には言い切れないが、児童らは他の児童によるウルドゥー語の発話を、基本的には自分たちに向けられた発話と見なさないことがわかった。児童らは、日本語とウルドゥー語を教師およびマリヤム(ジャミラ、カリム、ライラの妹)に使用していた一方で、それ以外の教室参加者には日本語しか使用していなかった。児童らは、日本語とウルドゥー語が通じる同じ教室の児童に日本語のみを基本的に使っている一方で、教師を交えた複数話者間の会話でのウルドゥー語の使用は、「教師と直接やりとりすること」や、他の児童とのアラインメント(6 章参照)を切り、他の児童からの影響を最小限にして、教師との交渉を自分の望むように進める行為に使うことを意味したと考えられる。

5.2.2　発話相手の限定／選択

　児童は、言語の切り替えではっきりと発話相手を区別することもある。下記の授業の終わりの会話の例では、ジャミラが、身体の向きと言語を同時に変えることによって、ビルキス先生と筆者との間で発話相手を選択している。

(5-9)　*ab'ii c'uTT'ii hai na?* [1A 1295–1301]

01 ジャミラ；　　　maths *kaa* teacher *kahaaN hai?* (算数の先生はどこなの？)

02 ビルキス；　　　*nahiiN aaeNgii ab'ii tak.* (まだ来ていない)

03 ジャミラ；　　　これ学校来たら、先生がね＃＃。

04 ヤマシタ；　　　うん、休み＃＃＃＃？

05 ジャミラ；　　　<u>うん、休み。</u>

06 ジャミラ；　　　*ab'ii c'uTTii hai naʔ*（今休み時間でしょう？）

07 ビルキス；　　　*kaun.*（誰）

08　　　　　　　　*Aan, ab'ii.*（ああ、今）

すでにこの数ターン前で、ビルキス先生が「ここに座ったままで、やることがあればやりなさい」とウルドゥー語で述べていた。01 行で、ジャミラはビルキス先生に、シャリーファ先生がどこにいるかを聞く。シャリーファ先生は、この授業の後で、算数を教えることになっていた先生である。ビルキス先生は、02 行で、まだ来ていない、と答える。03 行では、ジャミラは筆者に声をかけ、話を始めようとする。筆者は教室の後ろ、ジャミラたちの後ろに座っていた。そのため、ジャミラは教師とは反対の方向を向くこととなった。授業が終わったのかどうか、児童にとってもう休み時間なのか、筆者は聞く。ジャミラは、休み時間であると 05 行で答えるが、06 行で頭を前に戻し、ビルキス先生に休み時間であることを確認する。ビルキス先生も、08 行で、同意する。

　上の例はウルドゥー語話者と非ウルドゥー語話者の例であるが、次の例はウルドゥー語がわかる会話参加者内での切り替えである。注目すべきなのは、どちらの言語でもみなライラの発話を理解していることが推論できるのに、ライラの思うとおりに他の話者らからの応答がないために、ウルドゥー語で言ったのと同じ内容を日本語で繰り返すという余剰が起こっていることである。

（5-10）　お父さんいらしたの ［1E 236-251］

01 カリム；　　　ライラ言っちゃうよ―言っちゃうよ―

02 ライラ；　　　え何？

03 カリム；　　　お母さんに言っちゃうよ―

第5章 ウルドゥー語・日本語の切り替え 153

04 ライラ ；	えなんで？
05 カリム ；	なんか［遊んでた　＃＃＃］
06 ビルキス ；	［*ab'ii abuu*］*aa* <?> *gayaa to/ ke* ### </?>
07	*kyaa bolnaa hai?*
	（今お父さんが来たら何を言わなくてはならない？）
08 ライラ ；	え、
09	*abbuu aaye t'eʔ*（お父さんいらしたの？）
10	<?> いー／えっ </?>、来たの、ほんとに？
11 ジャミラ ；	だから何しに行ってたの？
12 ライラ ；	<u>来たの？ほんとに</u>
13 カリム ；	何しに行ってたの？
14 ライラ ；	<u>ね来た？ほんとに</u>
15 ジャミラ ；	しらないよ！
16 ライラ ；	*aaye t'eʔ*（いらした？）
17 ライラ ；	〈にやけた声〉うそでしょう
18 カリム ；	来たよ。
19 ビルキス ；	*vo,* table ［*le ke aao*（それ、table もってきなさい）
20 カリム ；	［下まで来たよ

　遅刻したライラが教室に入ってきた瞬間、カリムがライラに、彼らの母親にライラが遅刻したことを告げ口すると述べる（01-05 行）。ビルキス先生も彼女の父親に言及する（06-07 行）。カリムもビルキス先生も、正当な理由なく遅刻してきたライラに、制裁を与えたいことがうかがえる。「父親（*abbuu*）」という単語に反応したライラは、まさか父親がモスクに来ていたとは考えられないので、すぐビルキス先生に聞く（08-09 行）。しかしビルキス先生からはっきりとした答えはない。そのため、ジャミラやカリムにも確認しようと、ジャミラの方を向き、日本語で父親が来たかどうかを聞く（10行）。ジャミラは、直接には答えず、逆にライラに質問をする（11 行）。筆者

の記録にはないが、二回目のライラの日本語の質問(12行)では、ジャミラではなくカリムの方に向いていた可能性もある。カリムもジャミラと同じように、ライラの質問に答えずに同じ質問をする(13行)。

ここで注目するべきは、どちらの言語の誰の発話もみな理解していることが推論できるにも関わらず、異なる言語での繰り返し(reiteration)が起こっていることである。ビルキス先生の発言とそれに続いたライラの質問が、ジャミラとカリムにわかっていることをライラが知っているのは、ライラの09行での質問で「お父さんが」が省略されていることからわかる。また、ジャミラとカリムもライラの質問をきちんと聞きとっていたことは、11行と13行でどちらもライラの質問を確認する要求がないことから推論できる。このCSは、ライラが欲している、父親が来たかどうかという問いに対する返答を、ビルキス先生、ジャミラ、カリムがしていないことが引き金となり、ライラが教師と児童の双方に懸命に働きかけて返答を得ようとしたと解釈できる。

このような例は、たとえ教師が、日本語とウルドゥー語の両言語を使える相手であっても、発話相手の切り替えの際にウルドゥー語を使う人として認識されていることを意味する。

最後に、こうした言語選択が、単なる発話相手の限定や選択ではなく、発話者と発話相手、そして別な発話者との関係を管理していると考えられる例を挙げる。

次の例は、これまで見たような例に似ているが、1つ問題点がある。この例は、カリムに対してライラとビルキス先生が発話するところであるが、ライラの発話は、教師とほぼ同時、また同じ内容の発話になってしまっている。同時発話は一般的に会話において回避されるものであるが(Schegloff, Jefferson, and Sacks 1977)、教師が英語でカリムに発話しているのに対し、ライラがカリムに日本語で発話しており、三者間の会話ではなく、二者間の会話が別々に起こっているかのような印象を与える。

（5-11）　*duaa, duaa* を ［1D 76-81］

01 カリム；　　　*vo*, teacher teacher, *ye kyaa hai?*
　　　　　　　　（それ、teacher teacher これ何ですか？）
02 カリム；　　　teacher, teacher、これ。
03 ライラ；　　　だからおうちへ帰るの。
04 ビルキス；　　［*duaa duaa*］ and preparing ［to go home.］
05 ライラ；　　　[*duaa, duaa* を、]［あー、えーと　こういう］duaa と
　　　　　　　　かを
06　　　　　　　　読んですぐおうちへ帰るのっ！

　カリムは教師に対して質問をしたのにもかかわらず、ライラが割り込んで答えようとしている。ここでは余剰が起きている。

　カリムが、授業の開始のときに配られたモスクのサマースクール（夏休み中の集中教室）の時間割を見て、質問をしている。この１分ほど前には、教師が英語のテクストを読み上げているのにもかかわらず、ライラ、そしてそのさらに前にはジャミラもサマースクールの時間割に関して質問をしていた。テクストを読み上げて、少し間があいた直後に、カリムはビルキス先生に対して質問をする。その質問の内容は、ライラには見えないのだが、すでに質問されていない唯一の項目から、ライラはカリムが何を質問しようとしていたのかを察することが可能であった。カリムは teacher という語や、ウルドゥー語、日本語を使って発話をする。指名されていないライラがそれに日本語で答えている。ビルキス先生が答えるのとほぼ同時に、ライラも答える。一般的に会話における重複は、回避されることが多いが（Sacks, Schegloff and Jefferson 1977）、ここではビルキス先生が続け、ライラは一瞬沈黙する。ライラの発話が中断したのは、preparing という語を知らなかった可能性と、ビルキス先生と同時の発話になってしまい、重複を回避したという見方ができる。どちらかといえば、教師と児童が同時に話していれば、教師の発話が優先されること、あるいは、そもそもビルキス先生とカリムが話していたので、ビルキス先生がライラにターンを譲らない限り、ビルキス

先生が常識的な回答者になることからか、ビルキス先生は中断せずに答えた。一方で、ライラは途中でまた開始するが、ビルキス先生が話している間はあまり具体的な発話にならず、ビルキス先生の発話の後で、「*duaa* とかを読んですぐおうちへ帰るのっ！」という苛立ちながらの発話を行っている。

　ここでは、ライラがビルキス先生と同等のポジションに立って、カリムに対する優位性をカリムに示そうとしていると考えられる。ライラは、日本語を使用し、繰り返しになるにしても日本語で言い続けることによって、自分と教師の発話をそれぞれ別に生じているもののように扱うことで、これが三者間の会話ではなくカリムとライラの二者間の会話であるように設計している。また同時に、カリムの知りたかったことをすでにわかっており、知識をもっているという優位性を構築したかったと解釈できる。つまり、発話内容が同じでも、言語が異なれば、発話者1と発話相手、発話者2と発話相手の関係は、それぞれ別々なものであるという認識ができていることになる。言語選択が、発話相手の違いを示すためではなく、発話相手に対する発話者および他の発話者の関係を構築するものであるということがわかる。ここでは、ライラはカリムに対して情報を教えることができる優位な者という立場を構築している。

5.2.3　発話相手、話題、語彙のシフト

　次の例は、会話の参加者の管理を行なっている例である。16行から18行までのところで、会話が変化しており、それに伴い、Sunday や Saturday といった英語の語彙が、19行以下では「日曜日」や「土曜日」とともに使われるようになる。Saturday や Sunday は英語の語彙ではあるが、コミュニティ内の成人のウルドゥー語の会話でもよく使われるため、ウルドゥー語のコードと呼べると筆者は考える。ここでいう会話の変化とは、話題の変化と、会話に参加している人の変化のことである。具体的には、15行までがビルキス先生とのある女性の結婚式の話、そしてその後はイムラーンの主張ではじまるイムラーンの話であり、19行以下の話には教師が参加していない。

具体的な語彙のシフトは、次の通りである。教師との会話から12行で
ジャミラが Sunday という語を使い始める。その後、ビルキス先生、ライ
ラ、イムラーンも Sunday や Saturday といった英語の語彙を使い続ける(13–
17行、20–21行)。しかし、教師との会話が終わり、イムラーンが26行で
話し始めたときには、「日曜日」や「土曜日」といった表現になっている。

(5–12)　Sunday/Saturday［2C 86–112］
〈ビルキス先生がウルドゥー語で数分電話していたが、電話が終わる。
電話では、Sunday という語が使用された。その後、イムラーンがビル
キス先生に誰と話していたかを聞く。ビルキス先生が答えないところ、
ジャミラが、パキスタン人成人女性の一人であるハジラおばさん(Hajra
anTii)と話していたのかと聞く。イムラーンは自分の母親かどうか聞く
が、ビルキス先生はそれには答えない。ビルキス先生は、ジャミラにな
ぜハジラおばさんかと思ったかを聞く。〉

01 ジャミラ；　　　いや、［あの人］結婚式もう少しでするんでしょ。

02 イムラーン；　［俺のお母さん？］

03 ビルキス；　　*kab, kab desa*, decide *kiyaa* date?

　　　　　　　　　（いつ、いつ deci, date は decide したの）

04 ジャミラ；　　°＃＃＃＃ <?> わかんない／たぶん </?>°

05 ジャミラ；　　いやでも、あの、Sunday っていったからー

06　　　　　　　　じゃあ°[一緒に＃＃＃°

07 ビルキス；　　[じゃあ next［2Sunday2］

08 ライラ；　　　［2 え Saturday じゃ2］ないの？

09 ジャミラ；　　うん、たぶん Saturday［＃＃＃＃＃。

10 ビルキス；　　　　　　　　　　　　　 [next Saturday

11 イムラーン；　俺 Sunday 誰かのうち行く。

12 ビルキス；　　*aayaa hai larkaa*（来たの、男性は）

13 ジャミラ；　　うん、それはもう来たんじゃないの？

14　　　　　　　　だって、普通、

15   (0.5)
16 イムラーン； ねえ Sunday どっか行く。
17 ライラ；   だから Saturday なんだってば。
18   (1.0)
19 ジャミラ；   〈小さい笑い〉[@@
20 ライラ：   〈小さい笑い〉[@@
21 イムラーン； なんでわらってんの？
22   (2.0)
23 ジャミラ；   いや@@、話がわかってないから@@
24 カリム；   @@［@］
25 イムラーン； ［だか］らー、
26 カリム；   だって［このおっさんがウケるから］
27 イムラーン： ［じゃなくて、］
28 イムラーン； 俺は、日曜日にどっかに行くの。お母さん［に言われ
            た］
29 ジャミラ；   ［どこに］行くの？
30 イムラーン； わかんない。
31 ジャミラ；   うちらも［行くよ。
32 ライラ；   ［だから、土］曜日に［2－2］
33 ジャミラ；   ［2アリ2］先と一緒に。
34   (2.0)
35   ああ違う、アリ先じゃなくてー、
36   あのね、あそこ行くの。
37   (1.0)
38 ジャミラ；   °アリ先＃＃＃＃［＃°
39 イムラーン； ［俺］誰かんち行く日曜日わかんないけど。

　Saturday や Sunday といった語彙は、児童が児童同士の会話で日常的に使
用しているものではない。この Saturday や Sunday から、「土曜日」や「日

曜日」への語彙のシフトは、会話の参加者の構成や、話題の転換が同時に起こっている situational switching といえる。

　ビルキス先生がしばらく電話をしていたあと、イムラーンが電話の主を尋ねるが、ビルキス先生は教えない。ジャミラが「Hajra さん」ではないかと推測する。ビルキス先生はそれに答えないが、Hajra さんへの言及が意外だったのか、そこで何かあると推測し、Hajra さんに何があるのか聞く。ジャミラが、Hajra さんがもうすぐ結婚すると述べるのが上記の 01 行である。ビルキス先生はそれがいつなのかを聞く（02 行）。ジャミラは小さい声で、「わからない」ないしは「たぶん」と思われる語をつぶやく。ジャミラの 05 行の「Sunday って言ったから」は、なぜ Hajra さんと電話していたと推測したかの理由をビルキス先生に述べている。ビルキス先生は、それでは Sunday なのか聞き、ジャミラとビルキス先生の会話に割り込むライラは Saturday ではないかと述べる。ライラが、ここで「土曜日」と述べていたら、この一連の会話の流れではなく、ジャミラ個人に対する情報の修正の要求に聞こえただろう。ジャミラは、09 行でも Saturday と続け、ビルキス先生も 10 行で Saturday とつなげる。この一連の Saturday と Sunday の使用は、談話の一貫性を保つとともに、まずビルキス先生とジャミラが会話していたところにライラが加わるという参加構造を象徴している。

　イムラーンの 11 行での Sunday の選択は、ジャミラらに自分の発話を聞いてもらいたいという意図を示していると考えられる。イムラーンも、この三人の会話に混ざりたいと考え、語彙の選択を一致させていると考えられる。しかし、イムラーンのその発話は無視され、12–13 行でジャミラとビルキス先生は Hajra さんの結婚に関する会話を続ける。16 行でもイムラーンは再度 Sunday と述べる。ここでは、17 行でライラが Saturday だと述べて反応する。その後で、ジャミラとライラが笑う。

　もうこの時点で、ビルキス先生との会話は終わっているようである。ビルキス先生の笑い声は聞こえない。笑われることに抵抗しながら、28 行でイムラーンは自分の話をようやく始める。ここでは、語彙はもう Sunday ではなく「日曜日」になっている。ビルキス、ジャミラ、ライラの輪から、イム

ラーンにジャミラとライラの注意が移った時点で、イムラーンの目的も達成
されている。談話としても、そこにいたるまでの間や笑いがあって途切れた
上、ライラにとってもイムラーンの話は14行までの三人の会話とは異なる
話であることが、17行でそもそも日が違うことを主張することによって、
示唆されている。イムラーンの会話にビルキス先生はもう含まれていないこ
とも、イムラーンの「日曜日」の選択を促したと考えられる。その後のライ
ラも「土曜日」という語を使用しているし、39行のイムラーンも「日曜日」
という語を使用している。

　33行では、5.1.2節に見られた「アリ先」の使用も見られる。この使用
も、この会話の参加者が児童のみに限定されていることを示していると考え
られる。

5.3　5章のまとめ

　成人の呼称には、いくつかのバリエーションがあった。「先生」という表
現は、学校という制度における児童と教師の役割関係と義務に関連してい
た。一方、*anTii* の使用は、養育者として年少者に愛情を与える年長女性
と、その年長女性に依存し甘えることのできる年少者いう関係を喚起させ
た。*anTii* という呼称は、児童としての義務から離れて、年長者から愛情と
寛大さを受ける年少者としての自分を表現し、教師に「寛大な年長者」とい
う役割を求めていると思われる例を5.1節では確認した。

　5.2節では、ウルドゥー語の選択・非選択が、発話相手の限定や選択のみ
ならず、話題のシフトや会話参加者のシフトと共起することを示した。

　アリー先生やビルキス先生には、「○○ *anTii/ankl* 」、「先生」、「○○先」
など、複数の表現が使い分けられているが、それらの呼称は、彼ら同士の会
話の積み重ねの中で、次第に意味を獲得していくと考えられる。二人は、決
して名前のみで呼ばれることはない。また日本語では世代関係なく使える
「○○さん」という形式も使われない。こうしたことから、基本的には児童
は、アリー先生やビルキス先生の役割を認識していることがわかる。一方

で、「○○先」に見られるように、児童同士のある種の秘密語の使用によっ
て、会話参加者間の境界線（児童と教師の境界）を制定していることも事実で
ある。児童らは、児童同士の談話の中で権威に挑戦していると考えることが
できる。

　「先生」とその周辺の表現は、流動的であり、変化する可能性がある。し
かし、日本語が優位で、日本語を日々の生活で圧倒的に多く使っていても、
呼称は規範的な世代間の関係を反映したものになっていた。こうした点で
は、日本語が優位な移民コミュニティの第二世代が第一世代を軽蔑してお
り、家長や年長者を中心とする権力の構造が覆されているとは言い切れな
い。一方で、児童の間でその権力関係の存在が共有されながらも、世代間の
関係をより挑戦的にとらえる視点や立場を構築するのに、「○○先」が使用
されていることを示した。

注

1　ドゥアーとは、イスラームにおいて義務となっている一日五回の礼拝とは区別され
る、個人ないし集団で行われる祈りのことである。ここでも見られるように、イベン
トの始まりや終わりに全員で行われることも多い。

2　［birusan］とやや前よりの a で発話された。

3　第二次調査 2E では、ビルキス先生と言い合いになっていた際に、イムラーンが「ア
リ先」と言及したことがあったが、他はみな児童同士の会話に見られた。

第6章
ウルドゥー語・日本語・「ですます体」
の切り替え—スタンスの構築

　前章の5章では、発話相手の切り替えや、児童同士の会話と教師との会話の区別のために CS が起こっている例を挙げた。その前の4章では、教師との間に会話における認知的な基盤を作るために児童らが英語やウルドゥー語へ CS することを示した。本章では、この児童同士の会話と教師との会話との区別の延長線上にあると思われる、相手に対する自分の立ち位置を構築したり交渉したりするために CS を行う例を検討する。4章で扱ったのが共同の注意という、発話者と発話相手が共有する認知的な基盤を作ることであったのに対し、本章で扱うのは、自身の態度を表明することによって、他者の意見に align(ある対象物にたいして、別な主体と同じ立場をとる)したり disalign(ある対象物に対して、別な主体と異なる立場をとる)したりすることで実現される、社会的な関係の構築である。具体的には、児童らがウルドゥー語を用いて行うことの1つに、他の児童との alignment をやめて教師と align し、自分のしたいように交渉をすることがあることを指摘する。つまり、発話児童が自身と教師および他の児童との関係性を管理するのに CS が使用されていることを主張する。

　Alignment(以下アラインメント)、disalignment(以下ディスアラインメント)、stance(以下スタンス)に関しては、Du Bois(2007)の stance triangle(スタンスの三角形)がわかりやすい。Du Bois は、会話における発話者(主体1, subject 1)と発話内容(客体、対象)、発話相手(主体2, subject 2)の関係を、以下のような図に表した。

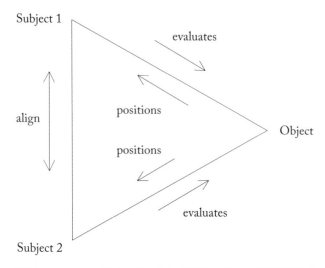

図11　スタンスの三角形(Du Bois 2007: 163、一部筆者編集[1])

　それまで、発話の立場や態度といったものがどのように発話や言語形式において表現されるかということが、スタンス、立場、態度、姿勢など、様々な概念で呼ばれていた。また、スタンスの使われ方も、研究者によってまちまちであった(Jaffe 2009)。発話の中で次々と変化していくそうしたものを、どのように概念として定義し扱うかに関して、Du Bois は上記の三角形を提示した。彼は、スタンスを標示するには、三者が必要と考えた。主体(Subject)から客体(Object)に向けられるスタンスが evaluation(以下、「評価」)、客体を基準にして主体が自らを位置取ることを position(以下、「位置取り」)、そして主体と同様に客体に対して評価をし、客体を基準にして自らを位置取っている他の主体との関係をアラインメント[2]としている。アラインメントとは、Subject(主体)が他の Subject(主体)に対して構築する「連帯」ないし「同調」のことである。一方で、ディスアラインメントとは、Subject が他の Subject とのアラインメントをやめることである。すなわち、Subject がもう一方の Subject とは異なる評価を object に投げかけていること、または object が変わることによって、subject はディスアラインすると

第6章　ウルドゥー語・日本語・「ですます体」の切り替え　165

考えることができる。この矢印にあたる部分が、発話において表れているとし、その発話をもって「スタンスを構築している」というのである。

6.1　ウルドゥー語の使用

5章で見たように、言語の選択は、教師、発話者児童、他の児童の三者の会話における関係と関わっていると考えられるが、本節では、アラインメントおよびディスアラインメントの構築に、ウルドゥー語の使用が関係していると考えられる例を挙げる。

6.1.1　ウルドゥー語によるアラインメントの構築

本節では、児童がウルドゥー語を使用することで、教師に対してのアラインメントを構築していると考えられる例を挙げる。

> (6-1)　ばらばらに下に行っている［1D 450-454］
> 01 ジャミラ：　　なんでこいつら何回もきてんの。
> 02 ビルキス；　　All they are coming to toilet。
> 03 ジャミラ；　　*bar bar niice jaataa hai na.*（ばらばらに行っているね）
> 04 ビルキス；　　*aaN.*（そう）
> 05 ジャミラ；　　*ab'ii b'ii niice gayaa vo.*（今も彼が下に行った）

ここでは、ジュニアクラスの児童が、シニアクラスの教室の後ろを通って、下へつながる階段へと向かっているところの発話である。構造上、ジュニアクラスの教室がシニアクラスの教室よりも奥にあるので、トイレなどがある下階に行くのに、児童がシニアクラスを通ることになる。ジャミラがジュニアの児童らについて言及したのがわかったのかわからなかったのかは明示的ではないが、ビルキス先生も、やはりジュニアの児童に関して02行で言及する。この発話は、筆者の方をビルキス先生が向いたかどうかに関する記録は残っていないが、声の明瞭度から、独り言やジュニアの児童らに対

してではなく、筆者に向けられたものだった可能性も残している。03行ではジャミラがウルドゥー語で01行での発話と同じ内容を述べている。ここでのジャミラの発話は、ジュニアクラスの児童らを object とし、教師にアラインしている。ジャミラは、モスク教室での最年長として、ビルキス先生を助けたり、より年少の児童の面倒をみたりすることもある。ジャミラのこのウルドゥー語の発話は、そうした授業外でのジャミラの言語使用と、ジャミラのモスク内での役割や立場を彷彿とさせる。

次の(6-2)では、カリムが日本語で教師にタスクを確認しているところに、ライラが混ざる。

（6-2）　S-H 一個しかないよ ［1D 524-529］
01 カリム；　　　teacher、"S-H" 一個しかないよ
02 ビルキス；　　hm.
03 カリム；　　　*"S-H" k'aalii ek hai.* (S-H 一個しかない)
04 ライラ；　　　*k'aalii ## hai.* (＃＃しかない)
05 ビルキス；　　S-H?
06 ビルキス；　　*aa, ek hii hai.* (ああ、一個です)

01 行でカリムは、単語の中に「S-H」があるところに特定の色を塗るタスクなのに、「S-H」が１つしかないので、本当にそれで文字通りタスクを遂行していいのか、という確認を通して、教師の指示をうかがおうとしている。しかし、02 行では教師からは最小限の応答しかもらえず、期待していた指示がなかった。そのため、03 行で即座にウルドゥー語で聞き直している。04 行でライラはカリムとほぼ同内容の発話を、ウルドゥー語で行う。ここに、ライラがカリムと同じ言語で同じ内容を、タスクを行う児童として教師に対して述べており、カリムとライラの alignment が生じている。

（6-3）では、ライラが自発的にタスクの回答を読み上げようとし、教師がその流れに沿っているところを、ジャミラが一旦中止させようとする例であ

る。ライラは回答を読むことで、教師にその回答が正しいか正しくないかを判定してもらおうとしている。02行でビルキス先生は、ライラの回答を正しいものに訂正すると同時に、上昇イントネーションでその続きを述べるように促す。まだ自分の答えの準備ができていないジャミラは、03行で、ライラまたはビルキス先生が正しい答えを発話するのを一時的に中断させようとする。「*boleN*」の依頼相手は二人称複数で、教師のみ、または教師とライラ二人に向けられたものと考えられる。「待って待って待って」のより反射的な発話から、「言わないでください」という直接的な依頼へのシフトが、CSと共に見られる。ここでは、ライラではなく、ライラの回答の流れを誘導する立場にいる教師に特に向けられた発話だと考えられ、教師に対して使われるウルドゥー語が現れるのはそのためであると考えられる。

(6-3) *Ab'ii na boleN* [1A 216-219]

01 ライラ : The should,

02 ビルキス : we should?

03 ジャミラ : 待って待って待って *ab'ii na boleN* (まだ言わないでください)。

04 ビルキス : hn.

　次の例(6-4)は、既出の「*anTii* ちょっとゴミ捨ててくる(5-5)」に似ている。話している最中のビルキス先生に対して、トイレへ行く許可ではなく、トイレに行くと宣言することで、消極的な容認を得ようとしている。もちろん、「トイレ」という日本語の表現はビルキス先生も知っているため、この「washroom」は運用能力に合わせたCSではない。

(6-4) Washroom 行ってきます [2A 597-600]

01 ビルキス : 'made a plan'

02 イムラーン : 先生ー。

03 　　　　　　 washroom 行って来ます

04 ビルキス；　　'in a weak voice'

　このイムラーンの発話には、3点特徴がある。まずは、やや長音化した「先生(せんせー)」である。「先生(せんせい)」ではなく、/ei/ が /e:/ と長母音化した場合、相手に対してやや甘えているように聞こえる。次に、washroom という語の使用である。これは、先のウルドゥー語での alignment と似ており、教師に align した語彙の選択だと考えられる。そして、三点目は「行ってきます」という表現である。児童が席を立って勝手にトイレへ行っていいかは、規範上議論の余地がある。小学校や中学校では、許可を求めなければできない行為である。この小さな教室でも、規範は明示的に書かれたり言われたりしていないが、黙って立つと注意されるので、許可がいると考えられる。もしイムラーンが許可を「トイレ行っていいですか」という形で述べていたら、教師にとっては YES や NO の一語で、許可を与えたり拒否したりすることが容易にできる。しかし、宣言として言うと、教師は一語では許可を拒否しづらくなる。許可を、拒否されることはイムラーンの本意にかなっていない。しかし、いわゆる「ですます体」を使うことで、教師に対し、ある程度は教室内の秩序を理解していることを示すことができる。

　この3点の特徴は、先生に対する alignment を構築しながら、さらに教室の規範や秩序を理解していることを言語的に示しており、イムラーンが、授業中にトイレへ行くために立ち上がって教室を出るという行為を、大きなトラブルなく遂行しようとしていると考えることを可能にする。

　以上4例を見たが、それぞれ児童としての役割や、教室内で教師が持つ誘導としての役割ないし立場を意識し、その中でウルドゥー語への切り替えが行われていた。ウルドゥー語に切り替えることで、児童は他の児童をさしおいて、教師の注意を引き、自らの主張や発話を「直接」受けとってもらおうとしているようである。

6.1.2　ウルドゥー語によるディスアラインメントの構築

　本節では、児童が他の児童からのディスアラインメントの構築を行っている例を挙げる。他の児童とのディスアラインメントは、児童が教師とアラインメントを構築すると同時に生じていると考えられる。教師とのアラインメントを構築するという点では 6.1.1 節と同じであるが、本節の例をみると、ウルドゥー語の使用が、単に教師に対してアラインメントを構築するだけでなく、他の児童からのディスアラインメントが構築されていることがわかる。

　　（6-5）　uske baad?（それから？）[2B 551-587]

　　01 イムラーン；　twenty::

　　02 ライラ；　　　え ten でしょう？

　　03 ビルキス；　　ten.

　　04 イムラーン；　えー twenty がいい。

　　05 イムラーン；　あれ＃＃＃＃が時間だから。

　　06 ビルキス；　　'newspaper'。

　　07 イムラーン；　ちょっと待って。

　　08 イムラーン；　こういうときにシャーペン壊れたよ。

　　09 イムラーン；　いちばん［＃＃＃＃］

　　10 ビルキス；　　［'newspaper'.]

　　11 イムラーン；　°ああ待って°

　　12 ライラ；　　　次は

　　13 イムラーン；　待って。

　　14 イムラーン；　わかんないんだけど。＝

　　15 ビルキス；　　＝'bought', ' 買う '、'bought'

　　16 ライラ；　　　ん買う？

　　17 ビルキス；　　' 買った '、'bought'

　　18 ライラ；　　　ああ。

　　19 ビルキス；　　hnn

20 イムラーン；　えわかん［ねえ。＝

21 ライラ；　　　［え buy が買うでしょ。

22 ビルキス；　　'buy', 'bought'

23 ライラ；　　　'買った' が 'bought'

24 ビルキス；　　past tense for buy, 'bought'。

25 イムラーン；　いえ、ぜんぜんわかんないんだけど。

26 ジャミラ；　　そんなこといってるあいだにうちは＃＃＃＃＃るよ。

27 イムラーン；　えでもまんままじわかんない。

28 イムラーン；　勘で書いてるもん。

29 ライラ；　　　＃＃かんでしょ、勘以外になに、カンニング？

30 イムラーン；　書かない。

31 ライラ；　　　*us ke baad?*（次は？）（小声）

32 ビルキス；　　'wife'

33 　　　　　　　'wife'

　イムラーンとライラのタスクに関する意見が異なることは、いくつかの発話に現れている。まずは、01-04行でのタスクの答えに関するやりとりである。01行のイムラーンは twenty という答えを挙げるが、ライラは ten だと02行で主張する。ライラの02行での主張は、さらに教師に対して確認を要求していることが明白である。ビルキス先生がライラの述べた答えが正しいことを、「ten」と発話して表明する。イムラーンは、そのタスクの正誤に関しては認めないわけではないが、感情として不満であることが、04行の「えー」や「twenty がいい」という表現に表れていると解釈できる。次に、06-14行でのやりとりである。イムラーンはシャープペンが壊れてかけないので、シャープペンを直すまで、または新たな代替の文房具を出すまで、新しいタスクを待って欲しいことを07行および11行で表明している。12行でライラはイムラーンの要求を聞きながら、ビルキス先生に新しいタスクを出すように要求する。13-14行でイムラーンは三度目の「待って」を述べる。ライラは、イムラーンの授業の参加や進行に関係なく、自分のペースで

授業を進めてほしいことを示している。

　20 行のイムラーンの「えわかんねえ」に対し、ライラは具体的に説明を始める。ビルキス先生も説明をする。ところが、イムラーンは 25 行でわかるように、「ぜんぜんわかんない」と、授業の進行に対してやや距離をとっている。ジャミラもイムラーンのかたくなな理解の否定に、否定的な態度をとる(26 行)。27 行でイムラーンはジャミラに対してやはり自分はそれでもわからないのだということを主張し、28 行では「勘で書いている」と付け加える。授業に際して、学習をするということは、勘ではなく自分で正しいと思われる答えを考えて答えるべきだが、自分は全くそのあり方と異なるやり方をとらざるを得ないくらい困っていることを示唆している。一方でライラは 29 行でそのイムラーンの発話に対し、「勘で書く」ことのどこがおかしい、「勘で書くこと」は授業に参加する態度のひとつであり、そうでなければ「カンニング」をするべきなのかを問う。そうした形で、カンニングというものがより学習場面にそぐわない行為であるが、イムラーンは学習場面に沿った行為をしており、イムラーンが主張するほど授業に参加していないわけではないことを主張する。このことは、ライラの目からすれば、イムラーンは自身が言うほどは教室のタスクに参加していないわけではない、という意見の対立を示す。イムラーンは、そのことばに対し、反論として、勘で書くことやカンニングのほかに、答えを書かないという選択肢もあることを述べる。

　ライラはその発話に応じず、ウルドゥー語で教師に 'us ke baad?'「次は」と聞く。このウルドゥー語での発話は、それまでよりも少し小さい声で行われている。ビルキス先生がライラから少し離れて座っており、その間にイムラーンが座っていることを考えると、一見奇妙に見える。しかし、ウルドゥー語へのシフトと、声が小さくなること、この発話がビルキス先生に向けられていることは、関連性があると考えることができる。ウルドゥー語を選択することは、これまでのイムラーンとのやりとりからの離脱を意味する。特に、それまで 25 行-30 行ではイムラーンとジャミラ・ライラの議論になっており、ウルドゥー語を使用することは、そこからの離脱を意味す

る。ライラはイムラーンに対してウルドゥー語で話しかけない。また、声が小さいというのは、決してビルキス先生に聞こえないように発話したかったわけではないだろう。むしろ、それまでのイムラーンとの会話の調子から少しはずれ、また大きな声で発話することによってビルキス先生の注目と、イムラーンの注目を集めようとしたわけではないと解釈することができる。つまり、やや遠くに座っているビルキス先生に対する発話としては逆説的だが、そばにいるイムラーンとの会話から外れ、ビルキス先生との二人きりのやりとりに入ろうとしたと解釈できる。

　次の例でも、イムラーンの発話を避けるかのように、ジャミラのウルドゥー語の使用が、イムラーンからのディスアラインメントの構築と同時に、教師とのアラインメントを構築している。

（6-6）　*p'eNk diyaa*（捨てちゃった）［3B 186-208］

01 ビルキス；　　*lik'o*（書きなさい）

02 イムラーン；　先生僕紙ないよ。

03 イムラーン；　あ、僕ある、僕ある！　僕天才だから。

04 イムラーン；　ここにおいていったんだよ。

05 イムラーン；　あーっ、ライラ！

06 ライラ：　　　なんでうちが

07 イムラーン；　お前にあげたじゃん。

08 ライラ：　　　は？　は？

09 ジャミラ；　　うち持って帰ってっちゃったよ＃＃。

10 イムラーン；　ジャミラー。

11 ジャミラ；　　何が？

12 イムラーン；　先生ジャミラが持って帰って［っちゃった。

13 ジャミラ；　　［#### *paper* ### *anTii* #### *kiskaa* #### #### *hamaare saat'* #####（#### 紙 ### おばさん #### 誰の #### #### 私たちのところに ####）

第6章　ウルドゥー語・日本語・「ですます体」の切り替え　173

14 ビルキス；　　*calo, aapkaa* paper *kahaaN hai?*
　　　　　　　　（ほら、あなたの紙はどこにある？）

15 ジャミラ；　　<u>*har p'eNk diyaa*</u>（全部捨てちゃった）

16 イムラーン；　おーいなんだよー

17 ビルキス：　　*maiN kyaa bolee kal pe kareNge bolaa na*
　　　　　　　　（私なんて言った、明日やる、そう言ったでしょう）

18 ジャミラ；　　ほらライラゆったじゃん

19 ライラ：　　　［なーんでうち＃＃なの？］

20 カリム；　　　［僕あるよ僕もあるよ］〈うれしそう〉

21 カリム；　　　僕だけ、てんさーい。

22 ライラ；　　　えー(笑)

23 カリム；　　　僕だけ、えらいよー。

　イムラーンがもっている紙を、ライラとジャミラは持っていない。ライラは自分の状態を述べていない。一方、ジャミラは 09 行で「持って帰った」と述べている。イムラーンは、10 行でがっかりしたような、責めるようなイントネーションで「ジャ(高・平)ミ(低・平)ラー(中低・下降)」と発話する。ジャミラの 11 行での「何が？」は、そのニュアンスを理解したようである。イムラーンは、ビルキス先生に対して、ジャミラが紙を持って帰ってしまい、持っていないことを告げようとする。

　イムラーンの発話が終わるのを待たずに、ジャミラはウルドゥー語で発話を始める。このウルドゥー語は、ジャミラがイムラーンのそれまでの発話と、11 行での発話からディスアラインして、イムラーンの関与を排除して自分が直接ビルキス先生に状況を話そうとしていることを表している。ここでも、5 章で挙げたように、*anTii* が使われている。ここでも、「先生」ではなく anTii という表現により、ジャミラが教師に対して教師と児童の関係ではなく、成人と子供の関係を前景化していると考えられる。

　ジャミラの話を聞いたビルキス先生はジャミラに、結局その紙はどこにあるのかと聞く。ジャミラは、15 行で、'*har penk diyaa*'「みんな捨てちゃっ

た」とウルドゥー語のまま答える。この言語選択も、イムラーンの関与を排して、極力ビルキス先生とジャミラ二人の会話であろうとさせていると考えられる。また、やや高めのピッチで発話されていることは、ビルキス先生に対して重い口調で語り深刻な問題にするのではなく、子どもの無邪気さや無責任さも少し表現していると考えられる。16行で聞いていたイムラーンは「おーいなんだよー」、とジャミラを責めるのを続ける。17行で、ビルキス先生は、ジャミラが先生の指示を聞いていなかったことをほのめかす。18行でジャミラは、まるで自分はわかっていたのに、ライラに間違ったことを指示されたということを暗示する発言をし、ライラに責任を転嫁しようとする。

　次に見るのは、(5-4)で挙げた切片であるが、カリムが日本語とウルドゥー語を切り替え、ライラの発話に対してディスアラインしている。

(6-7)　濃いって先生わかんないでしょ［1D 159-162］
01 ライラ；　　　*anTii, ye aur ye ### sak'o, ye,* 濃い。
　　　　　　　　　（おばさん、これとこれ ### できる、これ、）
02 カリム；　　　<u>ねえ「濃い」って先生わかんないでしょ。</u>
03 ライラ；　　　*vo bahot* インクー、*vo ####### zyaadaa.*
　　　　　　　　　（それは沢山「インク」があって、それは #### 少し。）
04 カリム；　　　<u>*nahiiN.*</u>（違う。）

　01行でライラがビルキス先生に向けてあるペンの特徴について語る。そこに、カリムが介入し、「濃い」という単語を先生がわからないだろうと述べる。ライラはカリムに直接応じず、ウルドゥー語で続ける。カリムの「濃い」では先生がわからないということが意識されているのか、具体的に特徴を分析的に説明する。カリムは、04行でウルドゥー語で介入する。その後は、どちらからも反応もなく、カリム本人もその後ことばを続けなかった。

6.2 教師とのやりとりから自分の主張へ

これまで、様々な「日本語→ウルドゥー語／英語」ないし「ウルドゥー語／英語→日本語」を見てきたが、本節ではそうした例をも含めて、次のかたちとしてまとめる。児童らは、自分のスタンスないし発見を示すのに日本語を使用するが、直接教師とのやりとりをする際にはウルドゥー語や英語に切り替わることがあり、その後自分のスタンスの表明に戻る際も日本語が使われるというものである。

ここでは、児童らが日本語→ウルドゥー語→日本語のパターンでCSする例を見る。このパターンは、「話題の提示(下記①)」→「教師とのやりとり(下記②—⑤)」→「自分の感想(⑥)」という形になっており、特に「教師とのやりとり」から「自分の感想」でウルドゥー語から日本語へとCSするのが特徴である。また、このパターンは、話題を提示した話者と自分の感想を述べる話者が同一でなくても起こる(例えば6-9)。つまり、ウルドゥー語での発話の後、傍観者である児童が、発話者の児童と同じ立場を共有し、アラインメントを構築する発話を行うのである。

①　児童：話題の提示(日本語)
②　(教師：反応(ウルドゥー語))
③　児童：呼びかけないし反応への応答(ウルドゥー語)
④　(教師：③への反応(ウルドゥー語))
⑤　(児童：④への反応)
⑥　児童：自分の感想

次の例では、(5-11)で見られたような、同じ発話を両言語で述べるという余剰は起きていない。

（6-8）　たぶんねー［1E 115-120］
〈ジャミラは教科書の音読中〉
01 カリム；　　　どうしてライラ＃＃＃＃＃（（来ないんだろう））。
02 ジャミラ；　　'Menal,'
03　　　　　　　'Manal,'
04　　　　　　　（1.0）
05　　　　　　　こっちか。
06　　　　　　　（2.5）
07 ジャミラ；　　〈やや速くやや大きく〉*vo log aaeNge saat baje tak*
08　　　　　　　*nahiiN aaeNge ##.*
　　　　　　　　（あの人たちは7時までこない、＃＃）
09 ビルキス；　　〈静かにうなずく〉*haaN.*
10 ジャミラ；　　〈ウルドゥー語の発話よりも静かに〉たぶんねー〈語
　　　　　　　　尾をやや上げて〉
11 ビルキス；　　'Manal looked'？

　教室ではビルキス先生、ジャミラとカリムの三人のみで授業をしている。
ジャミラが教科書を音読しており、ビルキス先生が聞いている。その途中の
ちょっとした間、カリムが、教室に来るはずだがまだ来ていないライラにつ
いて言及する（01行）。02-05行では、ジャミラはつっかえながらも音読を
続けようとする。少しの間（06行）があって、カリムではなくジャミラが
「彼女たちは7時までには来ない」と述べる（なお、この時点ではまだ7時
まで30分以上時間がある）。カリムの発話がなくても、*vo log*（あの人たち）
は誰のことかわかる可能性もあるが、01行のカリムの発話に関係している
ことを示しているとも考えられる。ビルキス先生は最小限ではあるが返事を
する（09行）。ビルキス先生は返事したが、カリムは何も反応していないこ
とからも、ウルドゥー語の選択が、07-08行のジャミラの発話を、カリムと
いうよりはビルキス先生に向けた発話だと、カリムとビルキスの二人が解釈
していると考えられる。

第6章　ウルドゥー語・日本語・「ですます体」の切り替え　177

　10行でジャミラは日本語で発話をしている。ここでも footing のシフトが起こっていると考えられる。07-08 行で述べたことは、09 行でビルキス先生によって、意見の賛同を得られている。10行ではその自分がウルドゥー語で 07-08 行で述べたことに対して、「たぶん」と述べている。つまり、賛同を得られているのに、「たぶん」と付け加えている。しかし、これはビルキス先生との会話の流れで付け加えられていたのではないと考えられる。文末の「ねー」とその上昇するイントネーションにより、ウルドゥー語よりも静かでゆっくりとした発話になっている。上昇するイントネーションの「ねー」は、話の流れの終わりを意味しているとも考えられる。このことは、ビルキス先生との二人の会話から離れたことを示す。

　以下に示す最後の例も、一見、話題を提示した児童と、やりとりと自分の感想を述べた児童は異なるように見える。しかし、教師とのやりとりの流れをはじめるきっかけになったのは、やりとりと自分の感想を述べた児童と同一である。

（6-9）　ねまーだ6時10分［1A 628-636］

01 ジャミラ；　　ねまーだ6時10ぷーん

02 ビルキス；　　［C-H］

03 ジャミラ；　　［先生］ーまだ［6時10ぷーん

04 ビルキス；　　［*jaldii jaldii shuruu kii³ na*
　　　　　　　　（とても早く始めたでしょ）

05　　　　　　　　*p'ir main jaldii c'uttii detii huuN*
　　　　　　　　（だから早く休み時間にします）

06 ジャミラ；　　*c'uttii diijiegaa?*（休み時間くれるの？）

07　　　　　　　　*das minaT kii*（10分の）

08 ビルキス；　　*ye k'atam kar ke*（これが終わったら）

09 ライラ；　　　やったやったー

10 ビルキス；　　C-H-E-E,

授業を開始してから少し経ったあと、ジャミラが時計を見て、まだ6時10分であることを述べる（01行）。他には誰からも反応がないが、ジャミラはすぐにビルキス先生に対して、まだ6時10分であることを03行で述べる。04行では言い終わらないうちに、ビルキス先生が、ウルドゥー語で、早く始めたので早めに休み時間にすると述べる。ジャミラはウルドゥー語にスイッチし、休み時間をくれるということを確認し、また 'das minaT kii'「10分の」と言うことで、短いものではなく充分な時間を与えてくれることを確認している。ビルキス先生からの応答は、ジャミラの質問に対して、具体的にいつ休み時間にするかを述べており、休み時間を与えるという宣言のように解釈されたということは、ライラの「やったやったー」（09行）から解釈できる。

　まず、01行および03行で、ジャミラが日本語で話を始める。この日本語の発話は、時間と、「まだ」というジャミラの判断のみが述べられている。また、「まだ」や「分」といった語が長音化して述べられている。この発話をするジャミラには要求があるのだが、それがはっきり述べられていない。要求であることは、2回繰り返されていることでわかる。具体的に早く授業を終わらせて欲しいということは、教室内の規範に合わない上、聞き入れられない可能性が高い。そのため、単なる時間を表現し、その時間に対しての自分の評価を表現することで、相手が自分の評価に対して何らかの緩和措置をとってほしいという要求を行なっている。

　04行でビルキス先生が、02行の授業モードから外れた話題として、ウルドゥー語でジャミラに対して応答する。この発話が、ジャミラが言い終わらないうちになされたことから考えて、ビルキス先生がすでに01行のジャミラの発話を聞いており、その言外の意図をくみ取っていたことを意味している。

　ビルキス先生の発話を受けて、ジャミラは、それまでの日本語ではなく、ビルキス先生と同じ言語であるウルドゥー語で応答する。06–07行の彼女の発話は、重く不満げで間延びした01行と03行の発話に対して、軽やかで速めに聞こえる。また、事実確認にとどまらず、同じウルドゥー語で 'das

第6章　ウルドゥー語・日本語・「ですます体」の切り替え　179

minaT kii'「10分の」という念押しのニュアンスが入った確認を行っている。ビルキス先生は、ウルドゥー語で事実確認に対して応じている。

　09行でライラは、ジャミラの発話とそのやりとりの結果に対して、喜びを日本語で表明している。これまで見てきたような教師に対してのアラインメントや、児童へのディスアラインメントではなく、やりとりに関する自身の評価を表明している。この表明には、やはり日本語が使われる。

　次の例は、話題を提供した児童と、やりとりと自分の感想を述べた児童とが異なる例である。

　　(6-10)　Cheetah の方が速いよ［1A 351-365］
　　01 ライラ；　　　これどういう意味？
　　02 ジャミラ；　　速い、くて、
　　03 カリム；　　　<u>え tiger でしょ。</u>
　　04 ビルキス；　　huh?
　　05 カリム；　　　<u>tiger.</u>
　　06 ビルキス；　　cheetah is *saahii*.（正しい）
　　07 ライラ；　　　cheetah, ってどこー？
　　08 ライラ；　　　cheetah どこー？
　　09 カリム；　　　<u>*vo jo jaldi #### hai na?*</u>（速い＃＃でしょう？）
　　10 ビルキス；　　hn.
　　11 カリム；　　　<u>*vo jo tiger jaldi #### hai.*</u>（tiger が速い＃＃）
　　12 ライラ；　　　ねえ cheetah の spelling おしえて。
　　13 ビルキス；　　chce［tah, cheetah is the fastest animal］.
　　14 カリム；　　　［*cheetah kaa ##### ##### ###*］######.（チーターの）
　　15 カリム；　　　<u>tiger の方が速いよー。</u>

　どれが一番速い動物かというタスクの英語の課題に対し、ライラが01行で質問をする。ジャミラが教えようとする。カリムは、03行で答えを述べ

ようとする。04 行でビルキス先生が応答し、カリムは再度、自分の考えて
いる答えを述べる。06 行で、ビルキス先生は英語／ウルドゥー語を使用し
て、答えを述べる。09 行でカリムは確認のために、ウルドゥー語でビルキ
ス先生に質問する。11 行で、ウルドゥー語で自身の意見ないし答えを述べ
る。しかし、この断言は、ビルキス先生の 13 行の英語での発話によって、
否定される。13 行で英語で述べたものが、絶対的な答えであり、それ以上
の議論の余地がないとビルキス先生は表現している。ビルキス先生の発話に
被さって、カリムは 14 行でも主張する。しかし、ビルキス先生からは訂正
はなかった。15 行のカリムは、日本語に CS し、tiger の方が速いという自
分の意見を再度述べる。

　カリムの言語使用を、以下の 3 つの部分に分けて分析する：03 行および
05 行(tiger という語形を含む日本語の質問)、09 行、11 行、14 行(ウル
ドゥー語の発話)、15 行(tiger という語形を含む日本語の発話)。03 行で
は、01 行、02 行のライラとジャミラの会話に対して、答えが tiger ではない
かと述べる。「え tiger でしょ」は、文末のイントネーションが下がってお
り、二人に確認を求めているのではなく、自分の答えに自信があるように聞
こえる。04 行でビルキス先生が 03 行のカリムの発話に対し「huh？」と反
応する。この反応は、カリムにとっては、カリムの発話の確認に聞こえたこ
とが、次の 05 行の「tiger」という発話からもわかる。06 行でビルキス先生
はすぐに cheetah が答えであることを述べる。はっきりとビルキス先生に
cheetah と断言されてしまったカリムは、09 行では、自身の主張の正しさを
主張するために、まずタスクの問題文の意味を確認する。11 行では、09 行
でのタスクの問題文の意味が保証されたので、自身がその問題文に対して
tiger が正答だと考える、とウルドゥー語で述べる。具体的には　'vo jo tiger
jaldi #### hai.'「tiger が速い ###」と述べる。しかし、13 行では、ビルキス
先生が英語でビルキス先生の考える正答を述べる。「cheetah が速い動物であ
る」と述べられ、真っ向から意見が異なる。そして 06 行ではウルドゥー語
であったが、13 行では全文が英語であることで、教師としての事実の教示
のように設計されている。一方で、14 行のカリムは、教師の発話の間も、

第6章 ウルドゥー語・日本語・「ですます体」の切り替え 181

チーターがなぜ tiger よりも速くないかについて、根拠となる知識を確認しているようである。誤解の少ないウルドゥー語によってもカリムの解答の正しさに関して意見の一致が見られなかったこと、13 行でビルキス先生が英語での発話で断言していること、カリムによる 14 行の発話にだれからも納得したという発話がないことから、カリムはビルキス先生の述べる解答を受け入れざるをえなくなる。15 行の日本語の発話は、もうビルキス先生との知識と解答の確認が終わっていることを示しており、footing が変化していると考えられる。15 行では、カリムはビルキス先生の意見と異なる自分の見解を再度述べている。ここでは、03 行や 05 行での自信のあるスタンスでも、ウルドゥー語で行なっていた知識の確認のスタンスでもなく、受け入れられないことを前提とした自分の見解の繰り返しととらえることができる。長音化し、また下降イントネーションで発話された文末の「よー」によって、自分の意見は教師の考えたものに沿わないが、自分ではそれが正しいと思っており、その正しさが理解されないことに対する悔しさを表現している。受け入れられないことを前提としているということは、先の例のように、ビルキス先生との二人のやりとりからこの時点でカリムが少し離れたことを示している。

本節で検討した 3 例からわかったことは、以下の通りである。
(1)教師とのウルドゥー語での直接的なやりとりとの結果に対する自分の感想ないし評価は、ポジティブであれネガティブであれ、日本語で述べられる。ウルドゥー語で述べられることはない。
(2)日本語で述べられる感想や評価は、その後の教師の介入を期待しているようには発話されておらず、会話のまとめのようになっている。

このことは、児童らが教師に介入されずに自分の感想を述べる言語として日本語が機能していることを示し、ウルドゥー語のやりとりがより対人的なものであることを明快に示している。

6.3 「ですます体」の使用

　本節では、これまで見てきたウルドゥー語や日本語の選択による、発話者のスタンスの構築が、「ですます体」によっても生じていることを示す。

　以下の例は、「はい」と発話して、教師の呼びかけや、教師の要求に応じた、発話相手が教師であることが「ですます体」の使用に関係していると考えられる例である。いわゆる、一般的な規範やイメージと合致する「はい」の使用である。

（6-11）　Now Khareem［1B 268-276］
01 ビルキス；　　Ok, that's enough Laila, good.
02 ビルキス；　　Now. Khareem.
03 カリム；　　　<u>はい</u>
04 ビルキス；　　Next.
05 カリム；　　　どっから？
06 ビルキス；　　ここ。

　児童の「ですます体」の使用は、発話相手が教師でない場合にも見られた。そのような例をみると、「ですます体」が、いわゆる発話相手に対する敬意の表現としてのみ使用されているものなのではなく、学校や、叱咤という行為と強い結びつきがあることが示唆される。ここでも、児童らには、特定の言語表現（ここでは「ですます体」）とそれが連想させるもの（「ですます体」が使用される行為、場面）との結びつきが共有されており、会話の中でコンテクスト化の資源として利用されていると考えられる。

6.3.1　権利と義務の交渉

　5.1.2 節で見た *anTii* の使用による義務の交渉のように、「ですます体」は、教師に対する自分の態度を示す媒体となっており、交渉に使われていることを以下の 4 例で示す。

第6章　ウルドゥー語・日本語・「ですます体」の切り替え　183

(6-12)　はい、すいません［3B 231-248］

01 ジャミラ；　　で、ライラ、よんひゃくろくじゅうなな、ごえんってい［＃＃＃

02 ビルキス；　　［*AB' II*］、（ほら）

03 カリム；　　［あいや］、

04 　　　　　　わかんない

05 ビルキス；　　*KYAA KARNAA HAI, YE* DISCUSS *KARNAA MAIN* PHONE *KARUUN*（何をしなければならない、これ discuss すれば私は電話をする）

06 　　　　　　（1.0）

07 ジャミラ；　　°はい、すいません。°

08 　　　　　　（0.5）

09 イムラーン；　僕のシャーペン中学で、

10 　　　　　　盗まれちゃったー

11 　　　　　　ライラ；カリムただねー、あげたくなかったん＃＃

12 ジャミラ；　　先生ー、

13 　　　　　　クェスチョンの spelling は［なんですか？

14 ライラ；　　　　　　　　　　　　　　　［ほんとは。

15 　　　　　　いっくらでも。

16 　　　　　　（2.0）

17 ジャミラ；　　question の spelling.＝

18 ビルキス；　　＝Q-U-E-S-T-I-O-N. question.

19 ジャミラ；　　〈独り言くらいの大きさ、おそらくスペルを繰り返している〉＃＃＃

　　カリム、ライラとジャミラが、比較的大きな声で授業とは関係のないことを話していた。そこで、教師が声をあげて叱った。

　　07 行目で教師の叱りに対して、ジャミラが「はい、すいません」と言っている。比較的あっさりとしている口調であるが、05 行のビルキス先生と

対照的な声の小ささが、その直前の間と相まって、あまり反抗的には聞こえない。

その後、12行では、ジャミラが先生に呼びかけ、13行でquestionのスペルを聞く。「先生」は、少し語末の母音が長音化しており、ここでもジャミラは「ですます体」を使っている。Footingを変えたいようにも思われる。14行から16行まで教師の応答はない。17行で、再度同じ質問をする。声の大きさはあまりかわらない。ビルキス先生はまだやや怒った調子で、しかしきちんと答える。

（6-13）　まだ終わってないところがあります〔1D2 79-83〕
01 アリー；　　*jaldii, jaldii.*（早く、早く）
02 ジャミラ；　<u>待って、まだ終わってないところがあります。</u>
03 アリー；　　*ab'ii laatii # ## ## na, ### paR'o.*（今、棒[4] を＃＃＃、
　　　　　　　　＃＃読みなさい）

（6-14）　あ、ごめんなさい、今戻ります。〔2C 2-5〕
01 ビルキス；　　Khareem!
02 カリム；　　　これ僕の席
03 ビルキス；　　Imraan!
04 イムラーン；　<u>あごめんなさい、今戻ります。</u>

ここでは、イムラーンとカリムが話していたのを、ビルキス先生が叱る。カリムの名前だけ呼んだので、カリムは自分が所定の場所におり、イムラーンこそが叱られるべきだということを主張する。ビルキス先生はイムラーンの名前を呼び、イムラーンは「ごめんなさい」と謝り、自分の席へ戻ることを宣言する。この宣言は、規範的な生徒としての行動規範に背いていた自分から、規範に沿うことを宣言している。

（6-15）　一人で読みます〔1C2 107-118〕

第6章　ウルドゥー語・日本語・「ですます体」の切り替え　185

01 アリー；　　　<&> aram tala </&>,
02　　　　　　　読んで一緒に、
03　　　　　　　<&> aram tala </&>,
04 ライラ；　　一人で読むほうがいいんだよー。
05 アリー；　　mmmmmm 読んでよー。
06　　　　　　　(1.0)
07 アリー；　　*paR'o.*（読みなさい）
08　　　　　　　(1.0)
09 アリー；　　<&> aram tala </&>,
10 ライラ；　　<u>一人で読みます</u>。
11　　　　　　　(2.0)
12 ジャミラ；　＃＃＃＃こんなの
13 ジャミラ；　なーんで quran4 個もあんのー？
14　　　　　　　(1.0)
15 ライラ／ムーサ[5]；えー先生が＃＃＃
16 アリー；　　読んで。
17　　　　　　　(0.5)
18 アリー；　　<&> aram tala </&>
19　　　　　　　(0.5)
20 ライラ；　　<u>nnnn ねえ自分で読みたいん［だよー。</u>
21 アリー；　　　　　　　　　　　　　　　［自分で
22　　　　　　　と＃読む、後で読む間違いだよ。
23　　　　　　　だか［ら
24 ライラ；　　　　　［もー
25　　　　　　　いいよーー。
26 アリー；　　一個、one page one page

　ここでは、クルアーンを読む指導をするため、アリー先生が読みはじめ、一緒に読むよう促す。しかし、ライラは「一人で読む方がいい」と抵抗す

る。アリー先生は、「mmmmmm」でライラの「一人で読む方がいいんだよ」という発話のイントネーションを真似たあと、それでも読むように、日本語で、そしてウルドゥー語で指示する。ライラは再度、一人で読むことを主張する。アリー先生はもう一度読むように指示し、読むべき箇所を読んでライラの音読を促す。ライラは、一人で読みたいという三度目の主張を行なう。アリー先生は、一人で読むと、間違って読んでしまうので、後に読む際に間違ったままになる、と示唆していると考えられる。

　この三度の主張は、少しずつ表現が異なる。04行ではまず「一人で読む方がいいんだよー」と大きめの抑揚をつけて述べている。発話末の「よー」は、ゆっくりと下降する文末イントネーションで発話されている。06行では、間延びしていた10行とは一転して、すぱっと「一人で読みます」と宣言することにより、一人で読むことを主張する。この発話では、「ですます体」が使われている。そして、三回目となる20行では「nnnn」という言葉にならない不服を表現する音とともに、「ねえ」が入った後に「自分で読みたいんだよー」と再度間延びしたように述べる。

　この3つは、はっきりとfootingのシフトが起こっているといえる。まず、「一人で読む方がいいんだよー」は、やや子どもっぽいとも思われる不満のような甘えが、長音化やイントネーションによって表現されている。これは、「一人で読む方がいい」という叙述内容を、情報として相手に提供しているのではなく、自分が相手とは異なる意見にたち、自分は自分の意見が正しいと思うときに使われるような表現である。二度目は、不満気に間接的に自分の意見を聞いて欲しいことを意味していた1度目とは異なり、「一人で読む」ことを「宣言」している。これは、相手の意向に左右されず、自分は自分の意見の通りに行動するという意思表明である。そして「ます」というややフォーマルな表現を使うことによって、ますますその意志の宣言が、単なる要求ではなく、宣言としての効果を強めることを期待している。二度目の発話で、特にアリー先生からの反応はない。その後しばらく経ってから、16行でアリー先生が再度読むように指示する。20行目でライラは再度一度目のような調子に戻り、抵抗を示しながら、「ねえ」と「自分で読みた

い」「んだよー」と述べる。一度目は「一人で読む方がいい」だったのが、より直接的に「自分で読みたい」になっている。そして、文末イントネーションも一度目のような不満と甘えが入り交じり、意見を異にする相手に、譲歩して自分の欲求を認めて欲しいということを表現している。

6.3.2 他の児童への否定的な評価

6.3.1 節でみた例は、教師に対する「ですます体」の使用であり、交渉の場面であった。本節で見る例は、児童が他の児童に使用していた「ですます体」である。児童らは児童同士で「ですます体」を使用することはほとんどない。しかし、いくつか「ですます体」の使用が観察された。こうした使用は、決して待遇表現ではない。本節で挙げる例はみな、他の児童の言動に対して、否定的な評価を行っている。

次の2例は、感情ないし認識の上で、発話者が発話相手の発話(つまり発話者の発話の前に起こったこと)や行動、状態に対して、否定的な評価を示すものである。

(6-16) あっちの部屋にいーっぱいどさっとおいてあります [1A 491-492]

01 カリム ； 　ねえいいから鉛筆誰か貸してよ。

02 ライラ ； 　あっちの部屋にいーーっぱい<u>どさっと置いてあります</u>。

03 ライラ ； 　筆箱＃＃＃＃

この例では、鉛筆を借りたいカリムに対して、ライラが断っている。ライラは兄カリムに対してですます体を使わず、多くの年の近い兄弟姉妹のように非ですます体で会話しているが、ここでは「あります」が使われている。
「いーっぱい」と「どさっと」は、抽象的にはほぼ同義だが、両方使われている。また、「いーっぱい」の語頭の「い」はプロソディにおいて上がっ

ていると同時に、大変長音化している。プロソディとですます体の使用を通
した、鉛筆がたくさんあることの過剰なまでの強調表現は、カリムの依頼に
対する否定的な態度を表していると解釈できる。

　6.3.1 節では、模範的な行動から外れたために他の児童よりけん制を受け
た児童が「ですます体」を使用していたのに対して、次の(例6-17)や(例6
-18)では、行動や言動に対して指摘をする側の児童が「ですます体」を使
用している。これらも、(例6-16)のように、発話相手に対してやや批判的
な態度をとっていることがわかる。

　　　(6-17)　違います、違います［2E 431-442］

　　　01 ライラ；　　　　え先生 negative, 1 番さ I don't pas.. tense でしょ？

　　　02 ビルキス；　　　nn?

　　　03 ライラ；　　　　I don't past te［nse

　　　04 ビルキス；　　　［I ［2 won't］2］say

　　　05 カリム；　　　　［［2 違います2］］

　　　06 ビルキス；　　　it again I already explained it.

　　　07 カリム；　　　　違います

　　　08 ビルキス；　　　you have to, I don't is what tense?

　　　09 ビルキス；　　　I'm as-I'm asking you to do it in future tense.

　　　10 カリム；　　　　君違うよ。

　　　11 ジャミラ；　　　I will don't.

　　　12 カリム；　　　　I will not だよ。

　　　13 ビルキス；　　　hn.

　上の(例6-17)では、ライラがタスクを行なうのに、ビルキス先生に情報
を確認している。ビルキス先生が、ライラの二度目の発話の終わりを待たず
に応答を始める。ビルキス先生の始まりに一瞬遅れて、カリムが、ライラの
言っていることは間違っていると発話する。ビルキス先生とほぼ同時のこの
発話は、教師ないしライラの答えが間違っているとはっきり表明している。

ビルキス先生はライラの確認の要求に答えることを拒否する。カリムは、再度、ライラの確認したい情報が正しくないことを、「違います」で表現している。10行では追い打ちをかけるように「君違うよ」、と述べ、「ですます体」から「非ですます体」へとシフトしている。

次の(例6-20)ではジャミラが、約2メートルほど離れたところで礼拝をしているライラに対して、髪が充分に隠れきっていないということを指摘している。

(6-18)　髪の毛見えてますよ［3E 501-502］
01 ジャミラ；　　おーい髪の毛見えてますよ、こっちから
02 ライラ；　　　見えてないよ

6.3節では、児童らが決して「ですます体」を無作為に、あるいは言い間違えて使用したわけではなく、むしろ談話におけるコンテクスト化の資源として使用していることが示唆された。また、「ですます体」が、冒頭の(6-11)で見た待遇表現だけではなく、相手の意見や行為に異議を唱えたり、相手をけん制したりするという、発話者による聞き手との関係を示すスタンスの構築にも使用されていることが示唆された。こうした「ですます体」の使用は、ミクロには、コミュニティの教室と児童という、行動や学習における規範といったものが意識される文脈や、児童らが同じエンターテインメントの文化を共有しているということが関係している。

6.4　6章のまとめ

本章では、ウルドゥー語と日本語の切り替えと、「ですます体」の使用が、それぞれスタンスの構築に寄与していることを示した。すなわち、CSがスタンスの構築に寄与していることを示した。

6.1節では、5章で見た *anTii* の使用のように、ウルドゥー語の使用が、児童の義務に関する教師との何らかの交渉の場面で表れたことを指摘した。6.1.1節では、ウルドゥー語を選択することによって、教師とのアラインメ

ントを構築して交渉を行っている例を挙げた。6.1.2節では、児童らはウルドゥー語を選択して教師とのアラインメントを構築するのと同時に、他の児童とのディスアラインメントを構築していた例を挙げた。

6.2節では、教師への意見の主張や教師との交渉にウルドゥー語が使用されたのちに、児童自身の主張や意見が表れる例を挙げて分析した。その際、児童自身の主張や意見は、日本語で表れることを示した。こうした例は、Goffmanの提示したfootingのシフトを顕著に表している。また、他の児童も、教師と直接やりとりをしていなくても、やりとりの後で自分の感想を日本語で述べられる構造になっていることがわかった。つまり、日本語での主張は、教師と直接交渉する会話の外に位置しており、言外に児童らが共有するものとなっている。

6.3節では、言語選択によるスタンスの構築や交渉が、これまで見てきたように日本語やウルドゥー語といった言語間だけではなく、「ですます体」というスタイルの選択によっても行われることを示した。「ですます体」が、義務の交渉や(6.3.1節)、児童間の否定的な評価を示すスタンスを構築するのに使用された(6.3.2節)ことを示した。一方で、「ですます体」は日本語話者としての児童と、ウルドゥー語話者としての教師といった境界ではなく、児童と教師という教室内での役割関係が焦点となっていた。

本章で論じた現象は、教師とウルドゥー語が結びついている一方で、児童らが教師と対立して連帯を作っていたことを示した。また、ウルドゥー語の使用が、児童らの連帯とは異なるスタンスをとることがわかった。

注

1　元の図は、下の'positions'とその矢印が、その更に下の'evaluates'とその矢印の場所にあり、後者が前者の位置にある。また、矢印が三角形(▲▼)で示されている。

2　当初、alignmentの訳語として、「連帯」や「同調」などという日本語の概念を当てはめようと考えた。しかし、それぞれすでに別な術語として定着している。「連帯」

は、より社会的な含みをもつ solidarity の訳語であり、アラインメントの抽象的な関係をそのまま示せない。また、「同調」は語用論における agreement の訳語であり、「同意」の意味を含む。そのため、本章では原語の alignment/align および disalignment/disalign をそのままカタカナ語にして使用した。

3　ウルドゥー語の文法としては、過去分詞の *kiyaa* がここにあたるが、この発話は *kii* に聞こえる。

4　教師が床などを叩いてみせて、児童が教師の注意や指示に従うようにするための木の棒。

5　この発話の声は、ライラとムーサのどちらにも声が似ているので、どちらのものかはっきりしなかった。

III
指標性を用いた多言語使用

第7章
ウルドゥー語での引用
―児童が投射する大人の「声」

　本章では、バイリンガル児童の発話に見られたウルドゥー語での引用の例を検討する。ウルドゥー語での引用は、実際に起こったことをドラマのように再現することで自分の発話を生き生きと面白く伝えるほか、ウルドゥー語を話す成人の権威のニュアンスを表現するのに使用される。本章で扱うウルドゥー語の発話の例は、これまでの章で指摘したように、自身の叙述等を通した自身の意見の表明ではなく、他者の言葉に聞こえるような引用の形式をとって、間接的に自らの意見を表明するものである。ウルドゥー語によって表現される成人のニュアンスを利用することにより、自分の発する情報が正しく、自分の意見は聞き入れられるべきものであることを表現していることを示す。なお、同様のニュアンスは、ウルドゥー語の選択によってのみではなく、低い声や高い声といった音声的特徴によっても表現されることがある。

　本章で「引用」と呼ぶものは、自分や他人のことばを、進行中の談話において再現したものであるとする。ものによっては、「って」や「とか」といった引用符や引用符に準ずる表現がある場合もあれば、そういったものがなく、言語および声色などのパラ言語的特徴から再現であるとわかるものもある。本章で登場する、児童が使用した様々なスタイルは、児童らの「声」と対照的な形で表れている。

　7.1 節では、まず引用としての CS と引用一般に関して、これまで主張されていることをまとめる。具体的には、引用は必ずしも元の発話の忠実な再現ではなく、あくまで引用する発話者が談話において伝えたいことを表現するためのストラテジーであることを述べる。7.2 では、談話を面白くするた

めに行われた引用表現を挙げる。7.3 では、談話の中で自分の主張の正当性を理解してもらうためウルドゥー語で引用をすることにより情報の真正性を高める例を 3 つ挙げる。7.4 では、ウルドゥー語の引用が情報の真正性を高めるもう 1 つの極端な例として、フィクショナルな話を引用する例を挙げる。以上をまとめて、7.5 節では、児童らはウルドゥー語の引用を、談話において大きな象徴的な意味があるものとして使用していることを結論づける。

7.1 コードスイッチングと引用表現

引用は、Gumperz が提示した CS の談話機能の 1 つである。Gumperz は、スイッチの方向や元の発話の言語と同じかどうかに関しては特に言及しなかったが、引用の CS が語りにおいてインパクトがあるものであるということは示唆している。これまでの研究では、引用の際の CS は、語りにおけるインパクトを示す(Nishimura 1997、郭 2005)とされてきた。特に Nishimura(1997)ではスイッチが双方向に現れ、元の発話とは異なると思われる例もあり、言語が切り替わること自体が語りにおける強調の意をもっているとした。一方で郭(2005)のデータでは、一例を除いてすべての引用が日本語の発話の中への韓国語の発話の引用として現れ、元の発話は韓国語のみであった。

Nishimura(1997)は、引用のコードスイッチングの例として、2 例あげている。元の発話と同じ言語の例と、異なる言語で現れたと考えられる例である。

Geoff: It's only after about five years now.
ヤマシタさんのキヨシさん、it's time to understand the
Canadian way of speaking the English language.
'Cause he said、" 今まで、あの、聞いてもわからなかった " ちゅうの。
Now he says、" 聞いてわかるようになった "。So, his ear are now tuned

to the language, you know.

（Nishimura 1997: 154 漢字かな混じり表記は筆者による）

Midori: 電話 か け る で しょ、"How's the weather down there?" "One hundred degrees." So, I says, "Good bye!" もう、traffic がえらいからよ、100 degrees だったらよ。

（Nishimura 1997: 154-155 漢字かな混じり表記は筆者による）

　これらの2例は、その前の文脈がわからないので、筆者自身の分析手法は使用できないが、以下の2点が指摘できる。ひとつは、引用された発話だけでなく、引用であることを示す言語形式も引用に使った部分と同じ言語であることである（「ちゅうの」、そして「So I says」）。また、Nishimura によれば、後者は Midori が日頃日本語で会話している相手の引用であり、そのため、発話者の元の言語ではなく、もう一方の言語になっているとするのである。

　引用が必ずしも元の発話の正確な再現ではないこと、また一字一句を正確に伝えることが目的ではないことは、CS 以外の研究でも言及されている（たとえば Tannen 1989、鎌田 2000）。具体的には、引用が、単に元の発話を情報として伝達する際の忠実な再現ではなく、話者が構築する新たな語りないし表現であることは、関連する先行研究で指摘されている。こうした考え方は、どの発話も新たなコンテクストの中で発話され、その前になされた発話との関係性から逃れられないと同時に、新たな発話が前の発話とは異なるものであるという、バフチンの考え方に大きく影響されている。

　本データでも、同様に元の発話と引用された発話がやや異なる例は見られた。最もわかりやすいのは次の例である。

(7-1)　カリムはどこー？［3C 304］
イムラーン：　　あそこに立ってね、カリムはどこー？　って聞いてるの@@

この発話は、ほんの1分前に、アリー先生が「Khareem は？」と聞いたことを、イムラーンがジャミラに伝える際のものである。実際にはアリー先生のこの質問は曖昧であり、「カリムはどこ？」なのか、「カリムも聞いたの？」なのかは、すぐには会話参加者にはわからなかった（このエピソードは、後の例(8-8)参照）。しかし、ここでは、最終的にイムラーンが解釈した「カリムはどこ？」になっている。また、同じ内容をイムラーンは「カリムはどこ？」「カリムはどこですか？」「カリムどこ？」「カリム(は)どこー？」「Khareem は？」「Khareem *kahaaN hai?*」などのうちからどれかを選ぶことができ、さらに、声を低くしたり高くしたり、速くまたはゆっくりと言ったり、という「編集」が可能であった。

　次節では、ウルドゥー語による引用の具体例を見ていく。引用表現には、言語形式による区分がある。元の発話者の視点から元の聞き手への言語表現とされるものを引用する「直接引用」と、引用として語る時点での発話者の視点からその時点での聞き手の視点も考慮した「間接引用」というかたちがあるとされている。しかし、鎌田(2000)が主張するように、日本語においては特に「直接引用」と「間接引用」を厳密には分けることが難しい。本研究のデータにはウルドゥー語での「間接引用」は見られなかったため、「引用」という表現にとどめる。

7.2　談話を盛り上げる引用表現

　次の例は、児童同士ではなく、教師も交えた会話からの引用であるが、自分が不満だったエピソードを語る形式が児童同士の会話と非常に類似している。

　以下の(7-2)では、イムラーンは興奮して、すでに語りかけていた、ある日のモスクの行事での出来事を語る。それは、以下の通りである。まず、サムラがジュースをこぼしてしまったという話をしている。具体的にどこにこぼしたのかは述べていないが、それは、アイシャさんというパキスタン人成人女性のすぐそばだったということが推測される。ライラが、それがわざと

であったのかイムラーンに聞くが、イムラーンはわざとやったとサムラが
言っていた、と述べる。なぜ、*AiSa anTii* のそばでわざとこぼしたのかとい
う話についての説明をちょうどイムラーンがしようとしたところで、教師が
静かにするようにと注意する。そこで、イムラーンが教師に向けても語り始
めるのが、01 行である。

シャーヒードという男児がミナという女児を叩いていた。そのことを
シャーヒードの母親であるアイシャに訴えたが、何もしてくれなかったの
で、イムラーンがカディージャというアイシャよりも年長の女性に訴え、そ
のことに対してアイシャが不服でイムラーンに不満を述べた、という話であ
る。イムラーンは "*is tak*…" の文をやや高いピッチ、さらに速く述べてい
る。また、"is tak" は音声的には "it-tak" と聞こえ、"*bol rahe* ho" は "*borrae
ho*"[1] とかなり口語的に聞こえる。その効果か、他の児童や教師の笑いを誘っ
た。

イムラーンは非常に早口で話している。これは、おそらく、ビルキス先生
に中断させられる前に全ての語りを終えたいという気持ちからかもしれな
い。というのは、授業中に決してふさわしい話題ではないからだ。ビルキス
先生が、児童のおしゃべりを許す状態にはないということは、は、06 行や
20 行での '*cup ho jaao*' からも明らかである。

(7-2)　どうしてそういうこというの［3A 468-505］

01 イムラーン；　先生、この前面白いよね、

02 ビルキス；　'tell the'

03 カリム；　　〈おしゃべりを続けている〉

04 ビルキス；　ey!

05 イムラーン；　まずサムラが、

06 ビルキス；　*cup ho jaao!*（お黙りなさい）

07 イムラーン；　*AiSaa anTii* に＃かしているうちに、バッチャーン（ア
　　　　　　　　イシャおばさん）

08 ジャミラ；　　＃＃＃＃〈英語タスクの答え〉

09 イムラーン；　そのあとに、おっきい皿をバッキーン

10 ジャミラ；　　えだれがだれが？

11 ライラ；　　　えわざと？

12 イムラーン；　サムラ

13 ライラ；　　　わざと？

14 イムラーン；　ジュースをぼっかーん。

15 イムラーン；　ジュースはわざとやったっていってた。

16 ビルキス；　　'saami the cat * lives with'

17 ジャミラ；　　えーなんで？

18 イムラーン；

19 ライラ；　　　だからシャーヒードにミナが＃＃＃

20 ビルキス；　　*cup ho jaao,* (お黙りしなさい)

21　　　　　　　[*bolo ab'ii* sentence *ek* sentence ＃＃＃＃ *nahiiN bolaa*
　　　　　　　　(言いなさい　まだ文、一文も言っていない＃＃＃)

22 イムラーン；　[先生、先生、ちょっと待って、先生

23 イムラーン；　あの人最悪だよ、あのね、

24　　　　　　　*AiSa anTii* ね、(アイシャおばさん)

25　　　　　　　シャーヒードがミナのこと何回も叩いてたじゃん、

26　　　　　　　で、

27　　　　　　　1回目も何回も言ってたの、

28　　　　　　　で最後のときに、

29　　　　　　　あのまた、

30　　　　　　　あのね、

31　　　　　　　*k'adiijaa anTii* に言ったら、(カディージャおばさん)

32　　　　　　　*AiSaa anTii* が、(アイシャおばさん)

33　　　　　　　 is tak kyoN bol rahii ho

34　　　　　　　(あなたはどうしてそういうこと言うの)

35　　　　　　　って言ってたの

36 ビルキス；　　*kisko bolaa?* (誰が言ったの)

37 イムラーン； えぼくに ［言ってきたんだよ。

38 カリム； ［えほんと、あの人だめだよ。

39 ビルキス； @@

40 イムラーン； どんだけ子供かばってるんだし。

41 ビルキス； @@

42 ライラ； え、*ab'ii gayii t'ii?*（もう行っちゃったの）

43 イムラーン； やばいよ。

44 ビルキス； *ab'ii,* Sunday ＃＃＃＃（今／もう、）

45 イムラーン； ミナのことがーってやってたの

46 ジャミラ； お前、@@、お前 *k'adiijaa anTii* に全部ちくってたん

　　　　　　　　かよ。

47 ビルキス； @@

48 ジャミラ； なんで ［ちく＃＃＃@@

49 ビルキス； ［*isii lie.*（そういうこと。）

50 ビルキス； *acc'aa, bolo*（はい、（（タスクの答えを））言いなさい）

ウルドゥー（パンジャービー）語での引用は、イムラーンの語りのオチに
なっている。また、たとえ *AiSa anTii* 自身の発話内容がそこまで面白くなく
ても、イムラーンのやや茶化した発話が面白いととらえられることになる。
　ビルキス先生の39行および41行での笑いは、何に対しての笑いかわか
らないが、モスクにおけるさまざまな場面で、よく *AiSa* さんの隣に座って
おしゃべりしていたことからも、*AiSa* さんに敵意を持っているわけではな
い。38行では、カリムが *AiSa anTii* に対して否定的な評価を下し、イム
ラーンも同様の評価をしている。児童にとっては、不満を表したイムラーン
の語りであったが、ビルキス先生は、特に批判はしていない。46行では、
ジャミラは、いちいちイムラーンが *k'adiijaa anTii* に報告していたのか、そ
ちらの方を可笑しいと表現している。49行ではビルキス先生が、イムラー
ンの語りの終了をマークしている。そして、タスクに戻っている。
　授業を中断した以上、イムラーンは、他の児童にとってだけでなく、教師

にとってもある程度面白い話をしなければならないと感じていた可能性がある。ウルドゥー語を使うことによって、教師に話のオチのインパクトを理解させると同時に、語りがそこで行なわれる正当性を示そうとしたようにも思われる。

7.3　情報の真正性

　次の例は、カリムと、普段モスクにあまり来ないハキムとのゲームの貸し借りの話である。

　イムラーンが、カリムがハキムに2400円返してもらったのかを尋ねることから、話がはじまる。カリムがそれに対して返事しなかったことから、ジャミラも反応し、カリムも返してもらっていないことをほのめかす。カリムは、ハキムがうそをついていると述べ、イムラーンはハキムがなんと言ったのかを聞く。カリムは、ハキムがなんと言ったか、直接引用のような形で、声を高くして述べる。カリムがハキムにモンスターハンターというゲームを貸し、そのゲームをハキムが返してくれなかったという出来事を述べる。

　　（7-3）　絶対子供の味方してるよ［2C 121-174］
　　　01 イムラーン；　ねえカリム返してもらった？　そういえば。ハキムに
　　　　　　　　　　　2400円。
　　　02 ジャミラ；　　返してもらったの？
　　　03 ジャミラ；　　えー。
　　　04 カリム；　　　あいつうそついてるもうあいつうざい。
　　　05 イムラーン；　なんつってたの？
　　　06 カリム；　　　なんかー、
　　　07 〈　　　　　　ちょっと違う声〉俺の、お母さんが、
　　　08　　　　　　　　PSP隠したの、
　　　09　　　　　　　　その、

10		PSP の中に、
11		モンハンが入ってて、
12		俺がお母さんに言っても、
13	ビルキス ；	Khareem!
14		(5.0)

　その後、しばらく経ってから、イムラーンはまたカリムとハキムの話を始める。どうして普段あまり来ないハキムにゲームを貸したのかという問いに対し、カリムはイムラーンもあの場でハキムに貸すようにと促したと述べる。イムラーンはハキムに貸せばいいとは言っていないと述べる。そしてしばらく経ってから、カリムは、ハキムが「パープルくん」というゲームを貸してくれるというから貸したんだと述べる。そこで、イムラーンが、カリムにまだそのゲームを持っているか聞き、返事がないことから、もうカリムがハキムのゲームを返してしまったのだと解釈する。ジャミラとイムラーンの二人で、カリムのことを「ばか」と呼ぶ。ジャミラは興奮し、大声で驚きと非難を示す。ビルキス先生がおしゃべりに対して注意するが、ジャミラはビルキス先生の注意をとりあえず聞いたことを先生に示しながらも、カリムのことをばかだと言い続ける。カリムも自分でもそう思うと述べる。

15		(5.0)
16	イムラーン ；	だから ［＃＃＃］
17	カリム ；	［しゃべり始め］たのあっちの方が先だし
18	イムラーン ；	俺があのときさあ、貸すなっていったじゃん。
19	カリム ；	お前何、お前かせかせいってたじゃん(笑)
20	イムラーン ；	言ってないよ。俺に貸せっていってたんだよおれは。
21		(10.0)
22	カリム ；	貸した＃＃＃＃
23	ライラ ；	だってイムラーンはいっつも来てるからさ
24		(2.0)

25 ビルキス；　‘Write the past tense and past participle for the following words.’ =

26 イムラーン；　［えー］

27 カリム；　［なんか］パワプロくん貸してくれるっつうからさあ。

28 イムラーン；　んーまだもってるパワプロくん？

29 イムラーン；　あーばかだ。

30 ジャミラ；　返しちゃったの！？（大声）

31 イムラーン；　［ばかだ］

32 カリム；　［今頃気づいた］の？

33 ビルキス；　*jaldii karo ab' ii* stop talking about anything else!
（早くしなさい、今）

34 ジャミラ；　ばかなんじゃないのこいつ、ありえない。

35 イムラーン；　ばか！

36 ビルキス；　Jamila!

37 ジャミラ；　先生、カリムばか。ほんっとに馬鹿。

38 イムラーン；　もうばかだよ。

39 ジャミラ；　もうやばい

40 カリム；　俺も自分で思ってる。

41 イムラーン；　いやあ馬鹿以上だよ。

　このエピソードはさらに以下のように続く。興奮しているジャミラは、ジャミラらの母親が「あんた本当に頭だいじょうぶというと思う」と述べる。それに対し、カリムは「その代わりお金を払ってもらう」と述べ、決して自分は自分のゲームを借りられっぱなしにするわけではないことを示唆する。ジャミラもイムラーンも、返してもらえると思っておらず、49行、50行で、カリムが借りられっぱなしになることを警告している。イムラーンが、なぜカリムがハキムの父親に言って問題を仲介してもらっていないのかを聞く。カリムはまず53行で「言っても無駄」、また54行では「子どもの味方をしてる」と結論から述べる。55行では、その根拠として、ハキムの

父親と話した具体的な日付を述べ、父親自身と話したことを述べる。そして、ウルドゥー語の直接引用を行なう。「なになに」は直接ハキムの父親がそう述べたのかどうかはわからないが、少なくとも次のウルドゥー語の箇所と連続して発話されたわけではないことは予測される。引用されているウルドゥー語には、先の例(7–2)や後の例(7–4)のようには抑揚はついていない。また、3文ほどが一気に述べられている。そうしたことから、先の例のように、談話を生き生きとさせることによって、この成人メンバーへの不満を表したわけではないと考えられる。そして、自分の父親にも言及したすぐあとの発話では、自分の父親もゲームの問題においてカリムの肩をもってハキムやハキムの父親に話をしてくれないということを示唆している。

このハキムの父親と、カリムの父親への言及の両方で、イムラーンも、成人メンバーが手伝ってくれないことがはっきりわかった。そのため、61行では、「ぶっとばせばいいじゃん」と、カリムが直接ハキムに制裁を加えるように述べる。そして、最終的には、71行で、イムラーンがカリムと連帯する、ということを述べる。

42 ジャミラ；　　お母さんに言ったらまじでいかると思うよ。

43　　　　　　　あんた本当に頭だいじょうぶというと思う

44 ジャミラ；　　いやありえないうち絶対返さないよ、

45　　　　　　　じゃあ君が［返してくれるまで＃＃＃って

46 ビルキス；　　Jamila! Stop it.

47 ジャミラ；　　普通それで＝

48 カリム；　　　＝そのかわり、お金を払ってもらうから

49 ジャミラ；　　いつ!?

50 イムラーン；　払ってくれないから

51 ジャミラ；　　お前だって話してくれ、はだ、払ってくれなかった＃＃＃

52 イムラーン；　なんであいつのお父さんに言わないの。

53 カリム；　　　言っても無駄だもんあいつのお父さんとか。

54	絶対子供の味方してるよ。
55	俺8月14日(14にち)に言ったよ。
56	あいつのお父さんに。
57	なになに *calo ye bas duusre baar le kar aaegaa* とか言ってさ
	(行きなさい、もう十分だ、次回彼が持ってくる)
58	自分のお父さんに言っても＃＃＃＃ないし。
59 ビルキス；	ey.
60 ビルキス；	*cup karo.*(静かにしなさい)
61 イムラーン；	ぶっとばせばいいじゃん。
	〈6行省略。ジャミラは教師の指示通りタスクをはじめ、イムラーンも参加する〉
68 カリム；	＃＃＃＃＃なら倒せるけど
	〈2行省略。ビルキス先生とジャミラのやりとり〉
71 イムラーン；	じゃあ今度会ったら一緒に殺そう。

　以下のエピソードは、ある日教師が立ち去った後のものである。カリムは、教師がいなくなってほっとしたといい、教師への不満を表現する。話は進み、児童らの間で数人いる教師の中で誰が「一番まし」かを議論し始めることになる。後に、話のテーマは、どの教師が誰をひいきしているか、また誰が一番ひいきされているかへと移る。イムラーンは、カリムとイムラーンの男子児童二人は怒られるべきでないところでアリー先生に怒られ、ジャミラとライラの女子児童二人が怒られるべきときに怒られていないと主張する。このウルドゥー語の引用では、声のトーンや抑揚を、成人男性(アリー先生、シャキール先生)のようにしている。

（7-4）　誰が一番ひいきされているか［2C 650-669］

01 イムラーン；	お前らなんてさ、quran さ、持ってきてなくてもその＃＃＃

02 カリム；　　　そう、ジャミラなんてさあ＝

03 ライラ；　　　＝え、[違う、ジャミラだよ、それ、うちのときは超
　　　　　　　　　＃＃＃]

04 カリム；　　　[みんながやってるときに本読んで] るの＝

05 イムラーン；　＝そう、quran もってこなくて、でも俺らが行ったら
　　　　　　　　　言うんだよ。

06　　　　　　　　で、

07　　　　　　　　俺らのときは、

08　　　　　　　　なんか、

09　　　　　　　　ちょっと持っていこうとして遅いのに、

10　　　　　　　　遅いだけで *jaldii karo, ab' ii* phone *karuuN*!
　　　　　　　　　（早くしなさい、今から（（親に））電話する）

11 ライラ；　　　そうそううちだってさあ、

12　　　　　　　　うちがね、

13　　　　　　　　ジャミラやってないからうちもやんないって言った
　　　　　　　　　ら、

14　　　　　　　　ジャミラには [何も言わないでさあ

15 カリム；　　　[何そうそうとか言っちゃって

16　　　　　　　　お前宿題やってたくせに前。

17 ライラ；　　　は？

18　　　　　　　　いつ？

19 カリム；　　　〈やや高いトーン〉いつ？

20 イムラーン；　＃＃＃＃＃。

21 ジャミラ；　　ライラは、*Sakiil ankl* にひいきされてるよ、
　　　　　　　　　（シャキールおじさん）

22　　　　　　　　前寝てらさあ、

23　　　　　　　　寝かしたままでいいよ、

24　　　　　　　　でうちはうつぶせになったら、

25　　　　　　　　Jamila, *id' ar dek' eN na?*

　　　　　　　　　　　（ジャミラ、こちらを見ませんか）
26　　　　　　　　　だから違うんだよ［こっちは頭痛いんだよ。］
27 ライラ；　　　　［違うよあれひいきじゃ］ないよ。
28 カリム；　　　　俺だってさあ、
29　　　　　　　　　聞いてんのにさ、
30　　　　　　　　　下向いてるだけで上向きなさい
31 ライラ；　　　　ひいきじゃないよ。
32　　　　　　　　　あれひいきじゃないよ。
33　　　　　　　　　だからいみふなんだよあの人のしゃべってること。
34 イムラーン；　　いや、
35　　　　　　　　　だからひいきなの、
36　　　　　　　　　でも。
37　　　　　　　　　いか＃＃。
38 ジャミラ；　　　うちだっていみふだよ、
39　　　　　　　　　頭痛いのに、
40　　　　　　　　　＃＃　＃＃＃＃＃＃
41 イムラーン；　　うん

　01 行で、イムラーンは女子児童二人に対して、非難を始める。カリムは
その非難に同調し、特にジャミラの行為を 02 行と 04 行で具体的に述べる
ことによって、非難をしようとする。ライラは、イムラーンの非難に反論
し、アリー先生は自分に対しては厳しいが、ちょうどカリムがジャミラに言
及したこともあってか、ジャミラには甘いと主張する（03 行）。対してイム
ラーンは、カリムの 04 行の発話に同調しながらも（とはいえ、ライラの主
張に対して同調しているかいないかははっきりしない）、ジャミラないし女
子児童二人はアリー先生にきちんと叱られるべきときに叱られていない一
方、自分たち男子児童二人は叱られるべきでないのに叱られていると具体的
に述べようとする（05 行 -10 行）。そこで、何度もアリー先生が繰り返すフ
レーズが 2 つあげられている。これらが同時に発話されているとは限らな

いが、フレーズを聞いただけで筆者でもアリー先生が思い浮かびそうである。

　05-10 行のイムラーンの非難がライラとジャミラ双方に向けられていたのか、それともジャミラだけなのかがはっきりしなかったことは、01 行のイムラーンの非難の対象から、ライラが外れたことを保証するわけではない。ライラは、11 行で「そうそう」と同調した形をとりながら、ジャミラがひいきされており非難されるべきで、自分はイムラーンやカリム同様、「差別」[2] されていると述べる。しかし、カリムは 15 行で「何そうそうとか言っちゃって」と、ライラを非難する。ライラが同調し連帯しようとしたのを理解し、01 行の非難に立ち返って、ジャミラとライラ二人を「ひいきされている」としたいことが伺える。16 行でカリムは、「(小学校の)宿題をやっていた」という具体的な事柄を挙げ、ジャミラ同様にライラを非難する。17 行および 18 行でライラが、カリムの主張が不当であることをうながすために、「は？」と述べ、具体的にいつのことかを問うことによって、その非難を不当であると主張したいことが伺える。カリムは、ライラの発話をそのままそっくり繰り返すことにより、ライラの質問への応答を拒否する(19 行)。やや高いピッチは、単に語彙だけでなく、ライラの発話をそっくり真似ていることを示し、ライラを見くびっているようにも聞こえる。

　21 行ではジャミラが新たに三人の間で行なわれていた会話に参加する。ライラがシャキール先生にひいきされていると述べ、ある日のエピソードを語る。22 行の「前寝てたらさあ」はライラに言及しており、23 行は、シャキール先生の態度(シャキール先生の発話として、日本語でこういったとは想像できない。また、明示的にことばで「寝かしたままでいい」と許可したとも限らないだろう)が、ライラに対して寛容であったことを述べ、24-25 行はその対比として、ジャミラに対してシャキール先生がどう対応したかを述べる。25 行ではシャキール先生の引用がある。この表現(命令形ではなく、勧誘形を使っている)は、アリー先生よりもやわらかい表現が多いシャキール先生らしいため、本当に文字通りこう言った可能性はある。その後すぐに述べられるジャミラの発話「だから違うんだよ、こっちは頭痛いんだ

よ」は、本人の発話の直接引用というよりは、心情の引用の可能性がある。筆者の参与観察中、シャキール先生に対してここまで直接的に反抗的な発言は見られなかった。つまり、これはジャミラ自身のそのときの発話ではなく、自分のそのときの心情をまるで直接そのときのシャキール先生に言うかのように、述べたものと解釈すべきだろう。

　26 行のジャミラの発話が終わる前に、ライラはシャキール先生が自分をひいきしているわけではないと述べる。しかし、28 行ではカリムもジャミラの発話内容に対し「俺だって」と同調の意を示し、30 行ジャミラのようにシャキール先生の引用を行なうが、日本語で発話されている（筆者が授業を観察していた限り、シャキール先生はこの発話を日本語では行っていないと考えられる）。カリムは、02 行で行ったようにジャミラを非難するのではなく、今度はジャミラに同調することで、ライラのみを非難しているように聞こえる。

　31 行ではライラが再度ライラがひいきされているわけではないということを主張する。女子児童二人が非難されたことに対してジャミラがライラへの「ひいき」を強調し、その後ジャミラを非難していたカリムもライラへの非難に集中し、イムラーンも特に介入しないことから、ライラのみが「ひいき」され、他の児童からうとまれることになってしまっている。ライラは、33 行でシャキール先生の話すことを「いみふ」と形容することによって、他の児童らの非難の対象をライラではなく、シャキール先生自身の言動に向けさせようとしているととらえることができる。しかし、その発話もむなしく、34 行でイムラーンはライラの主張を退け、35 行で明示的に「ひいき」と述べる。36 行では文末イントネーションで「でも」と述べるが、これは、たとえライラの言うとおり、「シャキール先生の述べること」が「いみふ」であることは認めるにしても、という意味であると解釈できる。38 行のジャミラも、「うちだっていみふ」と述べる。これは、ライラの発話を直接否定も肯定もしていないが、そもそもライラとジャミラが同じ立ち位置だというジャミラの認識があれば、「うちだって」とは言わないだろう。ライラの発話を直接肯定はせず、ジャミラはライラとは状況が異なっていて「差

別」されているが、ジャミラにとってもシャキール先生は「いみふ」である、という発言である。これは、その直前のイムラーンの発話と同じスタンスであるといえる。すなわち、シャキール先生の言動が「いみふ」であることと、ライラがひいきされていることに、二人は同調しているといえる。41行のイムラーンは「うん」と、同調を示す。

　次の例では、成人の同じ発話が二回、日本語、そしてウルドゥー語の順で引用されている。また、その切り替えは、会話の流れに沿って行われたことがわかる。

（7-5）　間違えていれちゃうかもしれないって［3C 236-249］

01 ジャミラ；	ねあれだよ？あのね、なんかー、
02	学校の友達が言ってたんだけどー、
03	がアレルギーがある人いるじゃん？
04	その人には特別に給食作って［あげてんだよ］
05 カリム；	［そうだよ］
06 ジャミラ；	だからうちらでも作ってくれるよいえば
07 カリム；	田中³とかなら卵抜きで作ってあげてたんだよ
08 ジャミラ；	だからうちらも言えば絶対作ってくれるって
09	［肉抜きなんて簡単
10 カリム；	［だからお父さんが］間違えていれちゃうかもしれないって
11 ジャミラ；	なあにちゃんと［いえばさー］
12 カリム；	［おれ言っ］たよお父さんに今日車で。
13	ずっと言い続けたよ。
14 ？；	＃＃＃＃ないで
15 カリム；	そしたら、そしたらー、
16	*vo galat b'ii se ＃＃＃＃ saktee haiN* とかさあ ＝
	（それ・その人は＃＃＃＃を間違う可能性もある）
17 イムラーン；	＝俺は［＃＃］

18 ジャミラ；　　［＃＃］ないとだめかもしれないけど一応言ってみよ
　　　　　　　　うよ
19 イムラーン；　俺はおか［あ
20 カリム；　　　　　　　［だからお父さんに言ってよ、俺に言うなし。

　ジャミラとカリムは、宗教的な食事制限のため、中学校に弁当を持参して
いる。ジャミラがカリムに、学校の給食室に言えば特別食を作ってくれるら
しいから、一緒に父親の許可を頼もうと提案する（01-06 行）。言えば「絶
対」作ってくれる（08 行）、肉抜き「なんて簡単」（09 行）と、ジャミラは勇
み足で、自分たちの望みがかなう可能性が高く、それに協力する価値がある
ことを主張する。一方で、カリムはすでに父親に主張したことがあって、許
可が下りなかったと主張する（10 行）。カリムは、父親が「間違って（許可さ
れていない食品を）入れてしまうかもしれない」と言ったと述べる。
　ジャミラはカリムの主張を聞き入れず、しっかり頼めばきっとやってくれ
るはずだと、許可の懇願への勧誘を撤回しない（11 行）。同時に、カリムの
言い方が悪いのだとほのめかす（11 行）。12 行でカリムはジャミラの発話の
終了を待たずにたたみかけるように主張する。「お父さんに」「今日」そして
「車で」という具体的なコンテクストを挙げて、自分は本当に父親に言った
のだと主張する。そして、「ずっと」言い「続けた」という語の選択によ
り、ジャミラの主張と、ジャミラの「ちゃんと言っていない」という発言に
対して反論する。その上で、すでに日本語で述べた、父親が給食室で間違い
が起こりうると考えているという事実を、もう一度言う。この際に、その父
親の発言ないし意見がウルドゥー語で表現されている。
　この発話のほんの少し後、ジャミラが再度発話する。今度は、カリムが決
して「ちゃんと言わなかった」わけではないと理解したようである。08-09
行や 11 行の強い表現とは一転し、「だめかもしれない」や「一応」といっ
た譲歩が見られる。勧誘はまだされているが、主張が弱くなったことがわか
る。
　この話の結末から、ウルドゥー語の発話により情報の真正性が高められる

ことが推論される。カリムは、主張を強くする必要があったし、また18行でジャミラが最終的に譲歩するためは、カリムの主張が正当なものに聞こえる必要がある。10行で述べられたことと16行で述べられたことはほぼ同じであり、ただ言語のみが異なる。それなのに、カリムが父親に話したことをジャミラが認めていなかったという状態から、カリムの主張がジャミラに認められることになるのである。もしウルドゥー語への切り替えに意味がなければ、カリムが述べたことは、ほぼ同じ内容の繰り返しのはずである。従って、ほぼ唯一の大きな違いであった、ウルドゥー語の選択自体に意味があると考えられる。

7.4 フィクショナルな引用表現

引用は、その場にいない人の発話を発話の場にもってくる行為である。「その場にいない人の発話」とは、必ずしも発話者がその発話を経験したものに限らない。次の例は、フィクショナルな情報をあるタイプのウルドゥー語にすることで、引用のように会話の参加者が扱ったものである。ここでは、ウルドゥー語による発話の権威と真正性の解釈枠組みが利用されて、教師と他の児童らに、フィクショナルな引用が本当にどこかからの引用であるかのようにしばし扱われている。

(7-6)　我々の祖国はパキスタンである ［3D2 458-488］

01 アリー；　　はーい、*Jamila paR'o*

02 アリー；　　*ey Kharaeem tumhaaraa ab'ii quraan paR'naa id'ar ###*
　　　　　　　Imran paR' ###
　　　　　　　（こらカリムきみの今クルアーン読むここ＃＃イムラーン読む＃＃）

03 ジャミラ；　&&&&&&&&&&&&&&&&&&&&&&&&&&&&&&&&&&&&&&
　　　　　　　&

04 カリム；　　ライラは？　ライラは？　ライラは？　ライラは？

　　　　　　　　　　ライラは？　ライラは？

05 アリー；　　　　ライラもそう、

06　　　　　　　　*ye ye #### ### donoN se ### na? ye b'ii ## ## ### paR'naa*
　　　　　　　　（これ　これ　＃＃＃＃　＃＃＃二つ／二人から
　　　　　　　　＃＃＃でしょ、これも＃＃＃＃読む）

06 カリム；　　　だめだめー

07 アリー；　　　これも簡単だよ、ちょっとわかったらね

08 イムラーン；　これ全然変わんない

09 イムラーン；　変わらない、どこも変わらない

10 カリム；　　　ライラ。

11 カリム；　　　〈やや変わった声〉*hamaaraa vataan Paakistaan hai.*

12　　　　　　　　*hamaaraa vataan paakistaan hai*

13　　　　　　　　*isii lie naam paakistaan quraan ### karengee*
　　　　　　　　（我々の祖国はパキスタンである。我々の祖国はパキ
　　　　　　　　スタンである、そのためパキスタンと言う名はクル
　　　　　　　　アーンの＃＃＃している）

14 アリー；　　　*ye quraan kid'ar ######?*（これはクルアーンのどこ
　　　　　　　　＃＃＃＃）

15 カリム；　　　*ey?*

16 アリー；　　　*saudii ######?*（サウジの＃＃＃＃？）

17 アリー；　　　*Paakistaan men ###### huaa?*　@@@
　　　　　　　　（パキスタンで＃＃＃＃だった？）

18 カリム；　　　〈やや変わった声〉*paakistaan Muhammad sallallahu*
　　　　　　　　aleiwassalam aayee t'e
　　　　　　　　（パキスタン、ムハンマド彼の上に平安あれ[4]がいら
　　　　　　　　した[5]）

19 カリム　　　　〈やや変わった声〉### hijrat[6] からー

20 ジャミラ；　　え、そうなの？

21 カリム；　　　〈やや変わった声のまま、標準日本語と異なるイント

ネーション〉<u>そうだよー</u>

22 イムラーン；　@@［@@

23 アリー；　　　　［@@@

24 ジャミラ；　　うそだー

25 アリー；　　　@@@@

25 イムラーン；　うそだー、絶対ないよ。

26 アリー；　　　〈明るい音色の声〉頭大丈夫？

27 カリム；　　　@@だ［い丈夫大丈夫〈笑った、少しふざけ気味の声、最後の bu の u が強い〉

28 イムラーン；　［パキスタン、あの人がねー@@。

29 カリム；　　　大丈夫ー〈笑った、少しふざけ気味の声、最後の bu の u が強い〉

30 アリー；　　　〈明るい音色の声〉### *Muhammad Sallallahu* は、あーウルドゥー語しゃべったの？（ムハンマド彼の上に平安あれ）

31 アリー；　　　〈鼻笑い〉@

32 イムラーン；　え

33 カリム；　　　*Muhammad Sallallahu*［*aleiwassalaam*
（ムハンマド彼の上に平安あれ）

　この切片の始まりでは、授業中、児童らが誰もクルアーンの音読をしていないので、アリー先生が児童らにクルアーンの音読をするように言っている。アリー先生はまずジャミラに、それからカリムとイムラーンに対して音読をするように言った。これに対して、ライラには何も言っていなかったので、カリムはアリー先生に、ライラにも言うようにうながす。アリー先生はライラにも言及する（05 行）。06 行でカリムは「だめだめー」と述べる。この発話は、次章で詳しく論じる、教師の使用する接触日本語変種に近い。これは、ジャミラやライラという自分以外の児童がもっときちんとタスクをやるべきだという、カリムが教師の立場をとった発話であると解釈できる。

07 行、08 行、09 行が何に対しての言及だったのかはよくわからないが、カリムの発話とは関係なく起こっているようである。

11 行でカリムは突然、独特の節がつき、きしみ声のようなウルドゥー語ですらすらと「我々の祖国はパキスタンである」言い始める。アリー先生はすぐに反応する。カリムは 12 行でのアリー先生の質問に答えない。アリー先生は再度、14 行および 16 行で、カリムの述べる内容がどこから来ているか質問する。カリムは答えずに、同じ声の調子で預言者ムハンマドがパキスタンにいたと述べる。この 16 行の内容は、11 行での内容よりもさらにラディカルである。

カリムのこの 11 行から 13 行のウルドゥー語の発話に対して、アリー先生も、無視したりせず、比較的真剣に聞いている。先生は、一度質問をしただけでなく、その後二度も言い換えをしている。カリムの言うことが間違っていることをほのめかしているのか、17 行では少し笑っている。カリムの発話を、ある種のジョークとして捉えようとしていることが見受けられる。一方カリムは、アリー先生の笑いに同調せず、ey? と反応している。カリムのこうしたちょっとした聞き返しは圧倒的に「えっ?」が多いが、この ey? は、アリー先生の発話にも見られるような、南アジア系成人男性のものによく似ている。カリムはアリー先生の質問には答えず、また同調してカリムの発話が冗談であるとは示さずに、不思議な声で発話し続ける。教師の質問を無視し続け、教室に関係ないことを教師及び児童の聞いている場面で述べ続けるのは、少し変わっている。誰が発話を聞き、誰が情報を与え、誰が無視するかという構造を考えると、極端にいえば、まるでこれまでの教師と児童の立場が入れ替わったようにも見える。

イスラームに関連することがらについて、一方的な断言のような形で叙述的に語られたこと、ウルドゥー語で語られたこと、声が低かったことが、その情報がカリムのものではないこと、またその発話元とされるものが、カリムよりも年長の男性であることと受け取らせる。また、この解釈の枠組みは、アリー先生も、カリムがくだらないことを言っていると即座に笑ったり、完全に無視するのではなく、わざわざどこからその情報が来たかと聞き

ながら、共に連帯を作りながら笑いとばそうとしていることからも推論でき
る。自分の弟であるカリムのことを特別に知識の権威と思っておらず、知識
を疑ったり議論したりすることの多いジャミラも、ウルドゥー語でカリムが
同じ事を繰り返したという頑固さもあってか、ふざけていない調子で「そう
なの？」と聞いている。

　カリムはその後、21行でその不思議な声のまま日本語に切り替える。年
号という具体的な情報が出たことからか、ジャミラも沈黙を破り、カリムに
その情報の真正性を質問する（20行）。カリムは不思議な声のまま日本語で
答える。イムラーンとアリー先生は笑う。ここで魔法が解ける。

　カリムの11行から13行での発話が、かつてカリムがどこかで聞いたこ
となのかどうかはわからない。しかし、ウルドゥー語で、かつ自分の通常の
声とは異なる声を出すことで、同じ情報を通常の声の標準日本語で言うより
も、アリー先生やジャミラに、無視されたり笑われたりばかにされたりせず
に、自分の発話に注目してもらえた。このことは、先に挙げた、カリムが父
親の発話を日本語ではなくウルドゥー語で引用したときのメカニズムと類似
している。同じメカニズムを使って、アリー先生とジャミラの聞き手として
の態度を変えることができたのである。

　「魔法が解けた」のは、イムラーンとアリー先生の笑いによって、カリム
の言っていることがうそだと示されただけではない。カリム自身も、19行
以降で日本語にシフトすることによって、同じ声質で発話しながらも、ウル
ドゥー語がそれまでもたらしていた主張の強さ、真正性の保証を、弱めてし
まったといえる。そのことは、ジャミラによる20行の質問や、22–23行の
アリー先生やイムラーンの笑いを呼び、24行のジャミラの「うそだー」と
いう反応からわかる。面白いことに、18行は比較的漠然とした情報である
のに対し、19行は（年号が具体的に述べられていたとすれば）厳密な情報で
ある。情報の厳密性が高まるところで、カリムは真正性を弱めるスタイルに
切り替えているのである。カリムは、日本語へのシフトによって、この発話
がみな作り話であることを意識的であれmetaphoricであれほのめかした可
能性がある。

24行、25行で、ジャミラもイムラーンもカリムの発話をようやく全面的に否定する。アリー先生も23行で笑いながら、からかいの「頭大丈夫？」でカリムの発話の真正性を真っ向から否定する。カリムは、まだその不思議な声のまま「大丈夫大丈夫」と繰り返す。誰でもない声の主のままでいることにより、カリム自身ではなく、誰でもない声の主がばかにされているので「大丈夫」とでもいわんばかりに、二度繰り返す。この「大丈夫」の最後の音節 bu の u の音は、通常よりも丸くなっており、やや「外国風」の日本語である（8章でこのような現象を「南アジア風の日本語の使用」として分析する）。アリー先生は、ジョークを面白いと思ったのか、笑いながら預言者ムハンマドがウルドゥー語を話せたのかどうかというコメントを投げかけ、さらにカリムの発話を否定する。

このように、カリムの考えた発話は、必ずしもカリムの意志や意図が直接的に現れているわけではない。時々耳にする宗教の講話調のウルドゥー語と結びつけられる発話内容（宗教に関する）というジャンルの知識やそのジャンルに接した経験がここで現れている。バフチンの思想に則していえば、そのジャンルにおける「声」や、その「声」に対するカリムの「声（考え）」が混ざり、このコンテクストにおいて発話をしたと考えられる。また、こうしたジャンルに接する経験は他の児童や教師にも共有されているものであるため、彼らから真正性に関する一定の解釈と反応を引き出すことができている。

7.5 データ全体の引用表現から見る傾向

本章の最後に、これまで質的分析を行ったウルドゥー語による引用表現が、児童らの使用した引用表現全体の中で、どのような特徴があったかを、引用表現全体と照らし合わせて示す。

言語別・元の話者別の引用表現の数

以下の表6は、データに見られた引用表現の総数である。最も多かった

第 7 章　ウルドゥー語での引用　219

のは日本語による引用で、ウルドゥー語による引用は 13% にも満たない。

表 6　言語別・データに見られた引用表現の数

	引用表現の数
日本語	33
ウルドゥー語	5
接触変種	1
計	39

　この値は、引用された発話の元の言語が関係しているのだろうか。発話の元の言語を予測することは難しいが、引用された発話の元の話者は談話からわかることが多い。以下の表 7 は、元の話者のカテゴリー別にどの言語で引用が見られたかを示すものである。

表 7　言語別・元の話者のカテゴリー別・データに見られた引用表現の数

	コミュニティ成人	自分	日本語モノリンガル児童(モスク外)	コミュニティ児童
日本語	16	7	6	4
ウルドゥー語	5	0	0	0
接触変種	1	0	0	0
合計	22	7	6	4

　表に示されているように、コミュニティ成人の引用が全体として多い上、コミュニティ成人を日本語で引用することが最も多いことがわかる。また、コミュニティ成人以外の人物は、ウルドゥー語や接触変種で引用されることがなかったことも注目に値する。56% の引用がコミュニティ成人のことばだったが、さらにそのうちの 7 割が日本語で引用されていたことがわかる。コミュニティ成人の引用を見ると、さらに興味深いことがわかった。それは、一般的な引用と、強調が含まれている引用の 2 タイプがあったことである。日本語での引用のうち、強調と見られるものは、語の繰り返しや、やや限定的で強い意味を持つ語の選択、発話のスピードなどのパラ言語的特

徴の変化が見られた。このことは、日本語とウルドゥー語の切り替えのみならず、日本語内でも児童らがパラ言語的特徴によるコンテクスト化を行なっていることを示唆する。つまり、同じ強調という機能は、日本語内でパラ言語的特徴を変えたり、言語の切り替えによって表現されていることがわかった。

コミュニティ成人の日本語での引用：一般的な例

次の2つの切片には、コミュニティ成人が日本語で引用されている例が計5例ある。(7-7)の例でライラは、なぜわざわざ学校に制服を着ていかなければならないのか、という話に加わっており、父親が「(制服のための)お金がもったいない」と言っていたことを述べている。ここでの引用は、あまり直接的ではなく、プロソディ、イントネーション、声の変化などのパラ言語的な変化はない。

> (7-7)　お金もったいないってお父さんが言ってた　[3C 667, 3C 669]
> ライラ；　　　　　お父さんも<u>言ってた</u>、お金もったいない<u>って</u>
> 　　　　　　　　　(2行省略)
> ライラ；　　　　　お金もったいないってお父さんが<u>言ってた</u>

(7-8)の例でも、3例ある「って言われた」のどの例にも、プロソディ、イントネーション、声の変化などのパラ言語的な変化は見られない。

> (7-8)　プール以外なら　[3C 892-897]
> 01 カリム；　　　　半ズボンさー、あれ小っちゃすぎてダメ<u>って言われた</u>
> 　　　　　　　　　けどさー
> 02 ビルキス；　　　*calo ab'ii* read the sentences, from Khareem.（ほら早く）
> 03 イムラーン；　　俺はねえプール以外ならなん、なんでもいい<u>って言わ</u>
> 　　　　　　　　　<u>れた</u>。
> 04 カリム；　　　　何、ツーリンガー？

05 ビルキス；　　*jaldii lik'o.*(早く書きなさい)

06 イムラーン；　だから、ぷ、プールはだめだけどー、

07　　　　　　　あとは何にもやっていい<u>って言われた</u>よ。

コミュニティ成人の日本語での引用：強調のある例

　一方で、同じく日本語でコミュニティ成人が引用されている次の3つの切片では、言語の切り替えではない形で強調が見られる。強調に使用されている特徴は、声の大きさ、語彙の選択、語彙の繰り返し、発話のスピードといったパラ言語的特徴である。

　次の例(7-9)は、普段あまり会わない児童と互いにゲームソフトの貸し借りをした際に、自分のゲームソフトを返してもらう前に相手のゲームソフトを返したカリムに対して、他の児童らがカリムをなじっている際の会話である。ジャミラは、「あんた本当に頭だいじょうぶ」とはっきりと述べるが、対照的に「いうと思う」では、発話のスピードが少し早く、また声もやや小さくなり不明瞭に発話される。ジャミラらの母親が「あんた本当に頭だいじょうぶ」と日本語で言うかは、在日パキスタン人、特に女性で日本語の「あんた」という使用例をほとんど聞いたことがないので、やや可能性が低いと思われる。しかし、ジャミラの考えでは母親がびっくりするだろうということを、カリムに事の重大さを理解させるために、強調の意をこめて述べていると考えられる。

　(7-9)　あんた本当に頭だいじょうぶ［2C 153-154］

01 ジャミラ；　お母さんに言ったらまじでいかると思うよ。

02　　　　　　<u>あんた本当に頭だいじょうぶと</u> <?> <u>いうと思う</u> </?>

　次の例(7-10)では、「奪う」という被害や暴力性の強い意味をもつ語彙を選択していることが、この引用された内容を強調し、他の児童らの共感を引き出そうとしていると考えられる。ここでも、カリムの父親は「給付金奪う」と文字通りには言わなかったと思われる。

（7-10）　給付金奪うって［3C 644］
カリム；　　　　父さんが俺たちの給付金<u>奪うって</u>

　下の例（7-11）では、どの教師が一番彼らにとって「良い」かを児童らが
議論している。イムラーンは、一番「まし」なのはビルキス先生だと述べ
る。イムラーンはそう考える理由として、ビルキス先生が教室内の指示に従
わない児童らに対して、「お父さんに言う、お母さんに言う」と常に言って
いるが、実際には児童らの両親に児童らの教室内の言動を伝えることは少な
いとイムラーンが感じていることを挙げている。ジャミラらは、イムラーン
の認識はややずれていて、イムラーンは言われないがジャミラらのことは両
親の耳に入ることを主張しようとする。02 行では、イムラーンは「ちくる
ちくる」と述べている。これは、教師に対する反感を示していると考えられ
る。しかし、イムラーンの主張である、「ビルキス先生は常にちくるわけで
はない」ということが他の児童に賛同されないため、05 行 -06 行、08 行、
10 行、15 行で自分の認知的見解を共有しようとし、共有をうながし、主張
を続ける。02 行では「ちくるちくる」と「ちくる」が二回繰り返されるが、
08 行では四回以上繰り返されている。イムラーンは、「ちくる」を繰り返す
ことにより、ビルキス先生が「お父さんに言う、お母さんに言う」という頻
度が多いことを表現している。このことにより、児童ら全員の教師に対する
反感という共有する感情を思い起こさせるのと同時に、その頻度と、実際に
両親に伝えられる回数の相対的な低さが強調される。そういった意味でこの
例は、例（7-5）と似ているように思われる。

　　（7-11）　ちくるちくるちくるちくる［2C 622-637］
　　01 イムラーン；　えー俺は一番ましなのビル先だよ
　　02 イムラーン；　ビル先<u>ちくる</u>ちくる<u>言って</u>んのにちくんないじゃん。
　　03 イムラーン；　もうすごい怒っても
　　04 ジャミラ；　　お前はね。でもうちらはすぐちくられるの。
　　05 イムラーン；　ちくってないじゃん。昨日カリムのことちくった？

06 イムラーン；　ちくってないじゃん。

07 ジャミラ；　　でも

08 イムラーン；　あの、[ちくるちくるちくるちくる＃＃＃。

09 カリム；　　　[イム＃＃＃のことお母さんに] ちくったよ。

10 イムラーン；　ちくってないよ

11 ライラ；　　　ちくってないよ

12 ライラ；　　　いみふじゃん。

13 ライラ；　　　ただ hello っていう

14 カリム；　　　でもお父さんにちくるとか言ってたよ

15 イムラーン；　だからちくんないじゃん、そう言っても

7.6　7章のまとめ

　本章では、5 例のウルドゥー語の引用の例と、5 例の日本語によるコミュ
ニティ成人の引用の例を分析した。その結果、以下のことがわかった。

(1)先行研究に述べられたように言語を切り替えた引用には談話内のイ
　ンパクトがある
(2)引用がウルドゥー語であることが、成人世代の権威を媒介にして聞
　き手に自らが語る内容の真正性を訴える手段になっている
(3)同じ日本語の引用でも語の繰り返しや発話のスピードを速めること
　によって強調する場合がある
(4)語の繰り返しや語の選択、パラ言語的特徴を変えることと、ウル
　ドゥー語への切り替えは、同様に発話内容を強調する。

　ウルドゥー語での引用の 5 例のうち前の 4 例にいえることは、ウル
ドゥー語の引用がまるで主張のクライマックスであるかのように強いインパク
トを与えるように設計されていることである。話者は話の終わり際にウル
ドゥー語の引用が来るようにしており、ウルドゥー語での引用が切り札のよ

うに使用されている。Labov & Waletsky(1997)による談話の構造からいえば、多くの場合、談話の最後では結論ないし評価が現れる。つまり、こうした引用が、話の始まりや話半ばではなく、終わりに出てくることは、発話者がその直接引用を、前置きや、途中経過の情報といったものではなく、クライマックスないしその結論と見なしていることを示す可能性がある。つまり、発話者と聞き手双方が、ウルドゥー語での引用を、単なる前提の情報ではなく、話のオチや、聞き手への訴え、自明の強い主張として解釈している可能性があるということである。このパターンが、話し手と聞き手双方に了解されていることは、引用の後に話し手と聞き手がどのような言動をしたかでわかる。たとえば、ウルドゥー語による直接引用のようなかたちで表現されたことに対して、聞き手の児童らからは直接の反論が出されることはない。そして、発話者の児童も、語りを終了することになる。

　また、ウルドゥー語での引用は、使用された言語形式の正確性を追求のために行われるというよりは、引用をする人(新たな発話者)が、自身の発話内容を真正なものとして、強く訴えるために用いていることは、話し手と聞き手の、引用の後での言動から解釈が可能であった。

　例(7-3)では、話は終わるが、後に聞き手の児童の一人から「じゃあ(ハキムを)一緒に殺そう」という発話を引き出すことに成功する。例(7-4)では、次から次へと皆が競って引用を行い、議論は平行線に終わる。例(7-5)では、初め信じてもらえなかった叙述および日本語による引用が、ウルドゥー語の引用によって内容への信用を高める試みがなされ、実際に信用を得る。例(7-6)では、嘘八百とも言える情報をフィクショナルな声として再現することで、情報の判断が一瞬遅くなった。

　ウルドゥー語の引用によって、「私はこれが正しいと思う」「これが本当なんだよ」「私の意見は聞く価値がある」といった情報の力関係や「真正性」が、特定の言語的特徴にコード化されて解釈されている点は、注目すべき点である。

　こうしたことは、権威者の発話内容を引用するだけでなくその言語的特徴までまねることにより談話におけるインパクトが生まれ、情報の「真正性」

がより保証されると考えられる。会話の参加者内で、その言語的特徴をもった人物に権威を共に感じているため、その言語的特徴が発話者と聞き手双方に、その権威者を想起させるからである。

　このように成人や他者の「声」の言語的特徴が真似されるのは、ウルドゥー語に限らない。次章では、コミュニティの成人が使用する第二言語としての日本語変種が利用される例を見ることにする。また、9章でも、こうした権威者の言語的特徴が、出来事で発話されたことの引用ではなく、フィクショナルに使われる例を論じる。

注

1　筆者がこの発話を口まねしたものをモスク教室の教師の一人であるパンジャーブ語話者に聞かせたところ、パンジャーブ語ないしパンジャーブなまりであるという意見が得られた。（逆行同化？）

2　教師にひいきされることの反対であることを表現する、すなわち教師から目をつけられており不当に叱られることは、彼らの談話の中では「差別」と表現されているため、ここでその表現を使った。

3　モスク外の、学校の知り合いのようである。

4　アラビア語の *Muhammad salla llaahu'alayhi wa sallama*「ムハンマド　彼の上に神の祝福と平安あれ」で、「彼の〜」以下は「ムハンマド」に言及する際に付加される。

5　この会話の展開でも明らかになるが、預言者ムハンマドがパキスタンにいたという歴史的記述は確認されておらず、一般的に「真実ではない」と見なせる。

6　イスラーム社会で使われるヒジュラ暦のこと。グレゴリオ暦 2013 年 9 月はヒジュラ暦 1424 年である。

第8章
南アジア風の日本語の使用
─教師・児童の境界を越える

　本章では、児童による南アジア風の日本語、すなわち接触日本語変種の使用について論じる。接触日本語変種とは、南アジア系の成人、特にアリー先生の使用する第二言語変種としての日本語をさす。教室内で児童は標準的な日本語を使用することが圧倒的に多かったが、ときに接触日本語変種を使用した。こうした現象は crossing(Rampton 1995)と呼ばれ、そのミクロおよびマクロの社会的な意味が議論されてきた。ここでは、児童がどのような場面で接触日本語変種を使用したか、その場面を全て挙げて分析する。

　8.1 節では、crossing とその研究の意義を述べる。8.2 節では、第一次調査時に見られた接触日本語変種の使用を述べる。第一次調査時には、教師に対して主張をする使用が見られた。一方で、8.3 節で論じる第二次・第三次調査時におけるその使用は、教師に直接何かを伝えているように聞こえないものが多かった。この節では、どのような言語使用が見られたかを分析するのと同時に、児童らが行なった、教師の日本語に対するコメントも同時に分析する。その結果、児童は教師との間に、言語的な境界線をひいていることがわかった。

8.1　Crossing について

　人間は、自分が所属していると思われる集団のものではないことばの知識を持っており、それをあえて使うこともある。そうした言語と所属集団の関係を越えた言語使用のことは、language crossing(Rampton 1995)と呼ばれ、注目を集めてきた。

こうした言語使用は、嘲笑的だったり侮蔑的に使われたりすると考えられることが多い。たとえば、Hill は、アメリカのアングロサクソン系米国人が、映画等のフィクションや、実際の会話で、ヒスパニック系の話者に対して使う mock Spanish を挙げて議論している（Hill 1995）。Hill によれば、こうした言語使用は、ヒスパニック系の話者のアイデンティティを尊重しているかのように見えながら、マジョリティ社会においてスペイン語およびヒスパニック系が蔑視されているというコンテクストを強調し、アングロサクソン系米国人による間違ったスペイン語を敬意として受け入れさせられる社会におけるアングロサクソン系米国人の支配性などが関わるため、アングロサクソン系およびヒスパニック系において嫌悪感を持つ人もいることを指摘した。

　一方で Rampton（1995）は、イギリス中部の多民族の公立中学校での生徒達の言語使用をミクロに分析することで、必ずしもこうした特定の民族に結びつけられる言語的特徴が侮蔑的に扱われているのではなく、民族を越えた生徒間の連帯や、教室・学校・休憩といった生徒の社会的な空間における交感的な作用をもつことを主張した。そして、crossing は、社会的な境界線がはっきりと感じられる場面において、その境界線が一時的に弱まる瞬間に起こったり、またはそうした瞬間を引き起こしたりすると述べている。境界線が一時的に弱まる瞬間とは、通常の社会的な秩序が弱まったり、通常の社会的関係が前提とならない場面であり、そうした場面は会話の参加者が対処しなければならない正統性に関する問題の存在があることを述べている（Rampton 1995）。

　Rampton は、生徒らのパンジャーブ語、カリブ系英語変種、ジャマイカ・クレオール、南アジア系英語変種の使用などの例を多く挙げ、crossing を主に 2 つのタイプに分けている。1 つは、成人との会話ないし成人の権威下の影響が強い場面での、成人の権威に挑戦するもの、いま 1 つは、児童の連帯を示す児童間のものである。たとえば、次の例は、昼休みの罰の時間[1] という成人の権威下での発話の例である。

第 8 章　南アジア風の日本語の使用　229

Ms J:　　I'll be back in a second with my lunch

Asif:　　NO dat's sad man. I had to miss my play right, I've gotta go

　　　　　(2.5)

　　　　　((Ms J must now have left the room))

Asif:　　((Creole influenced)): **llunch** you don't need no lunch **not'n** grow

　　　　　anyway((laughs))

Alan:　　((laughs))

Asif:　　have you eat your lunch Alan

　　　　　　　　　　（Rampton 1995: 3 より、太字・表記は引用元のまま）

　元のニュアンスが大きく崩れるのを承知で筆者が訳すと、このようになる。

Ms J:　　ちょっとご飯とって戻ってきます

Asif:　　えーそりゃあねえよ。俺の遊ぶ時間ないのに。俺行かなきゃ

　　　　　(2.5)

　　　　　（Ms J はおそらくもう教室を出ている）

Asif:　　ごはーん、ごはんなんていらんぞ

　　　　　もう成長せんのに

Alan:　　((笑い))

Asif:　　Alan ご飯食った？

　ここでは、J 先生がお昼ご飯を取りに行くと言って、教室外へ出て行く。Asif(南アジア系)は、NO dat's sad man という非常に口語的な表現で、教師が監督を一時中断して出て行くことに対して、自分の遊ぶ権利を主張する。J 先生が教室を出たあと、Asif はクレオール的な英語[2]で「ごはんなんて J 先生はいらないだろう」といった趣旨のことを述べる。ここでの笑いは、J 先生がどちらかといえばふくよかだったことも関係しており、「もう成長しない」と述べていると考えられると Rampton は述べている。

もう一方のタイプである、生徒間の連帯を示すものとして、バトミントンをしている最中の会話を挙げている。Chris, Peter, Richard は全員アングロ系、イムラーンは南アジア系である。

Chris:　((toPeter)) what you doing
Peter:　PLAYING BADMINTON
Chris:　could have fooled me
Rich.:　go on you serve
Peter:　((In Indian English)) ONE NIL
Imran:　love-love one（Rampton 1995: 3 括弧の位置は筆者編集）

Chris:　((Peter に))何してんの
Peter:　バトミントンしてるの
Chris:　違うかと思った
Rich.:　ほらそっちの番だよ
Peter:　1-0!（イチゼーロ）
Imran:　れい、れい対いち

　Rampton はこの例に関して詳細な解説は行っていないが、バトミントンをしている生徒またはそれを見ている生徒が、実況中継のように南アジア系の英語を使っていた1つとして挙げている。
　このように、生徒らが、会話の始まりや終わり、規範の逸脱、独り言、応答、球技やゲーム、男女間の会話、演劇といった場面で多様な言語使用を行なっていたことを Rampton は記述し、このような場面が日常的な社会的秩序(everyday social order)が緩まったところで現れたとした(1995: 281)。
　Rampton の例は、ある汎民族的な公立中学校の男女であったが、社会文化的にも施設や集団の規模としても異なり、年齢もやや若く兄弟三人とその友人一人という G モスクの教室の文脈でも、児童らが通常は使用しない南アジア系の日本語が、似たように使用されている。

第 8 章　南アジア風の日本語の使用　231

8.2　第一次調査時における接触日本語変種の使用
　　　―音声的な特徴

　次に見る 5 例は、児童らが接触日本語変種を使った第一次調査時の例全
て[3]である。

8.2.1　教師に対する主張

　　(8-1)　今ここ！いってよ早く ［1B 368-375］
　　01 ビルキス；　　All of you please listen when I'm reading.
　　02 カリム；　　　BE QUIET!
　　03 ジャミラ；　　今どこ !!
　　04 ビルキス；　　今ここ。
　　05 ビルキス；　　You all are making too many noises.
　　06 ジャミラ；　　<u>今ここ！　いってよ早く。</u>

　ここでは、教師のテクストの音読をきちんと聞いているように、ビルキス
先生が児童に指示している。ビルキス先生はあまり声をあげていないが、カ
リムは、教師の立場に立って、"Be quiet！"とやや大声で述べている(9.1 節
参照)。ジャミラは、やや激しい調子で「今どこ」と聞く。ビルキス先生
は、「今ここ」を 01 行と同じか、よりやさしく答えている。しかし、05 行
ではやや強めに主張している。06 行では、ジャミラが、「今ここいってよ早
く」と述べる。すでに、どこの場所を見るべきか聞いて、04 行で問題は解
決しているのだが、06 行で afterburn が見られる。「今どこか言ってよ」で
はなく、また「今ここって言ってよ」というように引用の助詞もない。また
「今ここ」のイントネーションが少し標準日本語と異なっている。「今ここ」
の二番目の「こ」が下降調になっている。ジャミラは、03 行および 06 行の
どちらでも、怒りや不満を表している。これは、ビルキス先生の権威に対し
てだけでなく、カリムが模範的な児童としてふるまい、教師と同じポジショ

ンに立ったことに対する反発の気持ちもあり、カリムとビルキス先生の両方
がジャミラに対してふりかざす権限に関する反発が表現されていると考えら
れる。

（8-2）　私しゃんとやってる　［1B 116-117］
01 アリー；　　　うるさいだめだよ
02　　　　　　　しゃんと勉強やってよ
03 ジャミラ；　　うるさくない
04　　　　　　　<u>私しゃんとやってるー↓</u>

　ビルキス先生の授業が始まって5分ほどのところで、アリー先生が教室
に入ったときの第一声が01-02行である。アリー先生が具体的に何のため
に教室に来たかはこの時点ではわからない状態であった。直後の03行で
ジャミラは、「うるさい」に対して、「いや」などの前置き(hedge)もなく
「うるさくない」という。これは、一般的な成人の会話のルールからすれば
社会関係に影響を及ぼす強い否定であるが、この関係においてはこのくらい
の強い調子はよく見られる。というのも、児童らは常に模範的な言動をして
いるわけではなく、多くの場合、反発したり「わがまま」を言ったりしてい
るからである。04行でジャミラは、アリー先生の「しゃんと（ちゃんと）」
を繰り返している。ジャミラの発話末は、同じ文脈で起こりうる標準日本語
の「やってるー（イントネーションの下降なし）」「やってるっ！」といった
イントネーションではなく、非標準的なものになっている。この「るー」の
イントネーションは、下降調ないし「高低」のピッチのパターンに近く、強
勢がついたように聞こえる。数字の「十」と勢いをつけて言ったときに最も
近い。
　この当時、児童のビルキス先生とアリー先生に対する態度では、アリー先
生に対する抵抗の方が強かった。アリー先生の発話は、ビルキス先生の授業
時間だったこと、アリー先生のこの場での主な行動は児童らの監督ではない
こと、教室に入ってすぐ言ったことから、慣習化してはいるが、教師として

の役割や権限を、改めて児童らに対して表現していたと考えられる。そして、ジャミラの対応は、日常化した教師のけん制と児童の反抗という教室内での会話のパターンを繰り返したものであるといえる。すなわち、本来ビルキス先生の指導下にある時間帯に、アリー先生の権威が振りかざされたことに対してその不当さを表現している。この解釈は、ジャミラもアリー先生もこれ以上このやりとりを問題と考えて修正しようと考えたわけではなかったことからも考えることができる。そして、コミュニティの中で権威がある教師および成人男性を指標する接触変種を使用することで、権威の下の存在ではなく、アリー先生と同等だというスタンスをとっていると考えられる。

(8-3)　お父さんは言ったクラーン全部覚える［1A2 202-208］

01 アリー；　　　　&&&&&&&&&&&&&&&&&&&&&&&&&&&&

02 カリム；　　お父さんが言ってたんだけど、そんなに読んでも［意味がないって

03 アリー；　　［### 読んで読んでない

04 ？；　　　　@@

05 ライラ；　　###########

06 カリム；　　そんなに読んでもねえ、頭に［入らないから

07 アリー；　　　　　　　　　　　　　　　［@@@

08　　　　　*vo paR'te vo* 入るいらないよ *vo, paR'naa* だけ読むだけ。
　　　　　　（それ　読む　それ）（それ　読む）

09 カリム；　　お父さんは言ったクラーン［全部覚える

10 アリー；　　［お父さんお父さんお父さん *aa ke bataate mere bacce ne ek ###*
　　　　　　（来て言う私の子ども達はひとつも ###

11　　　　　*nahiiN paR'aate ise bolte na*
　　　　　　読めない　そのように言うんだよ）

12 カリム；　　えーーー

02 行でカリムは父親に言及しながら、クルアーンをたくさん音読しても意味がないとアリー先生に主張する。03 行のアリー先生の発話は、聞き取りおよび理解が不可能である。カリムは 06 行で、02 行で言ったことを、理由とともに再度主張する。08 行でアリー先生は、頭に入れる必要はなく、読むだけでいいと述べる。アリー先生によるはっきりとしたカリムの意見の否定に対して、09 行でカリムが使用するのが接触日本語変種である。

　引用の助詞の脱落、語順の異なり、「覚えなさい」が「覚える」になっているという 3 つの点により、09 行のカリムの発話は接触日本語変種であるといえる。直接引用でも間接引用でも、他者の発話や発話内容には引用の助詞がつくことが多いが、ここではついていない。標準語の口語において「お父さんは言った」が「クラーン全部覚える」の前に来ることは少ない。「覚えなくてはならない」「覚えなきゃならない」や「覚えろ／覚えて／覚えなさい」ではなく、「覚える」になっている。ビルキス先生やアリー先生は、英語やウルドゥー語と同じであるこの語順をよく用いた。引用の助詞も、第一次調査時点では二人とも使用していなかった。

　児童のするべきことは学習することであり、親たちも児童らが学習することを期待して児童を教室に通わせている以上、教師には児童の学習効果を高める責任がある。そのため、この例は、児童が教師に対してその責任と権威に、成人的な要素を加えることによって挑戦しているとも考えられる。その成人的な要素とは、父親に言及することと、接触日本語変種を使用することである。02 行で提起されたカリムの言う「父親の意見」が、03 行、08 行でアリー先生によって否定されたことによって、09 行ではカリムは再度強く主張することとなった。権威のあるコミュニティ成人と関係する接触日本語変種をここで使用するのは、この「父親の意見」が、聞くに値することを表現するためである。二回も父親について言及していることは、自分ではなく父親の権威を利用しているといえる。また、カリムの父親はアリー先生よりも年長かつ、滞日歴も長く、4 人の子供をもち、日本語も使用でき、アリー先生と同じくモスクの管理に重要な権限をもっていることを示唆しているとも考えられる。そして、アリー先生もカリムの発言を否定しないが、カリム

第 8 章　南アジア風の日本語の使用　235

同様、アリー先生自身の意見ではなく、児童らの父親に言及して、反論をしているようである。

8.2.2　教師に対する主張ではないもの

　これまでの 3 例は、アリー先生に対して何らかの主張を行っていた。一方で、次の例は、主張とは言い切れない。以下の例は、カリムが隣の教室に行ってクルアーンを持って教室に入る際のやりとりである。

　（8-4）　オマルこっち来ない言った　［1A2 81-84］
　01 カリム；　　　アリー先生、オマルが、こっち来ないって言ったから
　　　　　　　　　　僕もどってき↑たー
　02 アリー；　　　早く早くみんな読んで＝
　03 カリム；　　　＝オマル、こっち来ない言った
　04 アリー；　　　オマルこっちじゃないここだよ

　01 行では、カリムは日本語でアリー先生に伝聞をしている。「もどってきたー」の文末のイントネーションは、やや冗談めかした子どもっぽい感じである（ピッチが「たー」で上がり、平板化している）。アリー先生の発話は、カリムの発話を受けたものかそうでないのかは、はっきりしない。カリムはアリー先生がカリムの期待通りに反応してくれないのを見て、03 行で同じ発話を、形を変えて繰り返す。03 行は 01 行から少し情報が省略されており、カリムがアリー先生に聞いてほしい要点のみがあると考えることができる。それは、「カリムがもどってきた」ことではなく、「オマルがこちらの教室に来ないと言った」ということである。01 行、03 行の意図は、こちらの教室に来るべきなのに来ないオマルに何らかの制裁をしてほしいという意図である。
　03 行のカリムの発話では、引用形式の「って」が脱落している。「って」の脱落は、児童の日本語ではほぼ皆無であった。また、発音の点でもいくつかの違いが見られた。「こっち」の母音が、o よりも u に近くなり、k が口

蓋垂寄りの調音点で発音されている。「言った」のtの発音は、無気音になっている。第一次調査の時点では、アリー先生にもビルキス先生にも引用形式の「って」は見られなかった。また、この発話をアリー先生がきちんと受けとったことは、「オマルこっちじゃない」という発話に現れている。

　ここでの接触変種の使用は、主張ではないが、先の「しゃんとやってる」のように、権威のある成人と同じ立場に立つこと、または権威に同調して寄り添っているようにもみえる。というのは、カリムのこの発話によりオマルに何らかの制裁を与えるという権限にカリムが近づいているからである。ここでは、カリムはオマルではなくアリー先生とアラインしている。これは6.1節の、ウルドゥー語によるアラインメントと関係があると思われる。

　次の例も、先の3例とは異なり、主張ではない。児童が教師に対して、日本語で述べたことを接触変種へ切り替えている。

　（8-5）　早く持ってきて ［1B2 247-249］
　01 アリー；　　　　Nadia！
　02 ジャミラ；　　　先生ゴミに捨てないで！
　03　　　　　　　　持ってきて早く
　04　　　　　　　　< 低い声 > 早く持ってきて </ 低い声 >

　03行で、ジャミラがアリー先生に対して、「持ってきて早く」と述べている。通常は、教師が児童へ指示することが多いが、ここでは、児童から教師へ指示するという、位置取りの転換が起きている。04行では低い声、そして非標準的なイントネーションをもってこの発話が繰り返されている。04行のイントネーションを日本語アクセントのように記述すればHHHHHHHLとなり、最後の「て」でピッチが下がる。

　ここでは、教師に近い声を使うことによって、教師への命令が新たに繰り返されている。このCSは、大まかに2つの解釈が可能である。1つの解釈は、接触スタイルを使用することにより、意識的・無意識的に象徴的な権威

に近づこうとしているという捉え方ができる（metaphorical switching, Blom & Gumperz 1972）。もう一方は、すでに03行で指示される側である児童としての自分と指示する側である教師との間の位置取りを転換させていることに気がついたことを、その発話で再確認し、一人で面白がっているという考え方である。特に「早く持ってきて」が、アリー先生が日頃授業開始時に繰り返す「*jaldii quran laao*（早くクルアーンを持ってきて）」という表現を彷彿とさせることを考えると、その発話は字義通りの意味以上の含みが入った多層的なものと解釈できる。

8.3　第二次・第三次調査時における接触日本語変種の使用
　—定型的な表現とそのバリエーション

　第二次・第三次調査にも接触日本語変種の使用が見られたが、第一次調査とは異なった形で現れていた。具体的には、第二次・第三次調査では、Rampton の言う phatic な用法が圧倒的に増えた。本節では、第二次・第三次調査時にも第一次調査時と似たような例が見られたことを8.3.1節で言及するのち、phatic な使用が見られる定型的な表現が使用された例に言及する。8.3.2節で分析する定型的な表現とは、具体的には、「ちゃんときってよ」という表現とそのバリエーションである。どちらの使用も、フォリナートークではなく、phatic な効果をもち、児童と教師の関係の境界線がややゆるまった場面で現れるか、そうした表現の使用によって境界線がややゆるまるように見受けられる。

8.3.1　教師に対する主張

　次の例は、教師の話すような接触日本語変種と考えられる、非母語話者が話す日本語のステレオタイプ化された特徴が関わった発話が含まれている。これらの2つの例は、大変ささいな違いを扱っている。そのため、次の8.3.2節ほど容易には、アリー先生が日頃から使用している接触日本語変種かどうかを確認することがむずかしい。

第一の例は、5章の例(5-1)の冒頭部分である。

(8-6)　3階のどーこよ［3C2 423-430］
01 カリム；　　　先生持ってる？
02 ライラ；　　　だから先生に返したじゃん、あの時
03 カリム；　　　先生持ってんでしょ？
04 アリー；　　　いや上にあるよ、上に
05 カリム；　　　<u>上のどー↓こよ</u>
06 オマル；　　　何階？
07 カリム；　　　<u>3階のどー↓こよ</u>
08 アリー；　　　三、*pataa nahiiN hai kid'ar hai*
　　　　　　　　 tumheN apne paas nahiiN hai?
　　　　　　　　 （私はどこにあるか知らない、きみ自分のところにな
　　　　　　　　 いの？）
〈例(5-1)に続く〉

　カリムがアリー先生に「何をやっているの」（原文はウルドゥー語）と注意
された。カリムがタスクに必要としており、過去に配られたプリントを、カ
リムはライラに持っているかどうか聞いていたが、ライラはもっていないと
いった。そこで、アリー先生が持っているかどうか、カリムが質問する。そ
こが、01行である。アリー先生は、04行でカリムに答える。「上にある」
という答えに対して、05行でカリムは、「上のどーこよ」と、具体的にどこ
にあるかを聞く。
　この「どこ」というのは、一般的な発音よりも、「ど」の音節が長い。こ
の発音は、アリー先生の発音というよりは、日本語社会で「外国人の話す日
本語」のステレオタイプとしての発音として感じられる。アリー先生は「ど
こ」が長母音化することはほとんどなく、児童らも基本的にこの長母音は伸
ばさない。また、この長母音化は、アリー先生の運用能力に合わせているわけ
でもないと考えられる。母音の伸びた「どーこ」は、規範的な標準語から

はずれている。この特徴は、あまりフォーマルではないニュアンスがあるのと同時に、標準語でのくだけた会話でもそう多くは見られない。

終助詞の「よ」も、語用論的に、「どこ」よりも応答を迫っているニュアンスをもつ。また、終助詞の「よ」がついた疑問文は、待遇表現の点から考えれば、敬意を示さなければならない場合や、フォーマルの場合には使えない。カリムは、質問をしており、質問の意図も教室内での規範に沿っているが、言語表現をやや非規範的にしている。アリー先生は、特にカリムの発話のニュアンスの違いには反応をしていない。

01行から03行では、カリムとライラは、自分たちがプリントを持っていないのを、アリー先生の責任としているように見える。01行ではカリムが教師に対して持っているかどうかを聞いているだけみ見えるが、02行でライラはアリー先生がもっているはずであることを主張し、03行でカリムも「持ってんでしょ」という、どちらかといえばアリー先生が持っているのを前提とした表現で質問している。アリー先生は上にある、と述べる。05行-07行も、今度はカリムとオマルが、プリントの場所を聞く形になっている。しかし、終助詞の「よ」からも、やや相手に詰問をしているように聞こえる。この流れは、児童らがタスクに必要なものがその場にないことに対して、児童の責任か、教師の責任か、そのせめぎ合いのようになっている。教師が児童のもらったはずのプリントをどこにやったのかを聞いたり、ない場合はその不在に関して児童の責任を問うたり、代替策として予備のプリントの所在地を教え、とってきなさいと指示するという一連のプロセスではなく、児童が教師に対して不在のものの責任を問うという役割の転換が01-03行でなされている。教師が児童にどこにそのプリントをやったかを聞くのではなく、児童が教師に（予備ではあるが）そのプリントをやったかを聞く、という転換が起きている。その流れに続いて05行-07行でさらに具体的な場所を聞くことは、自分たちがプリントを持っていないことに関する非難ではなく、別な場所にあるプリントを使うべきで、教師か児童のどちらかが、授業を中断してそのプリントをもってこなくてはならないという意見も兼ねられている可能性がある。

8.3.2　定型的な表現とその使用のバリエーション─「ちゃんときって よ」をめぐって

　本節では、「ちゃんときってよ」とそれに関連する発話が見られた、5つ の異なる切片を分析する。「ちゃんときってよ」は、アリー先生が「ちゃん ときいてよ」という意味で使う表現のようである。一番初めに挙げる例であ る(8-7)では、アリー先生が「聞いた／聞こえた」の代わりに「きった」と 述べている。

　「ちゃんときってよ」は、教師から児童に対する「ちゃんときいてよ」と いう指示である。しかし、日本語において「きって」と「きいて」は意味的 に異なる。児童らは、アリー先生の「きいて」という形を、黙認したり(例 (8-7))、教師に対して同じ形式で返事をしたり(例(8-7))するだけでなく、 その差異を面白がって転換させてジョークなどにする言葉遊びの資源にした り(例(8-9)、(8-10))、その差異の訂正を直接求めながらも、さらに間違っ ていたり混乱させたりする情報を提供することでおもしろがったり(例(8- 8))、教師に気づかれずに行う教師の権威に対する挑戦的言動として使用し ていた(例(8-7,8-11))。

　5つの切片は、アリー先生が「きって」を使用していることをまず示すた めに(8-8)と(8-9)の順序を入れ替えた以外は、時系列順に並べた。

> (8-7)　カリムまだきってないの？［3C 290–299］
> 〈アザーン[4]がスピーカーから聞こえる。ドアが開く〉
> 01 アリー；　　　　　Imran、まだきってないの？=
> 02 イムラーン；　　=うん
> 03 アリー；　　　　　Khareem は？
> 04 ライラ；　　　　　〈省略〉
> 05　　　　　　　　　(1.5)
> 06 イムラーン；　　いな［いよ
> 07 カリム；　　　　　　　［きってるよ、きってるよ
> 08 アリー；　　　　　*namaaz paR'naa nahiiN paR'naa*（礼拝をするのかしな

いのか)

09 カリム；　　　*paR' naa paR' naa hai*(しますします)

10 アリー；　　　####〈去る〉

　アザーンがスピーカーから鳴っている間、4人の児童らはその日教室にしていた女性の階で遊んでいた。アリー先生が女性階の教室のドアを開け、中に頭を入れて、聞いた第一声が01行である。この「きってないの？」は、アリー先生としては「聞いてないの？」と言いたいようである。というのも、アザーンがなっている文脈で、ウルドゥー語でそういった日もあったことが確認されている。03行でアリー先生はカリムに関して質問をする。03行から06行でのイムラーンの応答までその間、1.5秒の間がある。この間は、後の会話にわかるように、イムラーンにはその質問の意図がよくわからなかったと思われる(アリー先生にカリムが見えており、カリムに直接聞いているという推論)。しかし、すぐに返事がないのを理解し、イムラーンは、アリー先生にカリムが見えていないこと、またカリムがアリー先生から隠れようとしていることを推論し、「(カリムは)いないよ」と答えた。カリムは、体を動かしやや恥ずかしそうに「きってるよ、きってるよ」と答えている。その同じ1.5秒の間を、カリムはアリー先生に自分が見えており自分からの返事を待っているのではないかと推測したようである。

　「きって」は、この当時アリー先生がよく使っていた表現で、「聞いて」を意味する。アザーンは聞こえているのだが、イムラーンが「きってないの」に対して「うん」と答えているのは、自明なことを聞くというかたちで「早く礼拝の準備をして上の階に来なさい」というアリー先生の質問の意図に対する反発ともとらえられる。カリムは「きってるよ」ということで、表面的にはアリー先生の意志に従っている。また自分が隠れられていると思いながらアリー先生にはお見通しだったことの恥ずかしさ、そのことの自分の仲間の目から、ささやかな抵抗ともどかしさとして、標準語ではなくこの形式が選択され、また二回繰り返しているように考えられる。

(8-8)　ちゃんときってよ、って先生おもしろくない？［3A 908-925］

01 アリー；　　　*ab'ii* time *kitnii hai*（今何時だ）

02 イムラーン；　僕3ページも読んだし

03 カリム；　　　先生いつもの毛皮モードと違う(笑)

04 アリー；　　　*ab'ii* time *kitnii hai*（今何時だ）

05 カリム；　　　やっと暑くなったかあれも

06 ジャミラ；　　「＃＃＃＃＃＃＃＃＃＃

07 カリム；　　　[先生♪まだまだだよー、まだまだだよー、[まだまだ
　　　　　　　　だよー♪

08 アリー；　　　[bilqis 先生 *kid' ar hai*

09 カリム；　　　[エンディングの後、まだまだだよー

10 イムラーン；　[え、もうちょい、

11 今　　　　　　いったところ

12 アリー；　　　なに上？

13 イムラーン；　んんん、

14　　　　　　　つか外じゃん。

15 アリー；　　　aeh?

16 イムラーン；　上か外じゃん

17 ジャミラ；　　先生さ、

18　　　　　　　日本語聞く、

19　　　　　　　あれが、[＃＃＃

20 カリム；　　　[ちゃんときってよ

21 イムラーン；　先生聞き取りテストたぶんダメだな

22 カリム；　　　ちゃんときってよ

23　　　　　　　って先生面白くない？

　アリー先生が教室に入り、授業を開始しようとする。「まだまだ」という児童らに対し、アリー先生は、01行および04行で、もう授業をするのにいい時間だということを主張する。アリー先生が、以前よりも薄着であること

に気がついたカリムは、03 行および 05 行で、コメントを行なう。これは、アリー先生に直接聞かれるように発話していないようである。また、07 行、09 行では例(4-9)で見た、まだだよの歌を歌っている。

アリー先生は 08 行でビルキス先生がどこかを聞く。10 行でイムラーンは「今いったところ」と答える。これは、厳密にはアリー先生の「どこ(kidar hai)？」という質問に答えていない。質問に対しての回答がなかったので、アリー先生は、12 行で具体的な場所(「上」)を挙げて、質問への回答を促している。イムラーンは、「んんん」と否定し、「つか外」だと述べる。「つか」は、「というか」のインフォーマルな形式であると同時に、非常に口語的な表現である。また、「じゃん」という語は、やや語尾が上がっており、あまり自分の意見に責任を持たない形である。14 行のイムラーンの発話がわからなかったのか、15 行でアリー先生は聞き返しを行なう。16 行でイムラーンは、「上か外」と述べる。これは、「外」ではなく、「上」が加わることによって、13-14 行の応答とやや異なる。また、「上」か「外」は、彼らがいる以外の全ての場所を包括するので、あまり答えになっていない。

17 行で、ジャミラがアリー先生の日本語運用能力に対してコメントを述べる。何が述べられたのかはわからないが、イムラーンとアリー先生のやりとり、特にアリー先生がイムラーンに聞き返したことから、アリー先生の否定的な評価だと予測される。これは、アリー先生に向けられていないようである。

カリムが、ジャミラの発話が終わらないうちに、「ちゃんときってよ」と述べる。これは、また「ちゃんと聞いてよ」の接触日本語変種版であり、この場合には二重の意味がある。アリー先生の日本語の「聞き取り能力」が問題になっているところで、「ちゃんと聞いてよ」というのは、教師が児童に対して評価を下し、注意や指示をするかたちではなく、逆に児童が教師に対して評価を下し、注意や指示をするかたちになっている。一方で、それがカリムの声ではなく、アリー先生の表現であるところが、アリー先生が日頃持っている権威の転覆を示している。

イムラーンも、ジャミラの行なった、アリー先生の日本語運用能力の評価

に対して、「聞き取りテスト」が「ダメ」だろうという形で、否定的な評価を下している。カリムは、その間にも「ちゃんときってよ」と述べる。カリムは23行で、「ちゃんときってよ」と言うアリー先生のことを「面白い」と、他の児童らに賛同を求めるように疑問のかたちでコメントする。なお、この発話に関しては、誰も応じず、この会話もそこで終わった。

　次の例は、先に見た(5-1)の一部である。ここでは、プリントがあるかないかという問題で、カリムが授業を一時的に中断させている。ジャミラがプリントを持っているかもしれないのにアリー先生に報告しないことで授業の中断に加担している。オマルはそれをおもしろがっている。

(8-9)　これきいてみたい［3C2 441-447］

01 アリー；　　　ey *Khareem id' ar hai*（ここだ）

02 オマル；　　　［たぶんジャミラ持ってるヒヒヒヒヒ

03 ジャミラ；　　［たぶん＃＃＃＃

04 アリー；　　　こここここここー *yaa id' ar hai, yaa d' ar id' ar ＃＃＃＃*

　　　　　　　　（それともここ、それともここ　ここ＃＃＃＃）

05 オマル；　　　@@@@

06 カリム；　　　こくぼ

07 イムラーン；　<u>ねえ誰かはさみちょうだい、これきいてみたい</u>

08 オマル；　　　@@ふはははは

09　　　　　　　　ビル先ふはははは

10 カリム；　　　<@> 先生、</@>

11 アリー；　　　Omar!

12 カリム；　　　<u>ビル先って誰？</u>

13 アリー；　　　*paagal hai*（おかしい／ばかだ）

14 ジャミラ；　　最後は &&&&&&&&&& だからね

15 アリー；　　　はい、はい早く書いて早く書いて

第 8 章　南アジア風の日本語の使用　245

　この切片の直前で起こったことは例(5-1)にもおさめられているが、軽く記述する。カリムが、アリー先生にプリントがないと述べ、アリー先生が持っていないか聞く。アリー先生はプリントはその場になく、別の階のどこかにあると思うと述べる。アリー先生が児童らの「プリントがない」という抗議に対応している間、ジャミラは自分が実はプリントをもっているかもしれないが、アリー先生には述べず児童らにほのめかすという、非協力的な態度をとった。

　この非協力的な児童らと教師のやりとりが、02行のオマルの笑いを説明すると考えられる。しかし、アリー先生は対応をしている間オマルの発話に注意を向けておらず、04行でプリントがあることを児童らに報告する。しかしアリー先生は見つけ、ここにある、と述べる。すると、この直前でジャミラが、自分が持っていたかもしれないということをほのめかしていたため、実はジャミラがもっている、とオマルが述べる。

　アリー先生は、04行で「ここ」と三回「半」述べ、ウルドゥー語でもほぼ同じ内容を述べる。オマルが笑う。オマルの笑いは、アリー先生の長いコの音節の連続に反応したものである可能性がある。カリムはコ音の連続から連想したのか、「こくぼ」と述べる[5]。アリー先生のオ行の音は、日本語母語話者よりもウに近く聞こえることからも、この発話とアリー先生との発話に関係性がある可能性がある。アリー先生の発話が、児童たちの日本語と異なり、アリー先生の日本語が逸脱的であることを暗にほのめかしながら、言葉遊びを行なっている。その遊びは、授業の進行における主導権に関する、アリー先生に対する挑戦であるようにみえる。

　イムラーンは、突然はさみを貸してくれないかと尋ねる。そして「これきってみたい」ではなく、「これきいてみたい」と述べる。イムラーンはアリー先生のよく使う「きいて→きって」という表現を、ひっくり返して「きって→きいて」として使ってみせており、それを理解したオマルはますます笑い、「ふはははは」というわざとらしい笑いにまでなる。誰もはさみを渡さなかったが、その後イムラーンが再度はさみを要求したりしていないことから、「切ってみたい」要求はあまり強くなかったか、そもそも切る

予定がなかったかという可能性がある。

　　(8-10)　しゃんとって言わないで、ちゃんとちゃんと ［3D2 611-633］
　01 アリー；　　　　しゃんと読まないでね
　02 イムラーン；　　minnnn &&&
　03 アリー；　　　　minnnn &&&
　04 カリム；　　　　先生、お願いだからしゃんとって言わないでちゃんと
　　　　　　　　　　　ちゃんと
　05 イムラーン；　　ehhhhh
　06 アリー；　　　　はい、ey? eh?
　07 イムラーン；　　ちゃんときって yo! っていって
　08 カリム；　　　　t-y-a ちゃんとね
　09 アリー；　　　　はい ok, ok
　10 ライラ；　　　　ちゃんときってよ
　11 イムラーン；　　ちゃんと(笑)
　12 アリー；　　　　これ
　13 カリム；　　　　パソコンで打つと t-y-a
　14 アリー；　　　　ok
　15 アリー；　　　　たんと？
　16 カリム；　　　　ちゃんとちゃんと(チャは有気気味)
　17 アリー；　　　　(笑) ### 言った
　18 ジャミラ；　　　c-h です
　19 ライラ；　　　　パント、はいパントパントパント
　20 アリー；　　　　はい。Ye Lai Lai Laila ye bataao ye kyaa hai
　　　　　　　　　　　(これ、ライ、ライ、ライラ、これが何かを言いなさ
　　　　　　　　　　　い)
　21 イムラーン；　　ちゃんとちゃんとちゃんと
　22 イムラーン；　　＃＃＃と
　23 ライラ；　　　　＃＃＃＃

24 カリム；　　　　俺、ちゃんと(若干アクセントが違う)さ、cha じゃな
　　　　　　　　　　くて tya でうつの

　イムラーンに対して、アリー先生が、「しゃんと読まないでね」という。
イムラーンは特に何も言わなかったが、カリムは「お願いだからしゃんとっ
て言わないで」と述べる。アリー先生は、肯定をしたのか、それとも児童ら
の音読を促すのか、「はい」と述べる。イムラーンは 07 行で「ちゃんときっ
て yo! っていって」と述べる。08 行ではカリムは「ちゃんと」の「ちゃ」
の、訓令式のローマ字での綴りを挙げている。アリー先生は、「はい ok」と
述べる。10 行ではライラが「ちゃんときってよ」という接触日本語変種の
フレーズを述べる。
　07 行の yo! は、イムラーンをはじめとして児童らがたまに使って遊んで
いた言語的な要素であり、マスメディアの影響だと思われる。Yo! とは、欧
米を中心としたラップや R & B という音楽のスタイルで出てくるが、日本
のそうしたジャンルの音楽にも使われる。ラップや R & B は世界的に人気
だといわれているが、日本でも B 系などと言われる熱心なファンもおり、
そうしたファンの中で人気の日本で活躍する歌手等が日本のテレビ番組に出
演している。そうした意味で、yo! は若者のことばといえるかもしれない。5
章の例(5–7)で見たように、教師が気づかずに若者言葉を使用することは、
彼らにとって面白いことだと考えると、イムラーンはアリー先生に、彼らが
笑うような発話をさせたかった可能性がある。
　08 行のカリムの訓令式ローマ字での綴りは、アリー先生を困惑させるも
のだと考えられる。09 行でアリー先生が「はい ok」と述べたのにもかかわ
らず、13 行で t-y-a は繰り返されている。14 行で再度アリー先生が ok と述
べ、15 行では「たんと」と述べる。この「たんと」は、t が入ったことによ
る誤解だと考えられる。アリー先生は「しゃんと」ということはあっても、
「たんと」ということはデータの中では見られなかった。16 行でカリムはや
や有気がかった「ちゃんと」を発音する。アリー先生はそれに対して笑う。
何と言ったかは不明瞭だが、「＃＃＃言った」というのは、カリムがアリー

先生に間違ったことを教えた、と指摘している可能性がある。ジャミラは18行で、アルファベットの綴りが「c-h」であることを述べる。

19行でライラは「パントパントパント」と述べる。これはアリー先生に「パント」というように促している。この「パント」はアクセントとして「ちゃんと」と同じ平板型であり、頭高型の「パント」と言わせようとしているわけではなさそうである。ライラのこの発話も、カリム同様、アリー先生を混乱させ、ますます間違った表現を言わせようとしているように解釈できる。

（8-11）　見て！ちゃんときってよ！〔3D2 1326-1335〕
〈イムラーンのクルアーンの音読が聞こえる〉
01 ライラ；　　　　&&&&&&&&&&-
02 イムラーン；　　&&&&&& ［&&&&&&&&&&］
03 ライラ；　　　　&&&&&&& ［&&&&&&&&］ &&&&&
04 アリー；　　　　['arrataini']
05 ライラ；　　　　&&&&& arrataini &&&&&&&&&
06 アリー；　　　　'yan-'
07 アリー；　　　　見て、<?> nuun の下きってない / &&&&&&&& </?>
　　　　　　　　　　（ヌーン（（アラビア文字の1つ）））
08 イムラーン；　　［見て！］
09 カリム；　　　　［&&&&&］ &&&&&&&&&&&&&&
10　　　　　　　　　(0.5)
11 イムラーン；　［ちゃんときったよ、ちゃんときったよー］
12 アリー；　　　　［&&&& [[&&&&&&&&&&] &&&&]]
13 ライラ；　　　　[[&&&&&&&&&] &&&&]] &&&&&&&&
14 カリム；　　　　［&&&& [[&&&&&&&&&&] &&&&]]
15 ライラ；　　　　&&&&&&&&&&&&&&&&&&&&&&
16 イムラーン；　ちゃんと読んだよー
17 アリー；　　　　はい

18 カリム；	&&&&&& ［&&&&&&&&&&&］ &&&&&
19	［<?> ちょっと / ちゃんと </?> ＃ったよー］
20 アリー；	&&&&& ［［&&&&&&&& ［&&&&&&&&&&］］
	&&&&&
21 イムラーン；	［［アリ先なん ［でさー日本語改造すんのー
22 カリム；	［&&&&&&&&&&&&&&&］］
23 アリー；	〈離れていて声が小さい〉########
24 イムラーン；	改造化、
25 ライラ；	〈離れていて声が小さい〉@
26 イムラーン；	アニー[6] @
27	(0.5)
28 イムラーン；	@
29 アリー；	&&&&&&&&&&&&&&&&&&&&&&
30 ジャミラ；	@@@ ［@@
31 ライラ；	［@@@
32	(0.5)
33 ジャミラ；	@@＃＃だ
34	(0.2)
35 アリー；	&&&&&& ［&&&&&&&&&&
36 ジャミラ；	［ほんとにあきれられてるよ、うちら

　ここまでしばらくそれぞれクルアーンを音読していたところに、ライラの音読に注目していたアリー先生が、「見て」といい、「nuun の下きってない」という。これは、「nuun の下の行はまだ読んでいない」という意味だった可能性がある。その後、関係のないイムラーンが「ちゃんときったよー」と二回述べる。アリー先生もその他の児童もそれに特に応じず、クルアーンの音読を続けた。11 行でもイムラーンは「ちゃんときったよー」を彷彿とさせる、標準日本語の「ちゃんと読んだよー」を発話する。19 行では、カリムも同調して「ちゃんと＃ったよー」のフレーズを発話する。イムラーン

はアリー先生が日本語を「改造している」と述べる。先に見たように、「アリ先」というのはアリー先生に対する呼称ではないので、アリー先生に直接言っていない可能性が高い。また、24行と26行でイムラーンが「改造化、アニー」と述べる。これもまた言葉遊びによるジョークの1つであろうか、アリー先生の名前が、女性の英語名のアニーに変えられる。イムラーンは一人笑い、他の児童も笑い始めるが、アリー先生は全くお構いなしにクルアーンを読み続ける。ジャミラは、自分たちがアリー先生に「あきれられてる」と述べる。

8.4　8章のまとめ

　本章では、児童が日常的に使用する日本語ではない接触日本語変種の使用、crossing のバリエーションを論じた。8.1節で crossing の説明をしたのち、8.2節では第一次調査時に見られた例、8.3節では第二次・第三次調査時に見られた例を挙げた。

　本データで見られた crossing は、指導し指示する立場にある教師の行為や主張に対し、間接的に抵抗したり反発したりするために使用されたと考えられる。先述のように、Rampton が主張した、crossing が社会的属性によって生じる境界が曖昧になり、交渉可能となる瞬間に現れたという解釈も、本章で挙げたデータで可能である。

　分析により、第一次調査時および第二次・第三次調査時どちらとも、教師との基本的なやりとりといえるタスクの活動ではなく、教師に対して異論を挟んだり、教師に消極的に抵抗したりする際に、接触日本語変種の例が見られたことがわかった。一方で、第一次調査時の例と第二次・第三次調査時の例とで、その使用の特徴に違いが見られた点もあった。第一次調査時は、教師に対して直接主張したり、異議を唱える際に接触日本語変種を使用したりしていたが、第二次・第三次調査時は、教師に対して直接何かを述べる際に使われた例は少なく、児童同士で連帯をつくる phatic な用法が増えた。また、8.3.2節で見たように、第二次・第三次調査時には、特定の表現であ

り、アリー先生と強く結びつけられる「ちゃんときってよ」が定型的な表現として、その他の crossing の例同様に使われただけでなく、創造的に変形させる例も見られた。

　本章のデータからは、Rampton のデータからはわからなかった、児童らによる言語使用の経年の変化が確認された。Rampton は、調査当時と、データを聞き、生徒にその回想を語ってもらった数年後では、生徒の crossing の頻度が大きく減っていたと述べている。第二次・第三次調査時の児童らは、Rampton が調査参加者の年齢である 13-14 歳という思春期の入り口にさしかかっていた。第一次調査と第二次・第三次調査で起こったことの違いは、児童らの年齢、すなわち社会的・心理学的な発達によって説明ができる可能性がある。

　また、Rampton の例と異なるのは、本データの児童らは、接触変種が「変」であるという意識をもっていたのと同時に、その「変」な変種が権力や権威と結びついていたことである。児童らが必ずしも接触日本語変種を高く評価していないことは、カリムの「面白い」という児童らの話す標準的な日本語からの逸脱を差異として再認識していること、また、教師との関係が交錯していない場面、すなわち児童同士のみで話している場面で彼らの発話に現れないことから、推測される。アリー先生の「きってよ」は、アリー先生を指標する点で権威をもつのだが、その接触日本語変種のみでは、権威をもたない可能性がある。第一次調査時の接触日本語変種の使用は、アリー先生に対して用いられているが、この時期の接触日本語変種が常にアリー先生を指標しているかどうかに議論の余地がある。一方で、第二次・第三次調査時の例の多くは、アリー先生を指標していることがより明白である。そして、発話によって言及されるアリー先生を象徴的に媒介することによって、接触日本語変種の発話の意味の解釈が成り立っていることは注目すべきである。すなわち、第一次調査時と第二次・第三次調査時とでは、言語形式としては、アリー先生の日本語に似ているという点で同一なのだが、その使用がもたらす効果とメカニズムが異なっていると考えられる。

注

1 イギリスの学校では、授業中に教師の指示に従わなかったりした場合に、detention という罰が言い渡される。detention では、休み時間に教師の監督下で教室で勉強をしたり、反省文を書いたりする。

2 英国においてクレオールは、カリブ系の人たちと結びついた言語として扱われており、Asif の属する南アジア系の人たちのものとしては扱われてはいない。

3 三人の児童以外にも、父親がパキスタン系の男子児童 2 人、そして両親ともアフリカ系の児童にも使われていた。

4 礼拝を呼びかける、節をつけたアラビア語の決まり文句。礼拝時刻を知らせるために流れる。G モスクでは、男性用の階からその都度誰かがマイクに向かってアザーンを行い、それが各階に設置されているスピーカーを通して流れる。ここでは、児童らは男性用の階とは異なる階にいた。

5 談話に登場した英語の単語を、音の似ている日本語の単語にして発話して楽しむことは、第一次調査時および第二次・第三次調査時のカリム、そしてイムラーンの発話によく表れた。たとえば第一次調査時には colour という語を「こらー」にし、第二次・第三次調査時には scare という語を「すきや(牛丼チェーンの名前)」にしたりしていた。

6 実際のデータでは「アニー」ではなかったが、アリー先生の名前に少し手を加えた女性の英語名を使用していたように解釈したため、ここでは「アニー」にした。

第9章
縦横無尽のスタイル使用
―先生から芸能人まで

　前章で論じたような crossing は、接触日本語変種にのみ、また教師との直接のコミュニケーションのみで起こっているわけではない。本章では、接触日本語変種以外にも様々なスタイルが、crossing のように使用されること、また、必ずしも教師との間だけではなく、児童にも使われることがあることを示す。

　これまで多く見てきたように、児童らの間では連帯だけではなく、常に、注目を浴びたり自分の方が優れているということを示したりする競争や、からかいといったものを、言語を通して行なってきた。ここでは、まず、様々なスタイルが必ずしも教師との間のコミュニケーションのみではなく、それぞれ教師の権威が指標されたかたちで、児童間のコミュニケーションにも現れることがあることを示す(9.1節)。それから、これまでに見てきたウルドゥー語の引用(第7章)や、9.1節の接触変種のみならず、ある発話を日本語に翻訳したり、日本語のスタイルを変えることによっても、通常の「自分」から少し離れた表現を行なっている例を9.2節で挙げる。9.3節では、情報の発表やテレビといった、一対多のコミュニケーションスタイルとしての「ですます体」を使用した児童らの言葉遊びの例を挙げ、いかに狭く小さいモスク教室の数人というグループの中で、多様なスタイルを使用し創造的な言語空間を作って遊んでいるかを示す。

9.1　児童に向けられる様々な「大人の声」

　前章の 8.1 節で、Rampton(1995)の研究の crossing の例を 2 つ挙げた。そ

のうちの2つ目の例は、生徒同士の遊びの場面において、自分の民族のものとは異なる変種が使われていた。この例やRamptonの挙げた例では、遊びの場面とそこで用いられた自分の民族のものとは異なる変種は、内容的に関連はなく、相互行為において意味があった。一方で、本研究で見られた、自分の通常使用している変種と異なる変種を使用した例の多くは、教師や他の成人の発話をまねた「大人の声」が中心的であり、意味的ないし内容的な関連が見られた。

　Cromdal(2003)は、デンマークにおけるトルコ系の児童が、役割の違いによって言語を切り替えていたことを示した。タスクにおいてより管理者的な役割を担っている児童ほど、デンマーク語の使用が多く、その表現の多くが、教師による指示であったことが指摘された。本節の使用は、そうした児童同士のやりとりでの例というよりは、教師と聞き手児童と発話者児童との三角の関係において、児童が教師に成り代わったように聞こえるものが多かった。

　次の第一次調査時の例では、教師の役割と結びつけられた英語の使用が見られる。

> (9-1)　今ここ！　いってよ早く（BE QUIET）［1B 368-375］
> 01 ビルキス；　　All of you please listen when I'm reading.
> 02 カリム；　　　BE QUIET!
> 03 ジャミラ；　　今どこ!!
> 04 ビルキス；　　今ここ。
> 05 ビルキス；　　You all are making too many noises.
> 06 ジャミラ；　　今ここ！　いってよ早く。
> 07 カリム；　　　<?>teacher / ティーチャー </?> ここまで
> 08 ビルキス；　　haaN.（うん）

　この切片は、03行のジャミラの「今どこ」がやや攻撃的に聞こえる、第

8章第1節の(8-1)と同じものである。ここでは、教師による英語テクストの音読をきちんと聞いているように、ビルキス先生が児童に指示している。ビルキス先生はあまり声をあげていないが、カリムは、教師の立場に立って、"BE QUIET!" とやや大声で述べている。カリムは英語を選択し、教師に述べる権限のある「静かにしなさい」ということばを、堂々と述べることにより、自分が模範的な児童であり、他の児童よりも「上」に自分を位置づけようとしている考えられる。つまり、01行でビルキス先生が叱っている相手は自分ではなく、自分以外の児童のことであることを、教師と同じ立場の発話をすることによって行っている。一方でカリムは、ティーチャーという語を使い、穏やかにどこを見るべきなのかを確認し、模範的な児童であることを続けている。

　次の例では、アリー先生のウルドゥー語の発話を、ライラが繰り返している。

　(9-2)　Khareem *ye paR'o*!［3D2 553-568］
　01 アリー；　　　　はい、Jamila ↑
　02 ジャミラ；　　　マリヤムにはくれなかったんだよ、＃＃
　03 アリー；　　　　*ye kiskaa hai, ye lo*（これは誰の、これ持って行きなさい）
　04　　　　　　　　*##Ro*（＃＃しなさい）
　05 ジャミラ；　　　<u>やだ</u>
　06 イムラーン；　　だってあの人たちさー、
　　　　　　　　　　［カリムのお母さん自体と全然仲良くしてないじゃん
　07 ジャミラ；　　　［＃＃＃脚でやる＃＃＃
　08 アリー；　　　　*ye ab'ii ab'ii* Imraan ↑（これ、今、今）
　09 ジャミラ；　　　お母さんとはふつうなんだけどー、マリヤムには
　　　　　　　　　　＃＃＃＃
　<u>10</u> イムラーン：　　先生ほんと眠いよ、今日
　11 アリー；　　　　*ab'ii dik'aataa huun tumheN do ek*　今ちょっと教えるね

一個の＃＃＃＃（今1、2個私が君に見せてあげる）

12 ジャミラ；　　よっしゃ寝よう

13　　　　　　　ラッキー

14 ライラ；　　　えーよっしゃーうざいんだけど

15 アリー；　　　*ye ciiz # id' ar dek'o*（このもの、これを見なさい）

16 ジャミラ；　　@@@

17 ライラ；　　　@@@

18 アリー；　　　Khareem *ye dek'o*（Khareem これを見なさい）

19 イムラーン；　えじゃあわかっているひとはー＃＃＃

20 アリー；　　　ちょ、わかるあなたわかるですよ

21 イムラーン；　イエィ

22 アリー；　　　こr

23 イムラーン；　僕天才

24 イムラーン；　僕天才少年だから

25 アリー；　　　これ Khareem *ye paR'o*（Khareem これを読みなさい）

26 イムラーン；　@@@

27 ライラ；　　　<u>Khareem *ye paR'o!*</u>（Khareem これを読みなさい）

28 カリム；　　　eeh ⌈okay!

29 アリー；　　　　　⌊これ読んで

30 イムラーン；　はいはいはい

　ここでは、ジャミラ、イムラーン、ライラが、アリー先生からのタスクを
やるようにという指示に、消極的に抵抗している。01行で、アリー先生は
ジャミラに授業に集中するように呼びかけるが、ジャミラは無視し、イム
ラーンと話をし続ける。アリー先生は、ウルドゥー語で指示をするが、05
行でジャミラは「やだ」と抵抗する。アリー先生は、ジャミラに話している
イムラーンにも呼びかける。イムラーンも10行で、授業をやる気が起きな
いことを伝える。アリー先生は、クルアーンの一節を見せてあげると述べ
る。これがイムラーンに対してだったのか、ジャミラは自分がタスクに集中

しなくてよいという状態であることを示しているのか、それともそうであり
たいということなのか、12行で「よっしゃ」で喜びを示し、「寝よう」とい
う児童として非規範的な宣言を行ない、この状況を「ラッキー」と述べる。
14行のライラも、ジャミラのように「えーよっしゃー」と自分が望むとお
りタスクに集中しなくてよいという状態になったことを述べながらも、「う
ざいんだけど」と述べる。この「うざいんだけど」はおそらく教師ないしタ
スクに対してであり、ジャミラと同じく、授業に対して抵抗を示している。
ジャミラとライラは、互いに笑う。

　アリー先生は、誰にかはわからないが、指示をする。そして18行では、
カリムに見なさいと指示する。19行でイムラーンは、「わかっている人」に
関して言及している。これは、「わかっている人は何もしなくていい」かど
うかを聞いている可能性があるが、この書き起こしのみでは判断できない。
アリー先生は、「あなたわかるですよ」と言ったため、イムラーンは自分が
このタスクの知識をすでに取得していて、そのためタスクに参加しなくてよ
いということになったため、「イェィ」と喜びの声をあげる。そして、わざ
と「僕天才」「僕天才少年だから」と23-24行で述べる。アリー先生は、カ
リムに指示をする。イムラーンは笑う。ライラ、ジャミラ、イムラーンは、
指示されていない。そしてイムラーンに関しては、本当にアリー先生が提示
するところだったタスクを知っているかどうかは別として、ことばの上では
イムラーンがこの知識を知っていてタスクをやる必要がないことになったの
で、笑っていると考えられる。

　13行でライラが11行のアリー先生をまねて 'Khareem *ye paR'o*' と言う。
これは、カリムに先生の注意が向き、残りの児童らは教師からの注意を逃れ
ることができたこと、すなわち教師の指示通りに動かなければならない状態
ではない児童という立場から逃れることができたことを意味している。ライ
ラは、指示される側ではなく、指示をされなくてよい側になったのであり、
そのことがあって、アリー先生の口調を真似て、カリムとの立ち位置が逆転
しているのを楽しんでいる。しかし、その瞬間は短かったのか、29行のま
た誰に対してだか音声だけではわからない指示では、イムラーンがきちんと

返事をしている。

　例(9-3)は、アリー先生とその他の児童が、ジャミラに対して、アリー先生の話を聞いていないというやりとりである。8章の例では、接触日本語変種が教師に対して使われていた。しかしここでは、接触日本語変種が、児童から児童に対して使用されている。

　イムラーンはジャミラがきちんと授業のタスクを行なっていないことに対して、ずるいと言う。アリー先生は、ジャミラたちに、お父さんについて言及する。ジャミラは責め立てに対し、自分は授業のタスクをやるつもりがあると表明して、父親に告げ口されないようにと、タスクをやる意志があることを示す。アリー先生は、ジャミラはジャミラのお父さんの言うことを聞いていないのではないかと言う。ジャミラはアリー先生の言ったことを否定するが、ライラが、接触日本語変種と思われるかたちで「聞いてない聞いてない」と言い始める。アリー先生は、ライラの発言に同調する。その後、ライラは引き続き、接触日本語変種を使って、ジャミラを責める。

　　(9-3)　いつもくちぐちてるー　[3D2 825-834]
　　01 ジャミラ；　　　えそんなことないよ
　　02　　　　　　　　お父さんの言うこと [は絶対に
　　03 ライラ；　　　 [聞いてない聞いてない
　　04 アリー；　　　 聞いていないでしょ、はいはい
　　05 ライラ；　　　 いつもくちぐつてるー
　　06　　　　　　　　きてないきてない
　　07 カリム；　　　 俺も一応言ったよー
　　08 アリー；　　　 あなたパパの##きてないですよ
　　09 イムラーン；　*isko boleN boleN boleN ####*
　　　　　　　　　　（彼に言ってください言ってください言ってください
　　　　　　　　　　＃＃＃）
　　10 ライラ；　　　 いつもくちぐちてる

11 ジャミラ；　　えだから何をすればいいの！

　ここでのライラの接触変種の使用は、これまでとは異なり、教師と同じように ジャミラを非難する側に立っていることを示している。そして、03 行のみならず、05 行、06 行、10 行で繰り返すことによって、遊びの要素が含まれている。また、最後にはイムラーンもこのやりとりに参加し、ジャミラを非難する。

　この切片の前で、授業に集中していないジャミラに対し、普段から父親の言うことを聞いていないんじゃないか、とアリー先生がウルドゥー語で述べる。ジャミラが自分はきちんと父親の言うことは聞いている、と主張するのが 01 行である。ライラは「聞いて」の「い」が短く聞こえるかたちで「聞いてない」と述べる（03 行）。これは、接触変種と考えられる。、アリー先生もそれに同調する（04 行）。アリー先生の承認が得られた後も、ライラは発話を続ける。「いつもくちぐちてるー」が具体的に何を意味するのかは不明だが、これも接触変種であることは予想ができる。また、06 行の「きてないきてない」は、03 行の「聞いてない聞いてない」よりもさらに接触変種のように発話している。「きてない」は、08 行のアリー先生の発話でも見られる。

　09 行でイムラーンはアリー先生に対し、ジャミラの父親に告げ口をするよう、*boleN*（言ってください）を三度リズミカルに繰り返す。この繰り返しは、イムラーンがジャミラが告げ口されることを面白く思っていることを示すと解釈される。イムラーンも、ライラやアリー先生と連帯して、ジャミラを非難しているのである。ライラも「いつもくちぐちてる」を 10 行で繰り返す。ジャミラは 11 行で苛立ちながら、折れて教師の指示を仰ぐ。

　次の例は、アリー先生のジャミラに対する発言とそれが児童に与えたインパクトに刺激され、イムラーンが接触日本語変種と子供っぽさをミックスさせながら、ジャミラに対して挑戦的な発話を行う例である。ややふざけた声を出しながら、教師がまだ言っていないが、教師の代弁ともとらえられるよ

うに発話されている。また、カリムも声を変えて、一連のエピソードが面白いとやりとりの後の方でコメントしている。

(9-4)　あなた *kaafir* だよー［3D2 1259-1280］
〈イムラーンが速い口調でクルアーンを音読している〉

01 アリー；　　　　Jamila
02 ジャミラ；　　ん？
03 アリー；　　　＃＃（<?> vosor </?>）
04 ジャミラ；　　えー@@
05 カリム；　　　@@@
06 ジャミラ；　　〈笑いながらの声〉なんで
07 イムラーン；　＃＃何［やってる＃＃＃
08 ジャミラ；　　［カッリームだってしゃべってたじゃーん〈さらに笑いながら〉
09 カリム；　　　@@@
10 カリム；　　　オホホホ
11 アリー；　　　bobobo モスクあなたの
12 　　　　　　　場所じゃない［＃＃＃＃
13 イムラーン；　<@> [& [[&&&& </@>
14 カリム；　　　[[＃＃なんだよー@
15 イムラーン；　あなた *kaafir* だ↑よー &&&&&&&&&&（不信心者／異教徒）
16 ジャミラ；　　ひどい
17 アリー；　　　*kaafir* 何読んでたの
18 イムラーン；　@@
19 ジャミラ；　　@ [@@@@@
19 カリム；　　　[@@@@@@
20 ライラ；　　　[@@@@〈くすくす笑い〉
21 アリー；　　　*kaafir* の人だめだよ、モスクに

第9章　縦横無尽のスタイル使用　261

```
22 イムラーン；  <@> &&&&&&&&&&&&&& </@>
23 カリム；    @@@@@@
24 ジャミラ；   @@@@@@
25 ライラ；    @@@@@@
26 カリム；    <普段と異なる声>面白れー、面白れー
```

　ここでは、イムラーンは速いスピードでクルアーンを読み上げている。アリー先生がカリムやジャミラにもクルアーンを読むように促すが、カリムは「待って」と言って、ジャミラとの会話を続けた。01行でアリー先生がジャミラを呼ぶ。返事をしたジャミラに対して、03行である語を発した。04-05行では、ジャミラはそれに対して驚きをもって反応し、カリムは笑った。アリー先生の03の語のインパクトは強く、カリムもジャミラも笑い続けたが、06行でジャミラはその発言に対して弱い抗議の意図を示す。この抗議は、4章でみたように子どもっぽい甘えスタイルを使った上、笑いながら行われていることから、さほど強くないようにとれる。自分ではなく、カリムの方こそがジャミラに話しかけていたため、08行で自分だけ怒られるのはおかしいということを主張する。その抗議は特に認知されず、カリムは、自分が話していたのを認識しているかジャミラに反論せずジャミラをかばうことなく笑い続ける。ここでも終始イムラーンはクルアーンを読んでいるのだが、非常に聞きづらいが07行ではクルアーンを読む調子で日本語で発話しているのが聞こえる。

　ジャミラが怒られているのをカリムとイムラーンが笑うのには、理由がありそうである。そもそも、モスク教室内での彼らは、教師からしかられた際でも他の児童をかばうことはしない。すでにこの日を含めた数日、ジャミラは授業中に授業タスク以外のものを読んだりしていた。そうした行為が、アリー先生に「テロリスト」や「イスラエル」[1]と別な日には表現され、他の児童らの笑いを買っていた。そうした、ジャミラに対して非難を表明する一連のエピソードの新たなバージョンとして、03行での発言が受け取られたと考えられる。カリムも、カリムではなくジャミラが制裁を受けてもかまわ

ないと考えていることもここで表明されていると考えられる。

　11 行では、アリー先生がさらにジャミラへの非難を行う。口調は強くないが、「モスクあなたの場所じゃない」という。児童らはムスリムとしてモスクに集っているのであり、彼らはムスリムとしての共同体に属していることが了解されている。「モスク」がジャミラの場所ではないという表現は、コミュニティからの疎外や追放を意味する。

　クルアーンを 1 人だけ音読していたイムラーンも、「あなた *kaafir* だ↑よー」と発話する。この発話は、「モスクあなたの場所じゃない」を、*kaafir*（異教徒ないし不信心者）という軽蔑されるカテゴリーに言及することで意味をより強めて言い換えたといえる。この表現は、接触日本語変種に聞こえる。その主な特徴は、二人称代名詞の「あなた」にある。「あなた〜〜〜だよ」という文型は、アリー先生にもよく使われたものである。一方で、イントネーション（標準語の「土俵」のアクセントで「だよー」）は、成人男性の怖い感じや接触日本語変種ではなく、標準語の中でもややふざけた子どもっぽく聞こえるスタイルになっている。*kaafir* は、彼らが日本語で話しているときも使われる語であるため、接触日本語変種ではなくむしろ児童の使う日本語に入っている。この発言が接触日本語変種で行われるのは、この発言の「声」がイムラーン自身のものではなく、誰が *kaafir* か断言したり説教したりする権限をもつアリー先生のものであることを匂わす。イムラーン本人がジャミラを *kaafir* と呼んでいるように聞こえることが避けられていると考えられる。また同時に、子供っぽいトーンにすることによって、遊びやふざけたニュアンスも含ませている。

　「あなた *kaafir* だよ」は、アリー先生の「モスクあなたの場所じゃない」や、その前に大きな笑いを引き起こしたさまざまなアリー先生のジャミラに対する発言の、広い意味での言い換えととれる。この文脈ではすぐ前の「モスクあなたの場所じゃない」とイコールである。イムラーンは、まるで言い捨てて去っていくかのように、その発話のあとすぐまたクルアーンの音読に戻る。

　ジャミラは、こうした発言にどのように反応したのだろうか。11–12 行の

発言に対しては黙していたが、16行でひとこと「ひどい」と述べる。この応答は、15行での発言が大きく影響していると考えることができる。

アリー先生も、イムラーンの発話を受けて、17行および21行でジャミラを*kaafir*と言及する。アリー先生は、イムラーンの発話と同じ語を使うことにより、イムラーン同様、ジャミラを非難するスタンスをとっているといえる。17行では*kaafir*と述べているが、21行では「*kaafir*の人」と表現している。前者は直接ジャミラを*kaafir*で指しているように聞こえるのに対し、後者はジャミラ自身ではなく一般的な*kaafir*のカテゴリーに属する人のことを指しているととることができる。つまり、前者ではジャミラを*kaafir*と名指ししたのに対し、後者ではジャミラを*kaafir*としていないようにとれる。このことから、17行から21行にかけてジャミラに対する冗談めいた非難がよりゆるやかになっている。17行の後ではジャミラの笑いは聞こえないが、21行の終わりから24行までは聞こえる。ジャミラを含めた皆の笑いによって、一連のこの*kaafir*のやりとりの深刻さが解放され、ムスリムとしての連帯意識を再確認する交感的なものとして共有されていると考えることができる。

最後の26行は、先にも見たように(6.2節参照)、一連の流れの後に現れやすい、児童の個人的な意見の表明ととれる。しかし、これは、普段よりも咽頭周辺を狭めた異なった声色で発話されている。つまり、通常の地声での発話とは異なるスタンスをとっていることが示唆される。会話の一連の流れをふりかえると、カリムはほとんど発話を行っていない。ジャミラをかばわず、アリー先生に加担もしていない。当初、カリム自身も責められておかしくなかった状況で、ジャミラだけが非難されているのをただ笑っているだけである。「モスクコミュニティからの疎外」を意味する非常に深刻なフェイスの侵害が行われたにも関わらず、カリムは傍観者のようである。「コミュニティからの疎外」に関する一連のやりとりを自分から引き離し、他者に起こっていることとして「面白い」とまとめていると考えることができる。またこのまとめは、直接自分の「声」で言うことによってカリムがジャミラに対して大きくフェイスを侵害することを防いでいたり、下手したら相手のア

イデンティティの否定[2]や、人間関係の崩壊になり兼ねないエピソードを、さほど深刻ではない遊びとしてとらえようとする言説的行為をしたりしているという可能性がある。

9.2 児童同士の会話に見られる crossing

本節の例は、前節とは異なり、直接的な教師─他の児童─発話者児童の三角関係を指標していない crossing の例を挙げる。例(9-5)では、ビルキス先生の「声」が、似ているが異なるものに変換されることによって、児童らの間で笑いを生んでいる。例(9-6)では、一般的な教師のスタイルが使用されている。

次の例は、普段聞き慣れているビルキス先生の「声」(発話)が、日本語に翻訳されることを児童らが面白いと感じて笑う例である。

(9-5) じゃあ外出て［2D 100-108］
01 ジャミラ；　　えまたあそこ？
02　　　　　　　（1.8）
03 ジャミラ；　　あここつまんないちょっと違うとこ読もうよ。
04　　　　　　　（1.8）
05 イムラーン；　じゃあ外でて@〈吹き出し笑い〉
06　　　　　　　（1.0）
07 ジャミラ；　　@@@@@
08 ライラ；　　　@@@@@
09 ジャミラ；　　〈笑いながら、ややもごもごと〉今なんてった？
10 ライラ；　　　じゃあ外でて@@
11 ライラ；　　　@@@
12 ジャミラ；　　@@@@@@@@ 〈クスクス笑いからより大きな笑いに〉
13 イムラーン；　@@なんで［笑うの？］

14 ジャミラ；　　［＃＃＃］＃＃

　この少し前、教師はカリムに教科書を読むよう指示した。カリムは、すぐには読まず、farmer という語は何かを聞く。その間の沈黙に、ジャミラが発話する。ジャミラの２つの発話は、教科書のテクストのことを指しており、03 行の時点では、その該当箇所が手元にあったと考えられる。ジャミラの２つ目の発話の後、イムラーンが「じゃあ外出て」と言い、一人で吹き出す。１秒ほどの間隔で、ジャミラとライラの二人がくすくす笑い始める。笑いながらのジャミラの発話はもごもごしていて聞き取りづらいが、イムラーンの発話内容を確認しているように聞こえる。ライラがそれに答える。そして二人は笑い続ける。ジャミラの笑いは、くすくす笑いから、やや小さめではあるが「ははは」と聞こえるくらいの笑いに変化する。イムラーンも笑いながら「なんで笑うの？」と聞く。ここは、ジャミラの発話と重なってしまったためか、特に誰からも応答はなかった。

　このジャミラ、ライラ、イムラーンの笑いにも、ウルドゥー語や他のスタイルが出てこないが、やはり既存の「声」が関係している。教師が与えた課題に対して、「つまらない」といってやりたがらないのは、学習者の規範に反している。イムラーンの「外でて」は、イムラーンの個人的意見そのものではない。つまり、ジャミラに外に出て行ってほしいと思っているわけではない。そのことは、おそらくライラとジャミラも、同じように授業をあまり受けたくないが、親に告げ口されるような「悪い生徒」になりたくないという意志を共有しているとの理解から成り立っている。イムラーンは、自分で言いながら、自分で吹き出し笑いをしている。このこともあってか、一瞬の間のあとに、ジャミラとライラがイムラーンの発話の意味を理解し、笑い始める。これは、児童らが共有する教師に関する知識（児童が教師の言うことを聞かないと、ウルドゥー語や英語で常に「（じゃあ）外に行きなさい」と言っている）に加え、イムラーンの笑いからも、イムラーン自身の「声」ではないということが明らかなのである。日頃ウルドゥー語や英語で言われている教師のことばが、日本語で同じ意味をもつことばに入れ替わって、普段

は教師から叱られる側のイムラーンが発話したことを、二人とも笑っている
ととれる。

　この例から、教師の日頃の発話が、具体的な言語形式と結びついているこ
とがわかる。そして、言語を変換させることで、その意味は同じながらも文
脈がずれることを児童は理解しており、その文脈のずれを面白く感じている
ことがわかる。

　次の例は、日本において学校の教師と結びつけられた言語形式を使う例で
ある。「先生スタイル」を使用することで、イムラーンが想像上のやりとり
を産みだし、その場にいない教師に対して不満を表していると考えられる。
カリムも同じように、形は異なるが教師と結びつけられた言語形式を述べ、
その想像上のやりとりに加わることで、二人でますます現実から離れていく
言葉遊びのようになる。

　（9-6）　だめだぞ、きみー［2C 45-57］
　01 ビルキス；　　　wait, I'll get the marker.
　02 イムラーン；　　〈ささやき声〉自分のストレスこっちにぶつけちゃっ
　　　　　　　　　　　たんだよ
　03 イムラーン；　　だめだぞ、きみー。
　04 カリム；　　　　勇気があればなんだってできる。
　05 イムラーン；　　そうそう。
　06 カリム；　　　　<?> はんどうした / はんのうした </?> @@
　07 イムラーン；　　@@
　08 イムラーン；　　# # # # #、な、カリム
　09 イムラーン；　　°ふざけんなよ°

　01行で、ビルキス先生が物をとりに教室へ出て行った。この日の授業開
始時、およびこの切片の10分ほど前に、ビルキス先生が児童らに対して大
変怒っていた。そのことに対して、イムラーンが不満を述べていることが、
ビルキス先生が出て行ってすぐ発話されたことから、推論される。

「だめだぞ、きみー」は、この場面にいる特定の児童に向けられたわけではない。カリムも発言をする。イムラーンは、カリムの発話がイムラーンの03行の発話とつながりのあるものだと解釈し、「そうそう」と答えている。このイムラーンの反応もカリムにとっては予測外だったのか、笑って06行で発話している。「はんどうした」というのは、「反応した」の言い間違いの可能性がある。つまり、イムラーンが03行で1人で言っていたことに、カリムが新たな関連する発話を加え、そのことがまるで自然であったかのようにイムラーンが05行で反応しているところに、06行、07行の二人の笑いがあるのである。

　「だめだぞ、きみ～」は、その「ぞ」の使用や、「きみ」という同等ないし目下に使われる二人称から、成人が子どもを含め目下のものに注意するような口調である。これも、先の例のように、自分ではない「声」を使って、自分が直接的に批判しにくい対象に対する不満を表している。

　カリムの「勇気があればなんだってできる」は、「だめだぞ、きみー」といった注意に付け加えられる諭しを連想させる。また、この発話自体は、「教師がストレスを児童にぶつけた」という02行に沿っているのではなく、「だめだぞ、きみ～」という発話から連想される全く異なるコンテクストを伴っており、それが、笑いの共有のポイントとなっている。この発話も、カリム自身が「勇気があればなんだってできる」と誰かを諭したいわけでも、信念として表明しようとしているわけではないことが、その前後に関連するエピソードや、特定の人物への指名がないことからわかる。

　イムラーンが「そうそう」ということによって、カリムの発話にあった、突然の場面のシフトがイムラーンにも理解されていることが示されている。カリムにとってそれは必ずしも予測内の反応ではなかったため、「はんどうした」と発言し、笑っている。イムラーンも、そのおかしさを共有していることを、笑いによって示している。

　09行の「ふざけんなよ」では、また02行でのビルキス先生の話に戻っていると考えられる。01行と09行がどちらもささやき声だったり、小声だったりするのは、また録音されていることや、筆者や教師に聞こえないように

するためであるかもしれない。しかし、他の解釈も可能である。小さい声ながら、他の児童たちや観察者である筆者に聞こえる。そうした意味で、小さい声にしても、それまでの声の大きさでも、そう変わりはないはずである。一方で、ささやき声や声の小ささは、直接的な非難にせよ、教師に対して直接的に非難することへの遠慮ともとることができる。

　この例で重要な点は、02行と03行の間で、「声」の転換があることである。「だめだぞ、きみー」という架空でありながら、なんらかの権力を感じさせる他者の「声」を使いながら、イムラーンが教師に対する自分の不満を表しているとみることができる。

　この例は、Rampton(1995: 121)の例(8.1節参照)に非常によく似ている。そこでは、教室からお昼をとりに出ていった教師に対して、児童が「ごはんなんかいらないだろう、どこも伸びないんだし」とクレオール英語で言うのを、Rampton は Goffman(1971: 152)での 'afterburn' にたとえている。

　次の例は、カリムが、自分の母語とアラビア語の共通性に対して、関西弁で「ツッコミ」を入れる例である。

　(9-7)　ウルドゥー語のパクリやないか ［3D2 1199-1207］
　01 カリム；　　　先生 'dunyaa' ってどういう意味？(世界)
　02 ライラ；　　　忘れちゃったの？
　03 アリー；　　　この世界だよこの世界
　04 カリム；　　　<u>ウルドゥー語のぱくりやないか</u>
　05 アリー；　　　dunyaa は世界ね、この
　06 カリム；　　　<u>ウルドゥー語のぱくりやないか</u>
　07 アリー；　　　同じだよ、dunyaa、ウルドゥー語でも *dunyaa* だよ、
　　　　　　　　　is dunyaa meN (この世界で)
　08 イムラーン；　&&&&&&&&&&&&&&&&&&&&&&&&&&&&
　09 カリム；　　　'dunyaa' &&& &&&&&&&&&&&&&&&&&

　クルアーンの授業で、dunyaa という語の意味をカリムがアリー先生に聞

く。クルアーンの授業では、読み上げるアラビア語の単語を覚える必要はないので、授業タスクに必要不可欠な情報ではない。ウルドゥー語と同じということもあるからか、ライラが「忘れちゃったの？」と聞く。アリー先生は、そのまま意味を教える。

カリムは、ウルドゥー語と同じということを、「ウルドゥー語のぱくりやないか」という発話で表現する。ウルドゥー語の「ぱくり」というのは、「ウルドゥー語と同じ」とはニュアンスが異なる。「ぱくり」は口語的な表現であり、「盗んだ」という意味をもつ。真正なものではなく、複製されたものであるという意味をもつ。また、カリムも知っている可能性が十分あるが、dunyaa はアラビア語からウルドゥー語に入った語であり、逆ではない。この日は児童らは、自分たちがアラビア語話者だったらどれだけ楽だったかという話をしていた。教師が言うほど、彼らにとって意味がわからないアラビア語を読むことが楽ではないという不満を述べていた。dunyaa という語がウルドゥー語と同じであることに対して、ここでは肯定的な評価がされていない。

「やないか」という表現は、カリムのほかの日本語の発話には見られないものである。これは、母方言ではない方言を、ある種の「キャラ」を作ったり、特定のニュアンスを含ませるために使用する、方言コスプレ（母方言であるかないかに関係なく、方言に結びついたステレオタイプを利用した言語使用）と呼ばれる現象だと考えられる（田中 2011）。幼少時から首都圏在住のカリムにとって「関西弁」がどのような意味をもつのかは、推測しづらい。なぜならば、少数ではあるが、学校の教師や、同級生やその他の地域活動で出会った児童が関西弁を話している可能性もある上に、テレビや漫画などにも関西弁ないしヴァーチャル関西弁（金水 2003）は現れる。また多くの若い人の間では、非関西方言話者にも関西弁は「つっこみキャラ」を演出するときに使われているという（田中 2011）。そのため、関西出身ではない首都圏出身の児童も関西弁ないしヴァーチャル関西弁を使用している可能性はある。いずれにせよ、このやりとりを見ている限りでは、カリムの「関西弁」は、田中のいう「方言コスプレ」の一例であると考えられる。「やないか」

というのは、おかしなことを話している相手に対して、そのおかしさを指摘する「つっこみキャラ」という役割と関係する。カリムは、「ツッコミ」を行なっていると考えられる。また、「関西弁」が、カリムが必ずしも属していない集団(関西人、お笑い芸人)のものであること、「関西弁」が、「ツッコミ」という形をとって、関東首都圏ではいわゆる批判(社会的権威のある人に対して行う言語行為としては必ずしも規範的といえない行為)を行うための装置として使用されていることも示唆される。つまり、自分を含め発話の場にいる誰のものでもない言語であることが、この発話がある意味で発話者の言語行為ではないことを示すことになる。

　カリムは04行の発話を、06行でも繰り返している。そして、カリムの04行と06行は、01行や09行とはやや違った声を出しているようにも聞こえる。イントネーションが、「ぱくり」のところでも上がっている。クルアーンを書いたのはアリー先生ではない。また、カリムはおそらくこのことに関してアリー先生の知識が正しいことを疑っていない。また、アラビア語でもウルドゥー語でも「世界」がdunyaaと呼ばれるのは、アラビア語がウルドゥー語から「ぱくった」からではないことも知っている。表面的にカリムはアリー先生を責めているようにも聞こえるが、カリムが直接アリー先生に「ツッコミ」を入れているわけではなさそうである。つまり、アリー先生に反抗的であることと、実は自分が真っ向からアリー先生を批判しているわけではないという矛盾が、この発話に含まれている。一方で、クルアーンとそこに書かれていることの神聖性や権威は一字一句絶対であり、疑ったり批判することは認められない。自分の平常時とは異なった声で発話することによって、自分の驚きと、アラビア語を読まされる不満を、第三者の「関西弁」のツッコミとして表現したと解釈できる。

　例(9-8)は、先の例と似ているが、ライラが声を低くすることで、権威のある大人(または先生)スタイルにシフトする例である。

（9-8）　正座は礼儀正しい座り方なんだよ［2E 1-12］

01 カリム；　　　正座していいんですか

02 ライラ；　　　＠＠＠

01 カリム；　　　正座していいの？

02 イムラーン；　正座していいの＃＃＃俺はわかる。

03 ジャミラ；　　え普通に＃＃＃＃＃

04 カリム；　　　じゃあ俺は自分の＃＃＃すわり［かたで＃＃

05 イムラーン；　　　　　　　　　　　　　　　　［＃＃＃ちっちゃい

06 イムラーン；　ちっちゃい。

07 ライラ；　　　〈低い声、成人男性のような声で〉<u>正座は礼儀正しい</u>
　　　　　　　　　<u>座り方なんだよ。</u>

08 カリム；　　　いすの上でやるのは＝

09 ジャミラ；　　＝ねえみんな一時間正座やってみよう、

10　　　　　　　誰が最初にダウンするか＝

11 イムラーン；　＝いいよ。

　ここでは、みながいすの上で正座ゲームをするのに、カリムが正座が（お
そらくイスラーム教徒として）いいのかわからないいので疑問の意を示す。
ライラが、正座ゲームの正当化を、07行で低い声で行なおうとする。大人
の男性のような声で、またまるで教え諭すような口調を使うことによって、
ライラではなく他のところに知識の真正性があることを表現している。

9.3　ジャンルを超えた言語使用
　　　―狭い空間が広い空間になるとき

　ここまででは、主に教育制度としての学校や、モスクのコミュニティない
し南アジアの社会文化的な世界を反映した言語使用を多く見てきた。しか
し、児童らの発話やコードの選択は、必ずしもそれらに限定されない。ヨー
ロッパにおける研究のように、ジャンルを超えて、言葉遊びのように、メ

ディアからの言語を使用して教室内の児童のコミュニケーションを行なっている。

　例(4-9)では、テレビアニメの歌、(4-10)ではパレスチナの歌[3]、(8-9)では、yo という表現も現れた。これらは、アリー先生との関係性と児童の連帯、教室における児童と教師のなわばりの交渉に使われていた。しかし、こうした歌や表現は、crossing のような場面以外の、児童同士のコミュニケーションにおいても見られた。具体的には、児童同士の会話でも、フォーマルな場面や目上の相手に使うとされる「ですます」を使用したり、テレビ番組におけるお笑いのフレーズを引用したりしていた。個々の言語形式ないし表現は、一回性のものかもしれないが、特定の共有知識を前提として発話されるものの会話における意味の解明ないしその会話参加者の解釈のメカニズムは、現在の CS、スタイルシフト、社会言語学、語用論が直面している課題である。本節では、児童らが、モスク内の会話においても、おそらく小中学校での会話においても、日本のテレビやさまざまな特定のジャンルの言語使用に多く言及していることを示す。

　次に見る例(9-9)は、フォーマルないし一対多数において使われる表現が、言葉遊びとして使用された例である。

　(9-9)　今から僕の、好きな人を発表しちゃいます［3C 226-235］
　01 イムラーン；　じゃあ今から僕の、
　02 イムラーン；　〈息をはーっと吐く〉
　03 カリム；　　　<u>好きな人を発表しちゃいます</u>
　04 イムラーン；　ちげーよ
　05　　　　　　　　〈携帯のチロリンという音〉
　06 イムラーン；　今から俺の…
　07　　　　　　　　(1.0)
　08 イムラーン；　あれ、
　09 イムラーン；　俺の、

10 イムラーン；　パスワードを、

11 ライラ；　　　＃＃＃まずいまずいまずい

12 イムラーン；　解いた人にー、

　ここでは、イムラーンが、「今から僕の」という、宣言の始まりを発話している。この「宣言の始まり」は、どちらかといえば日常的な少人数の会話ではなく、メディアや学校など、比較的公の場で、多くの人の前である情報を提供する際に、その発表の始まりの宣言として使われる表現である。この表現が日常的な会話で使われないわけではない。しかし、Goffman のいうフレームのシフトが起きていることは確かである。

　その「宣言の始まり」を理解したカリムが、イムラーンが言いかけているところに、「好きな人を発表しちゃいます」という、発言をつける。イムラーンは、「ちげーよ」と、と否定する。06 行では、もう一度宣言をし始めようとする。今度は、01 行よりも小さい声で、また「僕」ではなく「俺」になっている。01 行と同じように、イムラーンはすぐには宣言し終わらない。12 行で「パスワードを解いた人に」とまで言ったが、他の児童の注目が得られず、ジャミラとカリムは新たに別な話題で会話を始めてしまった。

　「発表しちゃいます」という表現も、01 行のイムラーンのスタイル同様、日常的な少人数の会話を想起させない。「発表します」というのは、「発表しちゃいます」の「ちゃい」は、その発表内容が聞き手にとって驚くようなものであると発話者が考えていることを示している。この場合は、発表の内容が「好きな人」、すなわち好意を抱いている異性であるため、そのプロトタイプと合致している。

　イムラーンは、一般的にフォーマルで大人数に対して使われる表現を、少人数のクラスで使うことによって、まるでこの場がフォーマルな場であったかのように、また多くの人が聞きたがる重大な情報を述べるかのようなそぶりをしている。そして、カリムも、イムラーンのスタイルに合わせて、同じスタイルを使って、イムラーンをからかうという遊びを行っていると考えられる。カリムは、イムラーンが「好きな人を発表」する予定だと考えた訳で

も、そうさせようとしたわけでもなかったと考えられる。「好きな人」を「発表」するのは、どちらかといえば恥ずかしい行為と考えられることから、カリムはイムラーンがそういうつもりはないと否定するのがわかっていて、からかいのつもりで述べたのだと考えられる。これはまるで、和歌の上の句と下の句を合わせるかのように、スタイルを合わせる遊びのように見える。

04行のイムラーンは「違う」や「違うよ」ではなく、「ちげーよ」とやや乱暴なスタイルで否定して、カリムのからかいに反発している。ここでは、イムラーンの携帯電話のパスワードを当てた人に、イムラーンから何かプレゼントないしご褒美が与えられるつもりだったことが推測される。イムラーンは宣言のスタイルをとることによって、児童らに自分がこれから述べることに注目してほしかったのであろう。

例(9-10)は、いわゆるスポーツのアナウンサーの実況中継を思い起こさせるような表現を使った例である。

(9-10)　見事に入りました［3C 129-143］
01 カリム；　　　〈少ししわがれた声〉やったーおれの好きなやつだ
02 イムラーン；　@@@
03 イムラーン；　@@@ <@> イエーイ僕の大好きなやつだ </@> @
04 ジャミラ；　　〈やや小さい声〉うそつけ
05 イムラーン；　ほんとだよ
06 　　　　　　　@@
07 ライラ；　　　@
08 イムラーン；　ほんと。大好きだよ
09 ジャミラ；　　はら##るとお前死ぬよ
10 ライラ；　　　ははははは
11 カリム；　　　見事に、入りました！
12 イムラーン；　なくなった！
13 ジャミラ；　　ね無駄にしないでね

14 イムラーン：　無駄にする

15 ジャミラ：　　ふっざけんな食べ物だからね

　ことの発端は、カリムがライラのお菓子の袋を見て、商品名の一部を読み
上げたら、ライラがカリムに「ほしかったらあげる」と言ったことであっ
た。カリムやイムラーンはライラからお菓子をもらい、ジャミラもほしくな
り、ライラにせがみ、もらった。カリムとイムラーンは、ライラからもらっ
たものが飴だと気づき、「うわー」と大声をあげる。カリムは「キシリトー
ルじゃなかったのか yo」と述べ、チューインガムだと思っていたが違って
いた不満を冗談ぽく述べる。ライラは笑い、「ちゃんと(商品名を)読みま
しょうね」と述べる。
　そこで、カリムとイムラーンは、笑いながら大げさによろこぶ(01 行-03
行)。それは、ジャミラにも大げさであることが感じ取られ、04 行で「うそ
つけ」と述べる。05 行ではイムラーンはジャミラの言っていることは事実
ではないと主張する。イムラーンは笑い、ライラも少し笑う。08 行で、イ
ムラーンは再度、自分たちにとってジャミラのくれた飴は好物だということ
を述べる。09 行でジャミラはまだイムラーンのことを信用しておらず、「は
ら＃＃るとお前死ぬよ」と述べる。このフレーズは、「(食べ物を無駄にする
と)はらがへったときに(罰が当たって)お前死ぬよ」という意味かもしれな
いが、いずれにせよイムラーンの発話内容を事実であると認めていない。ラ
イラは笑っている。この時点で飴をゴミ箱に投げいれたか投げいれていない
かはわからないが、カリムは 11 行で「見事に、入りました！」と述べる。
これは、飴を食べずにおもちゃにしてほしくないと強く主張するジャミラに
対して挑戦的な言葉遊びである。
　次の 2 例は、先の例のように一対多数に対して使っているとも解釈でき
るが、メディアの影響が大きいと思われる例である。

(9-11)　貧乏でーす［2D 257-265］

01 イムラーン；　ガムとかに使うお金はいっぱいあるね。

02 イムラーン：　うーん。
03 ジャミラ：　　うちらも＃＃＃だようちもないよお金。
04 ジャミラ：　　たぶんうちんちも貧乏になる、＃＃＃＃
05 イムラーン：　今貧乏？
06 ジャミラ：　　うん。
07 ライラ：　　　貧乏でーす！
08 カリム：　　　カレーライス、カレーライス食べたい。
09 ライラ：　　　ハンバーグ＃＃でーす。

　ここでは、イムラーンがちょうど1分少々前に、ビルキス先生に対して「うちは貧乏だ」と言ってみたことから、しばらく別の話になって、突然また「貧乏」[4]の話になったところである。ビルキス先生は、次の日にモスクの授業料を持ってきなさいと言ったところ、イムラーンが「無理」と言った。そこでイムラーンは、「サッカーや給食費」を払うお金もない、と述べた。ビルキス先生はイムラーンの言うことを信じない。1万円や2万円がすぐに出せないほど、イムラーンの家庭が経済的に困窮しているとは考えていない。「なかったら来ないで」とウルドゥー語で言って、終わった。
　ジャミラは、イムラーンに、自分の家もお金がないという。イムラーンの「今貧乏？」という質問に対して、ジャミラは「うん」と答え、ライラは、ややおどけて「貧乏でーす」と述べる。カリムの発話が、イムラーンの発話に関連しているものなのかはわからないが、ライラはカリムの挙げた食べ物の話に乗って、「ハンバーグ＃＃でーす」と述べる。ライラは、イムラーンに対して「貧乏でーす」と答えることによって、何をしようとしていたのだろうか。「貧乏」かと聞かれて素直に「うん」と述べるジャミラに対して、おどけるというのはどういうことなのか。1つの解釈としては、保護者から「うちは貧乏だから節約しなければならない」という話を聞かされている可能性がある。これは、実際の世帯収入に関係ないが、子供達のおねだりに対して保護者がそれを拒否する口実として利用している可能性がある。テレビのバラエティやアニメ番組で節約や貧乏暮らしに関する話題がのぼることは

多い。マジョリティの学校でも「うちは貧乏だから」と皆で言い合い、「うちも」「うちはもっと貧乏」などと言い合うということも少なくないと考えられる。

実際に家計を預かっているわけではない子供でも、また、本当に困っているわけではない児童でも、「貧乏」「お金がない」という表現が究極的に生活の困難を意味すること、またその深刻さは理解している。しかし、貧乏はまた、希望のものが買ってもらえない、または何か願望がかなえられない理由としても存在しており、この意味では実感はあるが、主に言語上で構築される概念である。そのため、こうしたおどけた表現が可能だと考えられる。

もう１つの解釈は、「貧乏」をおどけてみせるのは、当時日本の多くのバラエティ番組で流行していた、「貧乏アイドル」[5]が念頭にあった可能性がある。貧乏アイドルとは、おなかがすいていたので花を摘んで食べた、など多くの人が聞いたら驚くような少女時代の生活体験を「貧乏だったから」という枕詞と共にまるで普通のことのように明るく語って共演者から笑いをとる10代～20代の女性タレントのことである。彼らの話題が「貧乏」の話になったのは、この１分半ほど前に、ビルキス先生がイムラーンに、翌日に１万円を半月分の月謝としてもってきなさい、と指示したことがきっかけとなっている。その指示に対し、半月分ではなく１月分を払うことになっているジャミラは（本人ではなく両親が払うのだが）、「いいな」と述べる。またビルキス先生の指示は、ちょうど児童らがテレビ（日本の民放によるバラエティ番組やドラマ）の話をしていたところであった。そうしたことからも、「貧乏でーす」は、民放テレビに出演するタレントとその番組の視聴者に共有されるエンターテイメントを彷彿とさせる。

次の例のカリムの「くやしいです！」という発話も、お笑いタレントの発話と同じものだと考えられる。

（9-12）　くやしいです！［2B 694-707］

01 カリム；　　〈音読、棒読みのように〉笑いたければ笑うがいい。

02 カリム；　　こういうときこそは

03 イムラーン； 休み時間とっていいでしょ。

04 イムラーン； ねえ休み時間行っていいでしょ。

05 イムラーン； 上行っていいでしょ？

06 ビルキス； 〈うなずき〉

07 イムラーン； やった。

08 ビルキス； no not yet you are still learning. No, not yet.

09 イムラーン； だって走ってるよ。（ジュニアクラスの授業が終わっていることを示唆）

10 ビルキス； no.

11 ジャミラ； 頭がいたいです。

12 カリム； 〈やや違う声〉くやしいです！

13 ジャミラ； 今なんかいった？

14 ていうかコナンほしい。めちゃくちゃ。

　カリム以外の児童がビルキス先生の周囲に集まり、スペリングテストの採点をしてもらった。カリムがほとんどかけてないのをジャミラが指摘し、カリムは「英語はできなくても日本語はできるからそれで十分」とぼそっと述べる。それから、児童らは再度自分たちの点数を数えた。

　カリムは、01行で「笑いたければ笑うがいい」と述べる。これは、その当時ないし少し前に流行していた、「羞恥心」という歌の [6] 冒頭の歌詞である、「笑いたきゃ笑うがいい」を、節をつけずに述べたものである。「笑いたきゃ笑えば」ではなく「笑いたければ笑うがいい」という、あまり日常的な会話には見られないこの表現を使うことは、カリムがこの発話の基になったフレーズをそれとなく意識していることを示している。この歌を歌ったグループは、グループ名も「羞恥心」で、クイズ番組における成績の悪さから「おバカ」と認定された3人のタレントで結成されている。その歌詞の大まかな内容も、知識がないことでバカにされても、「打たれ強さ」や「愛」や「ありったけの自分をさらけだす」といった、恥ずかしさを気にしないで前を向く、といったものである。ここでちょうど「点数が低い」とみなに指摘

されてしまったことと、クイズの正答率が悪く、それにより皆に笑われるタレントという文脈を、重ね合わせているといえる。この表現は、自分と、テレビで笑われるタレントを重ね合わせることで、うまくいけば、他の児童の笑いがとれた可能性がある。

　しかし、03 行から 11 行まで見ると、カリムの発話に対し、誰も反応しない。

　イムラーンはビルキス先生に授業終了と休憩開始の許可をもらおうとするが、ビルキス先生は許可しない。11 行でジャミラが、「頭がいたいです」と述べる。これは、自分の体調を述べることで、早く休憩にしてほしいという意図があったのかもしれない。ジャミラの「です」の使用と韻をふむ表現を思いついたのか、また関係なく思いついたのかわからないが、カリムは 12 行で「くやしいです」、と述べる。「くやしいです！」、は、当時もテレビ番組で活躍していたお笑いタレントのネタの 1 つ[7]で、タレントが顔面を大きくゆがませることで人気になったもののようである。ジャミラは「今なんかいった？」と反応する。これは、文字通りカリムがなんと言ったか聞き返したという可能性もなくはないが、カリムのコメディアン的な発話に対して否定的なスタンスをとっていると考えられる。それは、反応を待たずにすぐに話題を変えたことからもうかがえる。

　以上の 4 例を見ると、児童らは、メディアからのフレーズや「1 対多」に使用するスタイルを通して、首都圏の一隅のモスク教室という狭い空間に閉じ込められ、たった 4 人でありながらも、多くの人が見ているテレビ番組に映っている言語使用とその文脈を重ね合わせるという、大変創造的な言語行為を行なっていることがわかる。

9.4　9 章のまとめ

　本章では、モスクコミュニティ内という身近な成人、不特定の権威のある「成人」、芸能人など、児童らがあまり使わず、社会的にも児童と結びついていない、さまざまな言語特徴とそのステレオタイプを利用した例を挙げた。

その範囲も、様々な言語やスタイル、そしてその結びつきは、抽象的なものから具体的なものまでと、幅広かった。英語、ウルドゥー語、接触変種、関西方言、お笑いなど、さまざまな言語的特徴ないしジャンルが盛り込まれていた。

より身近であり、かつ具体的に発話者との結びつきが連想されやすい例は、接触日本語変種の使用(9-1, 9-2, 9-4)や、教師のウルドゥー語の発話の繰り返し(9-3)であった。より広く使われ、かつその言語形式と結びつけられるステレオタイプ的な話者像がより抽象的なものとしては、「ですます体」(9-9, 9-10, 9-11, 9-12)や、低い声(9-8)、「君(きみ)」「だぞ」「やないか」などの特定の語彙や表現(9-6, 9-7)の例が見られた。

9.3節では、児童同士の会話で使われた「ですます体」のうち、「ですます体」が元々結びつけられているジャンルが、モスク教室に越境し、会話の中で新たに持ち込まれるタイプを見た。(9-9)および(9-10)は、決して公式でも実況中継でもないモスク教室での発話において、公式な宣言や、スポーツの実況中継のアナウンスに使用されるような「ですます体」を用いることによって、会話の中に言葉遊びの要素を持ち込んだ。一方で、(9-11)や(9-12)で使用された表現は、特定の芸能人に結びつけられながらも、バラエティ番組を通して広く共有されるエンターテインメント空間というコンテクストを持ち込んでいる。

こうした言語とステレオタイプの結びつきは、様々な形で会話の資源となって表れる。例えば、例(9-5)では、すでにある「声」の転覆として現れた。例(9-6)や例(9-9)では、児童同士ですでに進行中の会話からコンテクストをずらしながらジョークにするという遊びを行う資源になっていた。また、こうした遊びの延長で、例(9-1, 9-2, 9-3, 9-4)のように、成人を挟んだ児童のかけひきにおいても利用された。

本章で挙げた例では、様々なスタイルが使用されていたが、大まかに分けて2つのタイプに分けられる。1つは、9.1節および9.2節で挙げたもので、これらは前章で論じたcrossingであるといえる。なぜならば、こうしたスタイルが使用されたのは、既存の社会的な関係をしばるものが緩やかにな

る瞬間であるといえる。(9-1)、(9-2)、(9-3)、(9-4)、(9-8)では、児童は、英語、ウルドゥー語、接触日本語変種、低い声、先生スタイル等を使用して、他の児童をけん制したり、自分の意見の正しさを他の児童に主張したりしており、他の児童との連帯ではなくライバルとしての他の児童をけん制しているといえる。

　もう1つは、9.3節で挙げた、ジャンルの越境である。

　日本語の研究でも、関連する研究がある。「役割語（金水 2003）」がその1つである。役割語とは、マンガ等のキャラクターにあてがわれた、それぞれの「キャラ（役）」を際立たせるために使われる特定の言語形式のことである。例として、博士が話す「～じゃ」や、中国人が話す「～アルよ」といったものがある。これらは、必ずしも生身の人間でそのようなカテゴリーに当てはまる人々が使っていないにもかかわらず、読者にとっては「博士だ」「中国人だ」と認識できるような言語知識の一部となっており、大衆文化におけるレジスターの1つといえる。また、「方言コスプレ（田中 2011）」では、特定の言語形式が、その方言のステレオタイプに基づいた「キャラ」を作る―すなわちその言語形式が結びつく人物像とその人物の特徴を利用することが主張されていた。「くやしいです！」や「貧乏でーす！」などの発言は、必ずしも役割語や方言の表現の一部のように、地理的に広くは定着していないし、時間的にもしばらく経ったら「死語」として忘れられる表現になる可能性がある。また、その発話によって、どこまでその元の発話を行なったタレントの特徴を思い起こさせようとしているのか、そうしたタレントのステレオタイプのどこを表現したかったのかは、より深い分析が必要であろう。児童らは会話でこうしたマスメディアのレジスターを使うことによって、Gモスク教室の授業というそのときその場所から離れた、より娯楽的な世界とGモスク教室での授業とを結びつけ、授業のマンネリや倦怠感をふき飛ばそうとしていたと考えられる。

　また、発話と発話の間で、想定されるコンテクストが変化する言語使用も見られた。(9-6)では、その場のやりとりにはいないビルキス先生に対する感情ないし意見を、日本語における一般的に教師と結びついているスタイル

で、直接的な発話のような形で述べた。(9–5)では、教師の「声」が日本語に翻訳され、翻訳という行為が笑いの対象になっている。翻訳や全く別人の声による発話によって、教師に対する批判や不満の表出は、他のジャンルを介したり立ち位置が転換されたりと変形させられながら行なわれる。

　Crossing を含め、若者ことば、流行のことば、あるいはエスニックな意味合いをもつ表現や、メディアのことばが教室に現れ、様々な社会的スタンスを構築し、社会関係を構築しているということも先行研究で論じられている（Rampton 2006）。本章で見たデータも、メディアや広く社会的に認識されているスタイルに切り替えることで、共感を呼び、表現を豊かにすることで、児童同士の連帯を促したと考えられる。小中学校の後に毎日さらに 2 時間程度座って勉強しなければならないという場、そしてゲーム機や漫画等で遊ばずに、体を動かさずにじっと座っていなければならない場を、少しでも楽しく乗り切るため、自分の社会的属性や教室という場面から外れた「声」を盛り込むことで、様々な文脈を生み出し、ことばので構築される空間の中だけでも、教室外へと連れ出してくれるための資源として使用していたと考えられる。

注

1　パレスチナ問題に関して、パレスチナを支持し、イスラエルを非難する声は、コミュニティ内の成人女性との会話でもあった。教室の参与観察の際にも、カリムが学校でユダヤ教徒の英語の先生が豚肉を食べないと聞き、アリー先生がユダヤ教徒は豚肉を食べると答えたことがあった。ユダヤ教徒の戒律では、豚肉は忌避されている。

2　この表現がどの程度「深刻」かどうかは児童に直接尋ねていない。モスク内の児童らはみな、食べ物や行動などにおいて、ムスリムとしての規範の議論がよく起こり、行動規範等が意識されていることは、筆者の参与観察からわかっている。例えば、食べているスナック菓子がハラールかどうか議論したり、ムスリムではない人を「日本人」、と区別することがある。例えば、ライラとナディアは、ナディアの弟に対して「日本人になりたい？」と聞き、「うん」と答えた彼に対し、「じゃあ豚食べる？」と

第 9 章　縦横無尽のスタイル使用　283

からかった (Yamashita 2009)。

3　歌詞は童謡「森のくまさん」と類似しているところもあるが、メロディは、他の場面
　　でカリムが歌ったパレスチナの歌に似ている。

4　児童らの世帯が本当に「貧乏」かは議論の余地がある。自分の家を「貧乏」というの
　　は彼らに限らず、日本で多く見られる。実際、ジャミラの世帯は子供 4 人全員を月謝
　　2 万円のモスク教室に通わせ、また学年が上がると学習塾、公立および私立高校に通
　　わせたりしている。

5　たとえば「貧乏アイドル」として有名になった上原美優は、ちょうど 2008 年の 12
　　月、録音の 2 ヶ月前くらいから、自らの体験といわれるものを基に会話をしたりする
　　ことが多かった。その人気は、ちょうどこの録音の 3 ヶ月後に彼女は少女時代の苦労
　　を綴った自叙伝的な書籍が発売されたことからもうかがえる。

6　人気テレビ番組から生まれた「羞恥心」というユニットによる「羞恥心」という歌
　　は、一時期日本で大流行した。「笑いたきゃ笑うがいい」というフレーズではじまる
　　この曲は、オリコン年間シングルチャート 5 位を記録するほどの人気となった。この
　　データが録音された時期は、このユニットが紅白歌合戦に出てからそう時間も経って
　　おらず、記憶に新鮮だったに違いない。

7　ザブングルというお笑いユニットの加藤歩が、1980 年代の日本のテレビドラマ「ス
　　クール☆ウォーズ」のあるシーンを基にして作ったネタであり、2006 年以降知られ
　　ているネタのようである。
　　Wikipedia「ザブングル」
　　http://ja.wikipedia.org/wiki/%E3%82%B6%E3%83%96%E3%83%B3%E3%82%B0%E3%
　　83%AB_%28%E3%81%8A%E7%AC%91%E3%81%84%29#.E5.8A.A0.E8.97.A4.E3.81.
　　AE.E6.8C.81.E3.81.A1.E3.82.AE.E3.83.A3.E3.82.B0

第10章
結論

　本章では、まずこれまで論じてきたそれぞれのテーマを振り返る。その上で、1.4.1節で挙げた本研究の意義と照らし合わせて本研究の成果を確認する。最後に、本研究の課題と展望を述べる。

10.1　各章の要約とテーマの相関

　本書全体を通して、在日パキスタン人児童のコードおよびスタイルの差異を利用したことばの使用をみた。調査参加者の児童らは、コードおよびスタイルを選択することで、会話内での位置取りや、自分の語りにおける親世代の指標、交感的な使用といった様々な会話の効果をつくっていた。ここでは、第1章から第9章までを振り返ることにより、第1章で挙げた「児童はどのような言語使用を行っているのか」という問いに対して、簡単にまとめる。

　第1章では、本書のテーマである、日本語が流暢な外国にルーツをもつバイリンガル児童らのコミュニティ内での言語使用の研究の少なさを指摘した上で、コードスイッチングに関する欧米および日本の主要な先行研究を概観した。その上で、本書の目的が実証的な研究の少ない児童の自然談話における多言語使用のエスノグラフィー的な質的分析を行うことであり、その分析からコミュニティ内における児童の意味世界や社会関係、価値観を探ることの意義を確認した。

　第2章では、Gモスク教室とそこをとりまく社会文化的背景をなぞった上で、会話参加者の背景に言及した。特に、パキスタンにおけるダイグロッ

シア状況と、Gモスクおよびイスラーム教の汎民族性が、ウルドゥー語あるいはパキスタンの民族語の教育に対するモチベーションの低さに関連している可能性があることを確認した。

　第3章では、児童らが継承語であるウルドゥー語、学習言語であった英語、日常的に使い続けている日本語を、どの程度コミュニティ内の英語の教師とのやりとりに使用していたかを量的に概観した。その結果、第一次調査と第二次・第三次調査とでは言語選択に大きな違いが表れたほか、教室内に他に児童がいるかどうかが、ウルドゥー語の使用に関わる可能性があったことを指摘した。日本語とウルドゥー語がほぼ同程度だった第一次調査時に対し、第二次・第三次調査時には、日本語の使用が圧倒的であった。このことは、バイリンガル児童の言語選択は、たとえ彼らの運用能力に大きな変化がなくても、1年半だけで、大きく変化する可能性を示唆した。一方で、兄弟であった3人の児童のウルドゥー語の使用が減ったのは、兄弟以外で、仲のよい児童がいる日である可能性が示唆された。このことは、児童らが常に第一世代に対して同じような言語使用をするとは限らず、同席の参加者との関係性によって言語選択に少し影響を受けることを示唆した。

　第4章では、児童と教師は運用能力の調整としてCSを行ったり、語の意味を聞きあったりしていることもあるが、そうした例だけではなく、他にも教師の関心を引いたり、ダイクシス表現の切り替えを行うなど、様々な場面でCSが見られたことを指摘した。また、児童と教師は常に完全にお互いの発話を理解しているわけではないこと、理解し合わないということがときに互いのメンツを保つストラテジーであったりすることを指摘した。

　第5章では、成人に対する呼称や教師に対する呼称の使用と、CSによる発話相手の限定を論じた。どちらも、ウルドゥー語や英語が児童らと教師とで同じように共有され使用されるのではないことを指摘し、談話において参加者の管理としてCSが機能していることを指摘した。

　第6章では、CSによるスタンスの構築—すなわち、ある参加者ないしある参加者の行為に対するアラインメントおよびディスアラインメントの構築を論じた。具体的には、ウルドゥー語を使用して教師とアラインメントを構

築する例、そしてウルドゥー語を使用することにより、他の児童とのアライ
ンメントをやめる（ディスアラインメント）例を見た。また、ウルドゥー語で
アラインメント・ディスアラインメントの構築を行っている一方で、「です
ます体」の使用も、アラインメント・ディスアラインメントの構築と似たか
たちで、権利と義務の交渉と、他の児童への否定的な評価が行われているこ
とを示唆した。

　第7章では、児童らによってウルドゥー語による引用が強いインパクト
をもたらすように使用されており、それはウルドゥー語で引用することがコ
ミュニティ成人の権威により訴えることになっていることを示した。また、
日本語でのコミュニティ成人の引用においても、強調するような言語的特徴
も見られたことを指摘した。

　第8章では、接触日本語変種を使用するという児童による crossing 現象を
分析し、第一次調査時のものと第二次・第三次調査時のものとで違いがあっ
たことを示した。第一次調査時は教師と対等な立場に立とうとしたような場
面が多かったのに対し、第二次・第三次調査時では交感的に使用することに
より、児童らの連帯をつくると考えられるものが多かった。第9章では、
ウルドゥー語や接触日本語変種に限らず、「先生のスタイル」やお笑い、テ
レビ番組など、日本語のさまざまなレジスターや英語などに切り替えること
によって、文脈を越境する創造的な言語使用を行なっていることを指摘し
た。

10.2　言語別に見た児童の言語使用

　本節では、各章を越えて横断的に、それぞれの言語・コード・スタイル
が、それぞれどのようにバイリンガル児童らによって使用されていたかを振
り返る。そうすることで、1章で挙げた問いのうち、「それぞれのスタイル
が、どのような意味をもつのか」、「切り替えはどのような意味をもつのか」、
「何語／どのスタイルが、どのような言語行為に使われるのか」、「それはな
ぜか。それはどのようにしてそうなるのか」に答えを示したい。

10.2.1 ウルドゥー語

コミュニティで使用される言語の１つであり、児童らの第一言語である
ウルドゥー語の使用に関しては、以下のような現象が見られた。

(1) 選択の余地がある場面での教師に対するウルドゥー語は大幅に減った。
(2) 同年代で親しいバイリンガル児童のイムラーンがいたときに、ウルドゥー語が減った。
(3) 同年代で親しいイムラーンの存在は、児童らの連帯を通した「われわれ」、教師を対立する者や第三者としてたて、自らの構築できるスタンスの種類を増やした。
(4) 情報の真正性や成人に対する感情などを共有する手段として、引用に使われた。
(5) 翻訳が含まれる言葉遊びに使用されるなど、創造的な言語使用の資源であった。

ウルドゥー語の児童による使用は、減ったように見えるが、ウルドゥー語
は、４章〜６章で見たように、運用能力の考慮や、談話機能や、スタンスの
構築としても使用された。こうした使用は、Gumperz の述べた談話機能と
考えられる。一方で、７章〜９章のような例からは、ウルドゥー語を選択す
ることによって生じる意味があること―すなわち「声」や指標性と関係して
いることがわかった。

第３章では、第一次調査と第二次・第三次調査とでは、児童らのウル
ドゥー語の質問が大幅に減少したと指摘した。一方で、５章、６章の例に
も、第二次・第三次調査のものが含まれており、ウルドゥー語の使用は、な
くなっていないことが分かる。第７章で挙げたウルドゥー語による引用表
現は、全て第二次・第三次調査のものである。つまり、ウルドゥー語は、全
く使われなくなったわけではなく、むしろ使い方が拡張したことを示す。兄
弟以外のバイリンガル児童との場の共有が、第７章の引用の増加をもたら

し、ウルドゥー語以外の他のスタイルの使用もますます盛んになったと考えられる。つまり、家族や兄弟だけではなく、似たような文化的言語的背景をもつ友人が加わることで、第一次調査時において教師に対してのみ使われるウルドゥー語が、第二次・第三次調査時にあらわれて、第三者としての教師の発話を用いるコンテクストにおいても使用されるようになったと考えられる。

　本書冒頭で見たように、言語選択とアイデンティティを結び付ける論調は、民族語を選択しないことを、その民族アイデンティティ意識の薄れと結び付ける傾向がある。本研究に登場した児童らは、英語の授業というある程度習慣化された実践であり、生活の中でも限られた場面でさえ、このようにウルドゥー語から日本語へとシフトが見られた。しかしこのシフトは、日本語の選択はマクロレベルで「マジョリティに同化」したことを意味しないと筆者は考える。本データのようなミクロのコンテクストの中では、ウルドゥー語の使用は民族意識を強く指標するアイデンティティの象徴ではなかった。また、彼らの話題や、その他実践していた行為から、児童らがマジョリティの「日本人」になっているということを示す明らかな理由もなかった。むしろ、マジョリティの「日本人」とは異なる「ムスリム」という属性は、絶対視されていた。このことは、筆者と児童らのやりとりのあちこちに見られた上、例えば児童らが正しいムスリムであるかどうかが話題となった、*kaafir*(不信心者・異教徒)の例(9-4)にも見られた。

　また、引用の例に見るように、ウルドゥー語を選択することで、児童らの共有する移民コミュニティ内の社会関係や宗教的知識のよりどころといった背景や社会関係の再確認が行なわれた可能性がある。ウルドゥー語が使用されるのは、教師との会話か、教師ないし成人が直接的・間接的に言及される場面に限定された。第7章では、ウルドゥー語の引用は、成人や権威という指標性を伴って使用されていた。また、例(4-8)や6.2節で言及したことや、引用表現と発話者自身の感想や評価の対立を示す表現が日本語で見られること(第7章)を合わせて考えると、ウルドゥー語は象徴的にコミュニティの成人を指標するものであると考えられる。つまり、コミュニティの成

人世代にとっての継承語と、児童にとっての継承語は、日常的に使用のされ方が異なると同時に、その日常的な使用から構築されるイメージ（指標対象）が異なるのである。

つまり、指標性をもったウルドゥー語の使用と、指標性をもたない談話機能としてのウルドゥー語への CS の両方があったことが示唆される。

10.2.2　接触日本語変種

本書では接触日本語変種をスタイルと定義した。その接触日本語変種の言語的な特徴としては、一部は「ちゃんときって」などアリー先生の日本語の特徴、残りは調音やイントネーション、語順などが、標準日本語と異なるものである。ここでは標準日本語と呼ぶものは、児童らが接触日本語変種を使っていないときに話している日本語を指している。児童らは、接触日本語変種と標準日本語を切り替えて使っていた。接触日本語変種は教師が会話に参加している際や、教師の話をするときに見られた一方で、直接他の児童に向けられた発話には接触日本語変種は見られなかった。このことは、ウルドゥー語が引用や、教師を交えた会話の中での自らの位置取りに使われることとも呼応していると考えられる。つまり、ウルドゥー語も接触日本語変種も、教師など、親の世代を指標する言語となっているのである。

親の世代を指標する言語となっていることは、児童らの接触日本語変種の用い方にも表れている。Crossing に関する Rampton の先行研究では、自分が属していないと考えている集団のスタイルの使用は、疑似的であれ（例えば遊びなど）、実際の会話の力関係であれ（例えば罰を受けている生徒と監督の教師との間など）、話者間の社会的な境界線がやや曖昧になる場面で現れている。本研究でも、児童らは教師の権威や権力が上で、児童は下にあるという前提がやや曖昧になる場面で接触日本語変種が見られた。また、第一次調査では主に教師に対する主張で表れていたのに対し、第二次・第三次調査では児童らが連帯して教師の権威に挑戦しているように見られたという、通時的な変化は、これまでの先行研究にはなかった点である。このことは、ウルドゥー語が表れる頻度や場面の通時的変化と同様に、児童らが自らの環境

の中で、親世代との関係を反映させてウルドゥー語や接触日本語変種を使用し、それらが使用された際に生まれる効果を作り上げたことを意味する。もう一点、Rampton の例とは異なる点を挙げれば、本研究では、教師は教師を指標する言語が標準日本語とは別に存在していると気づかれていない（もしかしたら気づいていないふりかもしれないが）ことである。

10.2.3　英語

　第3章では、第一次調査には 10%ほどあった英語の質問が、第二次調査にはほとんどなくなったと述べた。この減少は、授業内のタスクがより複雑になったという変化の他に、児童の英語教室への熱心さが減少したことや、教師との関係がやや緊張し冷えたということも要因である可能性がある。一方で、質問以外で英単語ないし英単語のようなものが第二次調査には使われていたことも確認した。英単語の使用は、タスク内に限らなかった。つまり、タスクのための英単語（例(4-1)、(6-10) など）のほかにも、タスク以外の英単語（例(4-7)、(4-8)、(4-9)、(5-12)、など）、また接触日本語変種やウルドゥー語のコードの境界にあるといえるような英単語（例(4-11)）も見られた。タスク以外の英単語は、機能や語の意味として非常に幅広かった。児童らは、英語での文単位の発話はあまり行わないが、タスク内外でコミュニティ内に定着している英単語（ウルドゥー語コード内といえる）の使用が見られた。

10.2.4　「ですます体」

　ウルドゥー語や接触日本語変種の使用同様、日本語の「ですます体」の使用は、身近な成人との関係と結びつけられたり、スタンスの構築に使用されていた（第6章）。ウルドゥー語の使用でスタンスを構築するように、ですます体と非ですます体の間の CS も、対人的（待遇表現的）な CS、指標的な CS と談話機能の CS が存在する可能性がある。

　6.3 節では教師に対する教室内のコミュニケーションとして規範的な（待遇表現的な）「ですます体」も教室内で見られることを指摘した。6.3.1 節で

は「ですます体」が教室内の規範を指標し、その指標性によって交渉が行われたことを指摘した。6.3.2 節では、他の児童に対する否定的な評価に「ですます体」が使用されることを指摘したが、これが談話機能の CS になっている可能性がある。

10.2.5　その他のスタイル

　また、「ですます体」以外にも、指標的な CS として、メディアで流行していた芸能人やお笑い芸人の発話や、役割語（金水 2003）のような「大人の声」ないし「先生の声」といった、児童の通常の発話とは異なるスタイルの使用も見られた（第 9 章）。

10.3　移民バイリンガル児童の言語使用の総括

　本節では、これまで述べてきた在日パキスタン人バイリンガル児童の多言語使用を、エスノグラフィー的情報を踏まえながら総括する。

減少していく継承語

　本研究の参加児童らは、第一次調査と第二次調査とでは、教師に対する質問のウルドゥー語の使用が大きく減った。一方で、ウルドゥー語が使われなくなったかといわれれば、そうとは言い切れない。イムラーンがいなかったら、3 人の質問におけるウルドゥー語使用はもっと多かった可能性に関して第 3 章で示唆した。また、第二次・第三次調査でも 3 人とも全くウルドゥー語を使わなかったわけではない。第 6 章の(6-5)や(6-6)でウルドゥー語が教師と児童との間で話者が構築するスタンスの資源として使われていた。第 7 章のウルドゥー語による引用は、みな第二次・第三次調査のものであった。同年代で同じようにバイリンガルであるイムラーンの存在が、ウルドゥー語による引用という言語使用パターンを引き出したとも考えられる。また、「ナマーズを読む」といった表現は変わらなかった上、イムラーンによる *k'aanaa*（食事。会話では、モスクで提供される無料の食事を指

していた)、*anTii/ankl* といった彼らのコミュニティの生活に関連する語彙
は、大きな変化はなかった。

継承語とポライトネス、対人関係

　児童らのあいだでは、必ずしも継承語がポライトネスとして使用されてい
たわけではなかった。本書では、生越(2005)のような、「継承語を使うべき
である」といった話者の規範意識そのものを取り出すことはしなかった。し
かし、本データの児童は、そうした規範に基づいて言語選択を行なっていな
いことがわかった。第3章では、日本語の質問が大幅に増えたことを指摘
した。

　一方で、ポライトネスではないかたちで、ウルドゥー語の使用が、発話相
手との関係の構築に関わっていることがわかった。その説明原理となるの
が、スタンスの構築である。ウルドゥー語を選択することによって、他の児
童ではなく、教師と立場を同一にしているということを示す使用が見られ
た。

　第1章では、これまでの東アジア系移民コミュニティ言語および東アジ
アの言語の研究において、スタイルや言語が、社会的地位や年齢等に配慮し
て選択されていること、また、東アジア系集団が、「本質的に階層的」であ
ることが言語使用のかたちにも表れているとされてきたことを述べた。しか
し、子どもと大人の境目といえる小学校高学年から中学校の年齢の児童らの
言語使用においては、必ずしも「階層」を直接反映する言語使用が見られた
わけではなかった。具体的には、5.1.3節で挙げた「アリ先」という呼称の
使用や、8.3節の接触変種の使用では、児童らは決して社会規範的にお手本
とされる言語使用を行なっていたわけではない。一方で、成人と子供の間の
権力差ないし社会的な距離が、言語的な距離と共に前提とされているという
点で、彼らにも社会的属性が意識されていることがわかる。こうした言語使
用は、むしろ成人と子供の境界の交渉を行なっていると考えることができ、
言語使用の流動性や規範的な方向とそれに対する挑戦という双方向性を如実
に表していると考えられる。こうした、成人と児童の社会的な立場の逆転の

ような現象は、在英中華系コミュニティの教師と児童との会話を分析した
Li & Wu(2009)にも挙げられており、本研究の結果と一致する。Li & Wu
(2009)では、児童らは従来のポライトネスの観念からすれば、教師に口答
えをするという非規範的な言動をとっているが、そのやり方が、言語形式や
既存の言語規範の再考を促すものだとしている。

10.4　本研究のインパクト、展望と課題

　本書は、日本に暮らす移民の子どもの談話の実態の分析という、日本の多
言語使用研究における空白を一歩埋めることができた。特筆すべきは、アン
ケートでは見ることが難しいと思われる、動的かつ創造的な言語使用を見る
ことができたことである。本研究は、発達しつつある linguistic ethnography
の分析手法の特徴である、コミュニティのコンテクストを重視したエスノグ
ラフィックな視点から会話で起こっていることを詳細に分析し、言語選択と
の関係を論じた。
　本研究は、複数の言語の切り替えのみならず、日本語のスタイルの違い
や、声の質といった特徴と言語の切り替えを同列に論じ、コードスイッチン
グ研究とスタイルシフト研究の接続をはかった。コードスイッチングは、多
言語話者特有の現象に見られがちだが、いわゆる単一言語話者と呼ばれる人
たちのスタイルシフトに着目してみれば、コードスイッチングとスタイルシ
フトの境界線は曖昧である。コードスイッチングと、本来なら日本語母語話
者の会話から論じられることが当然とされている日本語のスタイルシフトを
同時に分析することは、多言語話者であるという属性や異文化性が強調され
がちな外国にルーツをもつバイリンガル児童の学術界での扱い方の視点を、
微細ながら変えたものとなった[1]。
　本研究は在日パキスタン人のバイリンガル児童 4 人という小さなグルー
プの言語選択を扱ったが、ここで見られた現象は、必ずしも彼らのみ、ある
いは在日パキスタン人のみに見られる個別的な現象ではないのではないかと
筆者は考えている。本研究のデータ参加者の児童らは、日本に暮らすパキス

タンにルーツをもつ児童としても必ずしも典型例や多数派[2]ではない可能性が高いことはすでに言及した。しかし、本研究の参加者のように、日本の普通学校に通いながら放課後や休日に顔の見える小さな移民コミュニティと関わる、外国にルーツをもつ児童は、日本各地に現在暮らしている、または過去暮らしていた可能性があり、今後も増える可能性がある。本研究で言及した多言語使用の様々な具体的現象とそのメカニズムは、そうした、両親の出身地や言語にかかわらず、日本語を主に使用する外国にルーツをもつ児童らの多言語使用のパターンとして、共有されている可能性がある。なぜならば、先に述べたような、地域では民族的少数派であり、日本語媒介の教育を受ける一方で、宗教など彼らにとって重要な文化的実践を共に行なうコミュニティの活動に参加するという生活形態は、在日パキスタン人に限らず、日本に暮らす移民に多く共通することであるからである。

　本研究ではバイリンガル児童の CS の分析を行なったが、CS の談話機能と同様のものは、プロソディやイントネーション、声の出し方や身体表現など、単一の言語を使用した会話においても生じていることは十分にありえる。言語を切り替える CS は、その言語的特徴の違いが顕著であるため、記述し分析しやすいが、こうしたパラ言語的特徴が話者と聞き手にもたらす解釈の枠組みに関しては、十分に研究が蓄積されているとはいえない。筆者は、バイリンガル児童の特殊性を主張したいのではない。バイリンガル児童でなくとも、私たち人間は様々な音声的・身体的記号(スタイル)の選択が特定の意味をもっていると解釈すること、また特定の意味を特定の音声的・身体的記号(スタイル)に付与するという行為を行なっている。

　本研究でわかったことの中でも重要な点は、児童の自然な会話において、多言語のみならず、複数のスタイルが使用され、会話の資源となっていたことである。これは、これまでの東アジア系および東アジア地域の移民の多言語使用研究ではまだ導入されていなかった、バフチンの「声」の概念の有用性を示唆した。なぜならば、7章から9章に見られるように、児童らは必ずしも各言語・スタイルを切り替えることそのものが生み出す効果を利用してコミュニケーションにおける意味を構築していたのではなく、それらの発話

に含まれる元のコンテクストや、そうしたスタイルを使用するステレオタイプ化された人物像のイメージを利用した、指標性を生かしたコミュニケーションを行っていたからである。継承語とコミュニティ、we-code/they-code といった、既存の言語とそれらにまつわる既存のイメージではなく、児童らが、学校での教育活動や友人関係、マスメディアの受容、家庭、そしてGモスクコミュニティでの経験を通して、すなわちそうした場面で耳にし、繰り返されたやりとりの蓄積から、それぞれの言語およびスタイルに彼らなりの意味を付与していたことを示唆する。そして、彼らの教室内で再度それを自分の立場なりに使用し、意味を構築していたのである。

　本研究からわかった第二の点としては、従来の移民コミュニティの多言語使用の研究で日本語と継承語の間に限定されていた CS の幅を広げ、日本語とウルドゥー語、英語、接触日本語変種等との間、またですます体と非ですます体との間の切り替えを同列に論じられることを明らかにしたことが挙げられる。例えば、コードとしてのウルドゥー語と、スタイルとしての接触日本語変種は、いずれも親世代を指標し、会話の中で児童らの位置取りにも用いられた。また、同一の言語内であり、移民コミュニティの言語研究では研究されてこなかった、日本語の「ですます体」と「非ですます体」の使用に関しても新しいことがわかった。具体的には、私たちの規範意識の上での「ですます体」の使われ方と、実際の(特に児童や親しい人同士での)会話の中での使用の間に、小さなほころびを見ることができた。「ですます体」はフォーマルな場面やあまり親しくない関係に使用されると考えられてきており、そう学習者には教えられている。しかし、実際にはインフォーマルかつ親しい関係においても、「ですます体」がスタンスの構築のために使用されていたことがわかった。

　第三に、移民コミュニティにおける自然談話の分析により、移民コミュニティ内の文化的実践やコミュニティの構造、価値観などを、アンケートやインタビュー等以外の角度から明らかにした。具体的には、ローカルな文脈でどのようにウルドゥー語が使用されるか観察する機会に恵まれた。その結果、成人を介したコミュニケーションと、成人について言及したコミュニ

ケーションにウルドゥー語が使われたことがわかった。親を恐れ親の言うことを聞くことがコミュニティの規範となっていることは、教師および児童の発話や行動から見ることができた。具体的には、教師が児童らに「お母さん・お父さんに言いつけますよ」ということで、児童らは授業態度を改めるということが何度も起きた。このようなやりとりは、親の権威は絶対であったが、教師に関しては権威がありながらも、親ほどの権限は持っていないことを示唆する。教師は、時には児童らと一緒になってある児童や何かをからかったり、授業中や休み時間におしゃべりしたり遊んだりできる仲間のように接することができることもあった。一方で、教室内の児童の行動を管理し制限を与える権威をもつ存在として、児童は「反抗期」と呼ばれるような態度をとりながら、自らの権利や義務を交渉する必要があることもあった。このような関係性は、指標性を伴った言語使用に表れていた。ウルドゥー語と接触日本語変種は、主にアリー先生や父親と思われる人の「声」であり、またその言語的特徴が彼らを指標した。また、在日コリアンに関してのアンケートの研究で見られたような、両親に対する忠誠心や、年代が上の人に対する社会規範を、呼称、談話等における語りから見ることができた。第7章で挙げた引用の例には、児童らの成人に対する畏怖の念や、父親の発言の絶対性、宗教的権威と継承語の関係が読み取れるものもあった。一方で、第8章や第9章では、教師に対する反発や、教師と同じような権利をもちたいと考えていることが示唆されるような、モスク内外の権威者と同じ言語形式を使用することにより、権威と同等に立つ言語使用が見られた。このようにして、第1章で挙げた問いの1つである「コミュニティの児童とコミュニティの成人、それぞれの社会規範が交錯するモスク教室という場で、どのように言語使用を行い、社会関係を構築しているのか」に答えることができたと考えている。

　本研究は、ウルドゥー語のみならず、日本語の諸スタイルや接触日本語変種、英語を含んだ談話の分析を行なうことができた。一方で、調査者のウルドゥー語の知識は実際にコミュニティで育っている話者や、パキスタン出身者に比べると限定的である。その不十分さから、ウルドゥー語のスタイル差

には十分に言及できなかった。そのため、談話の例の説明に、ウルドゥー語母語話者や調査対象者の感覚というよりは、調査者の日本語母語話者ないしウルドゥー語を少し知る者、または言語学者特有の言語感覚が多く入り込んでいる可能性が否めない。このことに関して、本書執筆時で高校生である会話参加者児童らに直接インタビューすることや、筆者のパキスタンの社会・文化およびウルドゥー語の知識を増やすことで、もう一歩彼らの視点や感覚に近づける可能性がある。

　児童らのそれぞれの言語に関するイメージないしイデオロギーに関して、またはデータをどう解釈するかに関して、事後インタビューや、会話参加者ないしコミュニティ成員にデータを聞いてもらって答えを得る三角測量というのが、相互行為社会言語学や linguistic ethnography の基本的な方法論の1つである。しかし、南アジア系の知人には言語使用に関して少し情報を得たものの、本研究ではそのような手法は取り入れず、会話参加者の児童にはほとんど言語使用に関する質問をしなかった。これには、いくつか理由がある。現実的な理由としては、ジャミラらと同じように教室に通っていたような他の在日パキスタン人の若者にアクセスがなかったことや、コミュニティと宗教的にも民族的にもマジョリティである筆者との関係性に対処するためのスキルが十分でなかったということが挙げられる。筆者は、社会的マジョリティと見なされていることや、「東大さん」と呼ばれるアカデミアの権威の壁を越えて、児童および教師にインタビューで聞くことのリスクや、そうして得られる答えに対して、懐疑的であった。例えば CS の意味に関しても、すでに児童らが CS に否定的であるところに、そのことについて聞くことはとてもできないと感じたことが挙げられる。一方で、理論的な理由としては、会話参加者の当事者の解釈と研究者の解釈、会話参加者以外のコミュニティ成員の解釈をどのようにすりあわせるかに関して、こうした言語研究がどのように結論を構築しているのか、先行研究からは明瞭にはわからなかったということがある。今後は、日本における移民コミュニティの多言語使用研究が今後立つべき位置や視点の構築を考えた上で、コミュニティ成員とのコミュニケーション—何をどう伝えるのか—といったことを考えて実践

していくことで、言語政策やコミュニティの意向や視点を取り入れた、より社会的な課題を取り入れた研究を行いたいと考える。具体的には、データをどのように収集し、インタビューとしてどのような情報を聞き出し、どのように解釈すべきかが重要となる。特に調査者(非ムスリム／宗教的マジョリティ、「日本人」、学術系専門分野、20代、女性)と調査対象者(ムスリム／宗教的マイノリティ、「外国人」、非学術系、10代、男性女性)の関係において、どのような位置取りをすれば、言語とその意識について調べることが可能か、また、言語と意識の関係をどのように扱うべきかというのは、今後の筆者の課題である。

　本研究では、スタンスの構築や、話者の他の会話参加者との関係性の調整に関して、現象の記述が中心になってしまい、十分な理論的貢献ができなかったことが悔やまれる。同時に、引用や crossing といった、メタ的な意味の生成に関しても、理論的な説明がまだ足りないと言わざるを得ない。この点に関しても、今後の課題としたいと考えている。母語話者であれ非母語話者であれ、日本語での子どもの自然談話の研究はまだ非常に少ない。児童らの言語使用、特に「ですます」のさまざまな使われ方は、モスクコミュニティ内の現象としてだけでなく、広く日本の公立学校に通う児童に見られやすい言語使用である可能性があり、今後関連研究との接続を図ることで、日本語のスタイルシフト研究の知見に寄与することが期待できる。

注
1　第二次・第三次調査の録音当時、ジャミラに、「パキスタン人・イスラーム教の子どものことばを研究しているんですか？」と聞かれたことがあった。筆者がとっさに、「いや、日本に住む日本人の子どものことばも含めて研究をしている」と答えると、面白そう、と笑顔になった。筆者の印象では、ジャミラはその答えに満足したのだと感じた。また、第一次調査時に見学をはじめたときに、児童らの祖父母の住んでいるところを尋ねたときに、「日本です」と答えたオマルに対し、ジャミラらは(おそらくオマルの父方の祖父母がパキスタンにいることに言及しないことに対して)「ずる

い」、と述べた。こうしたエピソードから、外国にルーツをもつ当事者をどのように学術界で描写して扱うべきかに関して、研究の間考え続けてきた。

2 典型例や多数派の例でなければ学術的考察の対象にふさわしくないという考えは、多様であると同時に可変的な多くの現象が生じるメカニズムそのものの追求を軽視ないしは無視しているように感じる。

エピローグ

　博士論文執筆中のある年の夏から秋にかけて、筆者は、ジャミラと5回、ライラとは4回、イムラーンとは1回話す機会があった。相変わらず笑顔で同世代の子らとわいわいしているが、第一次調査や第二次・第三次調査の録音時からはみな身長も伸び、少しだけ大人びた印象を受けた。

　ジャミラは電車で30分以上かかるところにある、異文化交流や英語教育を重視している私立の女子高等学校の最終学年にさしかかっていた。カリムは自転車通学をして公立の高校へ通っている。進路の岐路に来て、ジャミラは父親が勧める、北米のイスラーム教育の学校へ通うか、日本の私立大学で英語を専攻するかで迷っている。ジャミラの話によれば、カリムは留学生も多い首都圏内の名門私立大学を目指しているが、ジャミラは日本で布教活動を行うために、イスラームの専門的な学習が必要なのだという。また、北米ならば同時に英語の習得ができることを、北米に暮らす親戚からも勧められ、魅力を感じているのだという。そして、ジャミラが北米へ行けば、ライラも同じ学校で、クルアーンの勉強をするのだという。イムラーンは、首都圏内の名門といわれる国立大学の1つを目指しており、大手進学塾でそのための学習に励んでいるという。イムラーンの母親はその大学の名前を覚えておらず、日本で二番目の大学と筆者に説明したが、その直後イムラーンから直接その近況を聞いた。

　筆者が第一次調査時に教室を訪れた際、児童らは「東大すごい」「頭いい」と言っていた。そこで筆者が、「みんなもがんばれば入れるよ」と言って、予想外の重い沈黙があったことがあった。当時ジャミラの話によれば、ジャミラは中学校から、カリムも高校からパキスタンに行くだろうという話

であった。ジャミラは小学校の仲間と離れ、もしかしたら家族ともばらばらになるという状況に少し不安だったが、父親の言う通りにすると述べていた。両親にとっては、日本の中学、高校、ましてや大学なんてもってのほかだったに違いない。ジャミラ、カリム、イムラーンが公立の中学校に在籍していたその後の第二次・第三次調査時には、筆者がしていた話(東京大学でもムスリム男女の留学生が一定数おり、金曜礼拝を行っている)や、他にGモスクに来ていた首都圏内の大学院への留学生(シャキール先生もその一人だった)の存在からか、彼らの方からも東京大学のムスリム留学生に関する質問があった。日本の大学に進学することを想像もしなかった、または抵抗があった彼らが、少し関心を示した瞬間だと当時思い、うれしかった。そして今では、彼らがいわゆるモノリンガルの生徒にとっても高いと思われるような目標を掲げてがんばっているのを見て、うれしく思った。つまり、彼らは、学校での友人や教師から、進学に関するいろいろな情報を集め、日本の大学の状況を知らない両親らに説明して説得したのだろう。

　ウルドゥー語に関しても、いくつかのエピソードがあった。筆者が数日間のラーホール滞在から帰国し、ジャミラら一家を訪ねたときのことであった。ジャミラらの母親は、ラーホールでの長い学生時代を懐かしく思うと述べた後、一家はカラーチー出身なので、子供たちはラーホールに行ったことがないのだと述べた。そして、筆者の持っていた携帯電話内の写真を元に、ラーホールの観光名所を娘達に紹介した(ジャミラの家族は厳格にパルダを実践するので、カリムは同席しておらず、父親は別室から筆者らと話していた)。ラーホールにある Sang-e-meel という書店へ行ったと述べると、母親は娘たちの前で笑って、「娘たちにはその名前はウルドゥー語として高尚すぎてわからない」と述べた。Sang-e-meel はペルシャ語起源の文語なので、日常生活のウルドゥー語とはかけ離れている。数ヶ月前にも彼女らを訪問した際に、ジャミラとライラがウルドゥー語の文語はできないと述べていたのが記憶によみがえった。いずれにせよ、ジャミラの一家は、イスラーム教育と英語の教育、進学のための教育に熱心であり、ウルドゥー語の文語や、文化都市で歴史的に重要なラーホールの名所はほとんど教えなかったことを意

味する。そして、今後も、そうした機会を作ろうとしていないようである（ジャミラによれば、母親はジャミラにパキスタンの大学へ通ってほしいと述べていたので、そういう意図もあったかもしれない）。ジャミラの父親、またはジャミラらの属するモスクのコミュニティでは、ジャミラはパキスタンの文化を継ぐパキスタン人女性というよりは、日本でイスラームを広める期待の若手なのであろう。イマームであるアリー先生がある成果発表会で保護者に英語でアナウンスしたときの言葉を思い出した。「子供たちは、漢字までできる。日本におけるイスラームにとって朗報であり、彼らは日本人によりイスラームを広めることに成功するだろう」

　このエピソードからわかるように、継承語であるウルドゥー語がどのような意味をもち、どのようなものを「継承」するのかは、世界の日本語を継承語として学習するコミュニティとは異なることが示唆される。また、民族文化以外にも、グローバルな宗教や労働とローカルな場の交錯の関係への視点が、本書に登場した児童とコミュニティにおける言語使用に、大きく関わっている。継承語や民族コミュニティのアイデンティティやエンパワメントは、日本語が使用される仕事や公共の場における言語政策の研究と平行して、このように、当事者の置かれた状況とその価値観を理解することが重要だと、筆者は考える。

参考文献

Appel, René, and Pieter Muysken(2005 = 1987) *Language Contact and Bilingualism.* Amsterdam University Press.

Auer, Peter(1984) *Bilingual conversation.* John Benjamins Publishing.

Auer, Peter(ed.)(1998) *Code Switching in Conversation: Language, Interaction and Identity.* London: Routledge.

Bailey, Benjamin(1999) Switching. *Journal of Linguistic Anthropology* 9(1-2): 241–243.

Bailey, Benjamin(2000) Social/interactional functions of code switching among Dominican Americans. *Pragmatics* 10.2: 165–193.

Bakhtin, Mikhail(1981) *The dialogic imagination*(trans. C. Emerson and M. Holquist). Austin: University of Texas Press.

Bakhtin, Mikhail(1986) *Speech genres and otherlate essays.* Austin: University of Texas Press.

Blom, Jan-Petter and John J. Gumperz(1972) Social meaning in linguistic structure: Code-switching in Norway. In: J. J. Gumperz and Dell Hymes(eds.), *Directions in sociolinguistics: the ethnography of communication.* 407–434. New York: Holt, Rinehart and Winston.

Bloomfield, Leonard(1933) *Language.* New York: Holt, Rinehart and Winston.

Coupland, Nicholas(2007) *Style.* Cambridge University Press.

Creese, Angela(2008) Linguistic ethnography. In: K. A. King and N. H. Hornberger (eds), *Encyclopedia of Language and Education, 2nd Edition, Volume 10: Research Methods in Language and Education,* 229–241.

Creese, Angela, & Blackledge, Adrian(2011). Separate and flexible bilingualism in complementary schools: Multiple language practices in interrelationship. *Journal of Pragmatics* 43: 1196–1208.

Cromdal, Jakob (2003) The creation and administration of social relations in bilingual Group Work. *Journal of Multilingual and Multicultural Development*, 24: 1–2: 56–75.

Du Bois, John (2006) Transcription conventions updates.

(2011 年 9 月 21 日閲覧) http://www.linguistics.ucsb.edu/projects/transcription/A05updates.pdf

Du Bois, John (2007) The stance triangle. In: Robert Englebretson (ed) Stancetaking in Discourse: Subjectivity, evaluation, interaction, pp. 139–182. John Benjamins Publishing Company: Amsterdam/Philadelphia.

Eckert, Penelope (2012) Three waves of variation study: The emergence of meaning in the study of variation. *Annual Review of Anthropology*, 41: 87–100.

Errington, Jospeh, J. (1998) *Shifting languages*. Cambridge University Press.

Ferguson, Chalres, A. (1959) Diglossia. *Word* 15: 325–40.

Fishman, Joshua, A. (1965) Who speaks what language to whom and when？ *La Linguistique* 2: 67–88.

Fishman, Joshua, A. (1967) Bilingualism with and without diglossia; diglossia with and without bilingualism. *Journal of Social Issues* 23 (2): 29–38.

Giles, Howard; Coupland, Joustine; Coupland, N. (1991) Accommodation Theory: Communication, Context, and Consequence. In Giles, Howard; Coupland, Justine; Coupland, N. (eds) *Contexts of Accommodation*. New York, NY: Cambridge University Press.

Goffman, Ervin (1971). *Relations in public*. London: Allen Lane.

Goffman, Ervin (1981) *Forms of talk*. University of Pennsylvania Press.

Government of Pakistan (Population Census Organization) (undated). Population by Mother Tongue 〈http://www.census.gov.pk/MotherTongue.htm〉(2013 年 11 月 10 日)

Gumperz, John, J. (1982) *Discourse strategies*. Cambridge University Press.

Heller, Monica (1988) Introduction. In: Monica Heller ed. *Codeswitching*: *Anthropological and sociolinguistic perspectives*. Vol. 48. Walter de Gruyter, 1988.

Hill Jane H. (1995). Mock Spanish: the indexical reproduction of racism in American

English. 〈http://language-culture.binghamton.edu/symposia/2/part1/index. html〉(2013 年 10 月 22 日)

Hill, Jane H. and Kenneth C. Hill(1986) *Speaking Mexicano: Dynamics of syncretic language in central Mexico.* University of Arizona Press.

Hinnenkamp, Volker(2003) Mixed language varieties of migrant adolescents and the discourse of hybridity, *Journal of Multilingual and Multicultural Development,* 24: 1-2: 12-41.

Hymes, Dell(1974) *Foundations in sociolinguistics: An ethnographic approach.* Philadelphia: University of Pennsylvania Press.

Ivanov, Vyacheslav(1999) Heteroglossia. *Journal of Linguistic Anthropology* 9(1-2): 100-102.

Jaspers, Jürgen(2011) Talking like a 'zerolingual': Ambiguous linguistic caricatures at an urban secondary school. *Journal of Pragmatics* 43.5: 1264-1278.

Jaffe, Alexandra(2009) Introduction. In: Alexandra Jaffe(ed) Stance: Sociolinguistic Perspectives, pp. 1-28. New York: Oxford University Press.

Jørgensen, Jens Normann(1998) Polylingual languaging around and among children and adolescents, *International Journal of Multilingualism,* 5: 3: 161-176.

Jørgensen, Jens Normann(2003) Languaging among fifth graders: Code-switching in conversation 501 of the Køge project. *Journal of Multilingual and Multicultural Development,* 24: 1-2: 126-148.

Kang, Agnes M.(2003) Negotiating conflict within the constraints of social hierarchies in Korean American discourse. Journal of Sociolinguistics 7/3: 299-320.

Labov, William(1972) *Sociolinguistic patterns.* University of Pennsylvania Press.

Labov, William, & Waletzky, Joshua(1997) Narrative analysis: Oral versions of personal experience. Special Volume of *Journal of Narrative and Life History,* 7: 3-38

Li, Wei(1994) *Three generations, two languages, one family: Language choice and language shift in a Chinese community in Britain.* Multilingual Matters.

Li, Wei(2002) What do you want me to say? On the conversation analysis approach to bilingual interaction. *Language in Society* 31(2): 159-180.

Li, Wei(2005) "How can you tell?" Towards a common sense explanation of conversational code-switching. *Journal of Pragmatics*, 37: 375–389.

Li, Wei, and Chao-Jung Wu(2009) Polite Chinese children revisited: creativity and the use of codeswitching in the Chinese complementary school classroom. *International Journal of Bilingual Education and Bilingualism*, 12: 2: 193–211.

Maelum, Brit(1996) Codeswitching in Hemnesberget: Myth or reality. *Journal of Pragmatic* s 25: 749–761.

Martin, Peter, Bhatt, Arvind, Bhojani, Nirmala, & Creese, Angela(2006) Managing bilingual interaction in a Gujarati complementary school in Leicester. *Language and Education* 20(1): 5–22

Mehan, Hugh(1979) *Learning lessons: Social organization in the classroom.* Cambridge, MA: Harvard University Press.

Milroy, Lesley, and Li Wei(1995) Conversational code-switching in a Chinese community in Britain: A sequential analysis. *Journal of Pragmatics* 23: 281–299.

Myers-Scotton, Carol.(1995) *Social motivations for codeswitching: Evidence from Africa.* Oxford University Press.

Myers-Scotton, Carol(1997) *Duelling languages: Grammatical structure in codeswitching.* Oxford University Press.

Nishimura, Miwa(1997) *Japanese/English code-switching.* Peter Lang.

Ochs, Elinor(1979) Transcription as theory. In: Elinor Ochs and B. B. Schieffelin,(eds.) *Developmental Pragmatic* s. New York: Academic Press. *Developmental psychology*: 43–72

Poplack, Shana(1980) Sometimes I'll start a sentence in Spanish Y TERMINO EN ESPAÑOL: towards a typology of code-switching. *Linguistics* 18: 581–618.

Pfaff, Carol. W.(1979) Constraints on language mixing: intrasentential code-switching and borrowing in Spanish/English. *Language*: 291–318.

Radcliffe-Brown, Alfred R.(1940) On Joking Relationships. *Africa: Journal of the International African Institute*, Vol. 13, No. 3: 195–210.

Rahman, Tariq(2004) Denizens of alien worlds: A survey of students and teachers at Pakistan's Urdu and English language-medium schools, and madrassas. Contemporary South Asian, 13: 3, 307–326.

Rampton, Ben(1995) *Crossing: Language and ethnicity among adolescents.* London: Longman.

Rampton, Ben(1998) Language crossing and the redefinition of reality. In Peter Auer (ed.), *Code Switching in Conversation: Language, Interaction and Identity.* London: Routledge, 290–317.

Rampton, Ben(2006) *Language in late modernity: Interaction in an urban school.* Cambridge University Press.

Schegloff, Emanuel A., Jefferson, Gail, and Harvey Sacks(1974) The preference for self-correction in the organization of repair in conversation. *Language,* 53: 2: 361–382.

Sebba, Mark, and Tony Wootton(1998) We, they and identity. *Code-switching in conversation: Language, interaction and identity,* 262–289.

Shin, Sun-Young(2010) The functions of code-switching in a Korean Sunday School. *Heritage Language Journal* 7(1): 91–116.

Summer Institute of Linguistics(2013) Ethnologue: Pakistan/Languages. In: Lewis, Paul M., Simons, Gary F. and Fennig, Charles D.(Eds.), *Ethnologue: Languages of the World,* Seventeenth edition. Dallas, Texas: SIL International. 〈http://www.ethnologue.com/country/PK/languages〉(2013 年 11 月 13 日).

Stroud, Christopher(1992) The Problem of Intention and Meaning in Code-switching. Text & Talk, 12: 1, 127–155.

Stroud, Christopher(1998) Perspectives on cultural variability of discourse and some implications for code-switching. In Peter Auer(ed.), *Code Switching in Conversation: Language, Interaction and Identity.* London: Routledge, 321–348.

Tannen, Deborah(1989) *Talking voices: Repetition. dialogue, and imagery in conversational discourse.* Cambridge, New York.

Weinreich, Uriel(1973 = 1956) *Languages in contact: Findings and problems.* Walter de Gruyter.

Woolard, Katheryn A.(2004) Codeswitching. In A. Duranti, ed., *A Companion to Linguistic Anthropology.* Malden, MA: Blackwell Publishers: 73–94.

Yamashita, Rika(2009) Codeswitching and language use as discourse strategies: A case study of Japanese-Urdu bilingual pupils in the G mosque community and its

English class in Tokyo suburbs. Unpublished MA dissertation, the University of Tokyo.

Yoon, Keumsil Kim(1996) A case study of fluent Korean-English bilingual speakers: Group membership and code choices. *Journal of Pragmatics* 25: 395–407.

Zhu, Hua(2008) Duelling languages, duelling values: Codeswitching in bilingual intergenerational conflict talk in diasporic families. *Journal of Pragmatics* 40.10: 1799–1816.

福田友子(2012)『トランスナショナルなパキスタン人移民の社会的世界：移住労働者から移民企業家へ』福村出版

樋口直人・稲葉奈々子・丹野清人・福田友子・岡井宏文(2007)『国境を越える滞日ムスリム移民の社会学』東京：青弓社

法務省(2012)「都道府県別国籍(出身地)別外国人登録者」〈http://www.e-stat.go.jp/SG1/estat/Xlsdl.do?sinfid=000013164184〉(2013 年 11 月 10 日閲覧)

ホール・スチュアート(1998)(訳：小笠原博毅)「文化的アイデンティティとディアスポラ」『現代思想』26: 90–103.

ホール・スチュアート(2000)(訳：宇波彰)「誰がアイデンティティを必要とするのか？」ホール・スチュアート, ドゥ・ゲイ・ポール(編)『カルチュラル／アイデンティティの諸問題―誰がアイデンティティを必要とするのか？』：1–35. 大修館書店.

井出祥子(2006)『わきまえの語用論』大修館書店

郭銀心(2005)「帰国子女のコード・スイッチングの特徴―在日一世と韓国人留学生との比較を中心に―」真田信治・生越直樹・任榮哲(編)『在日コリアンの言語相』：159–194.

鎌田修(2000)『日本語の引用』. 東京：ひつじ書房.

川上郁雄(2001)『越境する家族：在日ベトナム系住民の生活世界』明石書店.

金美善(2003)「混じり合う言葉―在日コリアン一世の混用コードについて」『言語』2003 年 6 月号 Vol. 32 No. 6:. 46–52.

金水敏(2003)『〈もっと知りたい！ 日本語〉ヴァーチャル日本語役割語の謎』岩波書店.

工藤正子(2008)『越境の人類学：パキスタン人ムスリム移民の妻たち』東京大学

出版会

文部科学省(2013)「『日本語指導が必要な児童生徒の受入れ状況等に関する調査(平成 24 年度)』の結果について」.〈http://www.mext.go.jp/b_menu/houdou/25/04/__icsFiles/afieldfile/2013/04/03/1332660_1.pdf〉(2013 年 4 月 13 日閲覧)

中島和子(2003)「JHL の枠組みと課題 -JSL/JFL とどう違うか」母語・継承語・バイリンガル教育研究会〈http://www.mhb.jp/2003/08/jhljsljfl.html〉(2013 年 11 月 14 日閲覧)

ナカミズエレン(2000)「在日ブラジル日系人若年層における二言語併用―文内コードスウィッチングを中心として―」『変異理論研究会編 20 世紀フィールド言語学の軌跡―徳川宗賢先生追悼論文集』: 67-77.

ナカミズエレン(2003)「コード切り替えを引き起こすのは何か」『言語』, 32(6): 53-61.

西阪仰(2010) H. サックス, E. A. シェグロフ, G. ジェファソン『会話分析基本論集―順序交替と修復の組織』京都：世界思想社.

生越直樹(1982)「在日韓国・朝鮮人のバイリンガリズム―アンケート調査の結果から」『待兼山論叢』, 16: 5-24.

生越直樹(1983)「在日朝鮮人の言語生活(日本語教育と二重言語生活〈特集〉)」『言語生活』, (376), 26-34.

生越直樹(2003)「使用者の属性から見る言語の使い分け―在日コリアンの場合(特集　移民コミュニティの言語――変容することばとアイデンティティ)」『言語』32(6)：28-35.

生越直樹(2005)「在日コリアンの言語意識とその変化―ある民族学校でのアンケート調査結果から―」真田信治・生越直樹・任榮哲(編)『在日コリアンの言語相』: 11-52.

田中ゆかり(2011)『「方言コスプレ」の時代―ニセ関西弁から龍馬語まで―』岩波書店.

山下里香(2009)「南アジア系教師による南アジア系バイリンガル児童への日本語の使用」,『社会言語科学会第 24 回大会発表論文集』, 社会言語科学会, 200-203.

転写規則

会話分析の用法や、談話からの言語分析を行う Du bois(2006)を参照した、本書独自の転写規則である。

ヤマシタ；	発話者
Urdu	ウルドゥー語の発話
English	英語の発話
日本語	日本語および接触日本語変種の発話
<u>ことば</u>	その例で注目される発話
（ことばが）	ウルドゥー語から日本語への翻訳
'ことば'	教室内で使用されているテクストにあって参照されている語またはフレーズ
〈　〉	状況、声の調子などの補足的情報
?	上昇イントネーション
↓	下降イントネーション
=	前の発話のすぐ後に発話されたもの(その前の発話の最後と、発話の冒頭に記される)
#	聞き取り不能箇所(日本語と思われるもの)
#	聞き取り不能箇所(日本語以外と思われるもの)
&	クルアーンの音読のアラビア語
@	笑い
［ことば］	その前後で同様に［　］で囲まれた発話と

の音声的なだぶり

［2 ことば 2］	すでに ［　］ で囲まれた発話のある場合、更に別な箇所で別な発話と音声的に重なり合った場合
<?> ことば／クトバ </?>	発話に複数の書き起こし候補があるもの。「／」で候補を区切った。
°ことば°	小さい声
<@> ことば </@>	笑い声
CAPITALS	大きな声で発話されたもの(ウルドゥー語、英語)
！	大きな声で発話されたもの(日本語)

ウルドゥー語（ヒンディー語）の転写

ウルドゥー語の転写：母音

	口母音		鼻母音	
	短	長	短	長
後舌広母音	a（シュワー含む）	aa	aN（シュワー含む）	aaN
前舌非円唇狭母音	i	ii	iN	iiN
後舌円唇狭母音	u	uu	uN	uuN
前舌非円唇半狭母音		e		eN
後舌円唇半狭母音		o		oN
前舌非円唇半広母音		ai		aiN
後舌円唇半広母音		au		auN

ウルドゥー語の転写：子音

	両唇音		唇歯音	歯音		歯茎音	そり舌音		硬口蓋音		軟口蓋音		声門音
無気破裂音	p	b		t	d		T	D			k	g	
有気破裂音	p'	b'		t'	d'		T'	D'			k'	g'	
無気破擦音									c	j			
有気破擦音									c'	j'			
鼻音	m					n							
摩擦音			f		s	z			S		(k')		h
はじき音						r	R						
							R'						
接近音			v						R				
									R'				
側面接近音						l			y				

切片のリスト

4.1 運用能力の考慮と考えられるコードスイッチング……………………… 106

(4-1)ALL of you ってどういう意味［1B 485-488］…………………… 107

(4-2)S-H 一個しかない［1D 524-529］………………………………… 107

(4-3)A-E-I-O-U［1D 368-376］………………………………………… 108

4.2 教師の反応を待たないウルドゥー語へのコードスイッチング……… 109

(4-4)赤とこれしか使わないの［1D 321-322］………………………… 109

(4-5)Allah ってどうやって書いてあんの［1A 894-904］…………… 110

(4-6)これやってない先生［1D 27-28］………………………………… 111

(4-7)これ→ this → teacher this［1A 172-178］……………………… 112

(4-8)ye から「これ」へ［1D 76-77］…………………………………… 113

4.3 単語を挿入するコードスイッチング …………………………………… 114

(4-9)fifteen までだよ、十五［3A 894-901］…………………………… 115

(4-10)もう *c'uTTii* なんだからやめようよ［3D2 1381-1290］……… 117

(4-11)ジャパニーズ読む［3C2 496-524］……………………………… 118

4.4 教師から語彙の意味を尋ねるやりとり ………………………………… 120

4.4.1 日本語の語彙を聞いた例 ………………………………………… 121

(4-12)ハエ？ 虫？［1A 549-578］…………………………………… 122

4.4.2 互いの言語で聞き合った例 ……………………………………… 124

(4-13)灯台［1D 90-1D 99］…………………………………………… 124

4.4.3 理解し合わない状況が作られた例 ……………………………… 125

(4-14)何語でもない de［3C 352-400］……………………………… 126

5.1.2 *anTii* の使用 ………………………………………………………… 137

(5-1)*anTii* ちょっとゴミ捨ててくる［1D 199-201］……………… 138

(5-2) *anTii kahaaN pe?*［1B 152−172］……………………………… 139

(5-3) *anTii? assembly kaa matlab kyaa hai*（assembly の意味）

　　　［1D 70−75］…………………………………………………… 141

(5-4) *anTii? ye aur ye*（濃いペン）［1D 157−163］………………… 143

(5-5) *anTii, k'aalii ye tiin* colour *hai*（3 色しかない）［1D 224−D234］… 143

(5-6) あー *anTii anTii this?*［1D 433−442］………………………… 144

5.1.3 「〇〇先」の使用 …………………………………………… 145

(5-7) ビル先って誰［3C2 423−455］………………………………… 146

(5-8) アリ先アリ先［3C2 462−484］………………………………… 149

5.2 発話相手と会話の管理 …………………………………………… 150

5.2.2 発話相手の限定／選択 ……………………………………… 151

(5-9) *ab'ii c'uTTii hai na?*［1A 1295−1301］……………………… 151

(5-10) お父さんいらしたの［1E 236−251］………………………… 152

(5-11) *duaa, duaa* を［1D 76−81］…………………………………… 155

5.2.3 発話相手、話題、語彙のシフト ……………………………… 156

(5-12) Sunday/Saturday［2C 86−112］……………………………… 157

6.1 ウルドゥー語の使用 ……………………………………………… 165

6.1.1 ウルドゥー語によるアラインメントの構築 ………………… 165

(6-1) ばらばらに下に行っている［1D 450−454］………………… 165

(6-2) S-H 一個しかないよ［1D 524−529］………………………… 166

(6-3) Ab'ii na boleN［1A 216−219］………………………………… 167

(6-4) Washroom 行ってきます［2A 597−600］…………………… 167

6.1.2 ウルドゥー語によるディスアラインメントの構築 ………… 169

(6-5) uske baad?（それから？）［2B 551−587］…………………… 169

(6-6) *p'eNk diyaa*（捨てちゃった）［3B 186−208］……………… 172

(6-7) 濃いって先生わかんないでしょ［1D 159−162］…………… 174

6.2 教師とのやりとりから自分の主張へ …………………………… 175

(6-8) たぶんねー［1E 115−120］…………………………………… 176

(6-9) ねまーだ 6 時 10 分［1A 628−636］………………………… 177

(6-10)Cheetah の方が速いよ ［1A 351-365］ ………………… 179

6.3 「ですます体」の使用 ………………………………………… 182

　(6-11)Now Khareem ［1B 268-276］ ………………………… 182

6.3.1 権利と義務の交渉 ……………………………………………… 182

　(6-12)はい、すいません ［3B 231-248］ ……………………… 183

　(6-13)まだ終わってないところがあります ［1D2 79-83］ …… 184

　(6-14)あ、ごめんなさい、今戻ります．［2C 2-5］ …………… 184

　(6-15)一人で読みます ［1C2 107-118］ …………………… 184

6.3.2 他の児童への否定的な評価 ………………………………… 187

　(6-16)あっちの部屋にいーっぱいどさっとおいてあります

　　　　 ［1A 491-492］ ……………………………………… 187

　(6-17)違います、違います ［2E 431-442］ ………………… 188

　(6-18)髪の毛見えてますよ ［3E 501-502］ ………………… 189

7.1 コードスイッチングと引用表現 ……………………………… 196

　(7-1)カリムはどこー？ ［3C 304］ …………………………… 197

7.2 談話を盛り上げる引用表現 …………………………………… 198

　(7-2)どうしてそういうこというの ［3A 468-505］ …………… 199

7.3 情報の真正性 …………………………………………………… 202

　(7-3)絶対子供の味方してるよ ［2C 121-174］ ……………… 202

　(7-4)誰が一番ひいきされているか ［2C 650-669］ ………… 206

　(7-5)間違えていれちゃうかもしれないって ［3C 236-249］ …… 211

7.4 フィクショナルな引用表現 …………………………………… 213

　(7-6)我々の祖国はパキスタンである ［3D2 458-488］ …… 213

7.5 データ全体の引用表現から見る傾向 ……………………… 218

　(7-7)お金もったいないってお父さんが言ってた ［3C 667, 3C 669］・220

　(7-8)プール以外なら ［3C 892-897］ ……………………… 220

　(7-9)あんた本当に頭だいじょうぶ ［2C 153-154］ ………… 221

　(7-10)給付金奪って ［3C 644］ ……………………………… 222

　(7-11)ちくるちくるちくるちくる ［2C 622-637］ …………… 222

8.2　第一次調査時における接触日本語変種の使用─音声的な特徴⋯⋯⋯ 231

8.2.1　教師に対する主張⋯⋯⋯⋯⋯⋯⋯⋯⋯⋯⋯⋯⋯⋯⋯⋯⋯⋯⋯ 231

　　(8-1)今ここ！　いってよ早く［1B 368-375］⋯⋯⋯⋯⋯⋯⋯⋯ 231

　　(8-2)私しゃんとやってる［1B 116-117］⋯⋯⋯⋯⋯⋯⋯⋯⋯⋯ 232

　　(8-3)お父さんは言ったクラーン全部覚える［1A2 202-208］⋯⋯ 233

8.2.2　教師に対する主張ではないもの⋯⋯⋯⋯⋯⋯⋯⋯⋯⋯⋯⋯⋯ 235

　　(8-4)オマルこっち来ない言った［1A2 81-84］⋯⋯⋯⋯⋯⋯⋯ 235

　　(8-5)早く持ってきて［1B2 247-249］⋯⋯⋯⋯⋯⋯⋯⋯⋯⋯⋯ 236

8.3　第二次・第三次調査時における接触日本語変種の使用
　　　─定型的な表現とそのバリエーション ⋯⋯⋯⋯⋯⋯⋯⋯⋯⋯⋯ 237

8.3.1　教師に対する主張⋯⋯⋯⋯⋯⋯⋯⋯⋯⋯⋯⋯⋯⋯⋯⋯⋯⋯⋯ 237

　　(8-6)3階のどーこよ［3C2 423-430］⋯⋯⋯⋯⋯⋯⋯⋯⋯⋯⋯ 238

8.3.2　定型的な表現とその使用のバリエーション
　　　─「ちゃんときってよ」をめぐって ⋯⋯⋯⋯⋯⋯⋯⋯⋯⋯⋯ 240

　　(8-7)カリムまだきってないの？［3C 290-299］⋯⋯⋯⋯⋯⋯ 240

　　(8-8)ちゃんときってよ、って先生おもしろくない？
　　　　　［3A 908-925］⋯⋯⋯⋯⋯⋯⋯⋯⋯⋯⋯⋯⋯⋯⋯⋯⋯⋯ 242

　　(8-9)これきいてみたい［3C2 441-447］⋯⋯⋯⋯⋯⋯⋯⋯⋯⋯ 244

　　(8-10)しゃんとって言わないで、ちゃんとちゃんと
　　　　　［3D2 611-633］⋯⋯⋯⋯⋯⋯⋯⋯⋯⋯⋯⋯⋯⋯⋯⋯⋯ 246

　　(8-11)見て！　ちゃんときってよ！［3D2 1326-1335］⋯⋯⋯ 248

9.1　児童に向けられる様々な「大人の声」⋯⋯⋯⋯⋯⋯⋯⋯⋯⋯⋯⋯ 253

　　(9-1)今ここ！　いってよ早く(BE QUIET)［1B 368-375］⋯⋯⋯ 254

　　(9-2)Khareem *ye paR'o*!［3D2 553-568］⋯⋯⋯⋯⋯⋯⋯⋯⋯ 255

　　(9-3)いつもくちぐちてるー［3D2 825-834］⋯⋯⋯⋯⋯⋯⋯⋯ 258

　　(9-4)あなた *kaafir* だよー［3D2 1259-1280］⋯⋯⋯⋯⋯⋯⋯ 260

9.2　児童同士の会話に見られる crossing ⋯⋯⋯⋯⋯⋯⋯⋯⋯⋯⋯⋯ 264

　　(9-5)じゃあ外出て［2D 100-108］⋯⋯⋯⋯⋯⋯⋯⋯⋯⋯⋯⋯ 264

　　(9-6)だめだぞ、きみー［2C 45-57］⋯⋯⋯⋯⋯⋯⋯⋯⋯⋯⋯ 266

(9-7) ウルドゥー語のパクリやないか［3D2 1199-1207］·················· 268

(9-8) 正座は礼儀正しい座り方なんだよ［2E 1-12］···························· 271

9.3　ジャンルを超えた言語使用─狭い空間が広い空間になるとき········· 271

(9-9) 今から僕の、好きな人を発表しちゃいます［3C 226-235］······ 272

(9-10) 見事に入りました［3C 129-143］································· 274

(9-11) 貧乏でーす［2D 257-265］····································· 275

(9-12) くやしいです！［2B 694-707］································· 277

索 引

A–Z

crossing 227, 228
footing 17, 18, 19, 20, 121, 123
LE（linguistic ethnography） 24, 27, 28, 41
markedness model 21, 24, 25
metaphorical CS 13
21
situational CS 13
they-code 13, 14, 26, 27
we-code 13, 14, 26, 27

あ

アラインメント（alignment） 116, 163
イマーム 53
イントネーション 23, 130, 290
引用 16, 195, 196, 197, 289
ウルドゥー語 47, 48, 51, 62, 288, 296

か

会話における CS の談話機能 15
会話分析 22, 23, 24
共同の注意 110, 111
繰り返し（reiteration） 16, 154
クルアーン 54, 64
継承語 6, 7, 8, 38

言語 10, 280, 287
会話内における権利と義務（RO sets）
13, 21
「声」 29, 31, 32, 43, 195, 280, 295
コード 9, 10, 11, 285, 287
コードスイッチング（CS） 8, 15
呼称 136
コンテクスト化の手がかり
（contextualization cues） 15
再声化（revoicing） 31

さ

在日パキスタン人 48, 49
在日パキスタン人の登録人口 48
在日パキスタン人と言語 50
質問 85, 291
ジャンル 35, 280, 281
修復 116
スタイル 11, 32, 34, 35, 43, 280, 282, 285, 287, 292
スタイルシフト 34, 36
スタンス（stance） 163

た

第一次調査 58, 60
第三次調査 59
第二次調査 58, 59

談話機能（discourse strategies）　13, 16

ディスアラインメント（disalignment）
　　163

「ですます体」　10, 11, 34, 36, 42, 280, 291,
　　296

な

ニューカマー　3

ニューカマーの子ども　4

は

パキスタン　47

発話相手の限定（addressee specification）
　　16, 150

文間コードスイッチング（intersentential
　　codeswitching）　9

ヘテログロッシア（heteroglossia）　31

ま

モスク　49, 50

【著者紹介】

山下里香（やました りか）

（略歴）

1985 年生まれ。2014 年東京大学大学院人文社会系研究科博士
課程（言語学専門分野）満期退学。博士（文学）。日本学術振興会
特別研究員 (DC1)、ロンドン大学バークベックカレッジ応用
言語学科訪問研究員を経て、現在東京大学東洋文化研究所にて
日本学術振興会特別研究員 (PD)。

（主な論文など）

「モスク教室における在日パキスタン人児童のコードスイッチン
グ」『社会言語科学』（第 17 巻 1 号、2014 年、徳川宗賢賞萌芽賞
受賞論文）、「言語共同体」、「コード切り替え」、「スタイル」、「多
言語使用」、「二言語使い分け」、「リテラシー」（項目執筆、『明解
言語学辞典』三省堂、2015 年）、Japanese/Urdu Language Contact
in a Religious Community: Lexical Borrowing and Phonological
Adaptation（『東京大学言語学論集』第 36 号、2015 年）

在日パキスタン人児童の多言語使用
コードスイッチングとスタイルシフトの研究

Code-switching and style-shifting by Pakistani pupils: A study in a Tokyo suburb
Rika Yamashita

発行	2016 年 2 月 16 日　初版 1 刷
定価	7800 円＋税
著者	© 山下里香
発行者	松本功
印刷所	三美印刷株式会社
製本所	株式会社 星共社
発行所	株式会社 ひつじ書房

〒112-0011 東京都文京区千石 2-1-2　大和ビル 2 階
Tel.03-5319-4916　Fax.03-5319-4917
郵便振替 00120-8-142852
toiawase@hituzi.co.jp　http://www.hituzi.co.jp/
ISBN978-4-89476-776-8

造本には充分注意しておりますが、落丁・乱丁などがございましたら、
小社かお買上げ書店にておとりかえいたします。ご意見、ご感想など、
小社までお寄せ下されば幸いです。

［刊行のご案内］

日本語語用論フォーラム 1
加藤重広編　定価 4,800 円＋税

歴史語用論の世界—文法化・待遇表現・発話行為
金水敏・高田博行・椎名美智編　定価 3,600 円＋税

話し言葉と書き言葉の接点
石黒圭・橋本行洋編　定価 5,600 円＋税

［刊行のご案内］

言語行為と調整理論

久保進著　定価 8,200 円＋税

診療場面における患者と医師の
コミュニケーション分析

植田栄子著　定価 9,800 円＋税

方言を伝える—3.11 東日本大震災被災地における取り組み

大野眞男・小林隆編　定価 1,700 円＋税

[刊行のご案内]

日・英語談話スタイルの対照研究
—英語コミュニケーション教育への応用

津田早苗・村田泰美・大谷麻美・岩田祐子・重光由加・大塚容子著
定価 4,000 円＋税

市民の日本語へ
—対話のためのコミュニケーションモデルを作る

村田和代・松本功・深尾昌峰・三上直之・重信幸彦著
定価 1,400 円＋税

共生の言語学—持続可能な社会をめざして

村田和代編　定価 3,400 円＋税